1+X职业技能等级证书（个税计算）配套教材

个税计算基础（中级）

浙江衡信教育科技有限公司　组　编

主　编　周　莉　邝　雨　刘春应
副主编　蔺雪娜　姜　松　赵建素　张向东
参　编　王　晨　张晓林　翟新芳　黄丽华
　　　　黄爱华　刘　丽　周晶晶　陈黎明

机械工业出版社

本书为1+X职业技能等级证书（个税计算）配套系列教材之一，以《个税计算职业技能等级标准（中级）》为依据，根据《企业会计准则》和《中华人民共和国个人所得税法》的最新规定，从企业财税人员的实际岗位技能需求出发，全面、科学、系统地介绍了个税计算的理论依据、基础知识和相关法律法规。集众多财税专业职业教育一线教师及行业企业专家的理论教学成果和实践工作经验于一体，以企业实际工作需要为出发点，构建集"财、税、法"于一体的完整的知识体系。

本书可作为1+X职业技能等级证书（个税计算）的考前培训教材，与《个税计算实务（中级）》教材配套使用，也可作为职业院校税务专业课程教材，还可作为个税计算从业人员的培训与参考用书。

图书在版编目（CIP）数据

个税计算基础：中级/浙江衡信教育科技有限公司组编；周莉，邝雨，刘春应主编. —北京：机械工业出版社，2023.5

1+X职业技能等级证书（个税计算）配套教材

ISBN 978-7-111-72409-4

Ⅰ.①个… Ⅱ.①浙… ②周… ③邝… ④刘… Ⅲ.①个人所得税—中国—职业技能—鉴定—教材 Ⅳ.①F812.424

中国国家版本馆CIP数据核字（2023）第101326号

机械工业出版社（北京市百万庄大街22号　邮政编码100037）
策划编辑：邢小兵　　　　　　责任编辑：邢小兵
责任校对：张亚楠　张　薇　　封面设计：鞠　杨
责任印制：刘　媛
北京中科印刷有限公司印刷
2023年8月第1版第1次印刷
184mm×260mm・14.75印张・342千字
标准书号：ISBN 978-7-111-72409-4
定价：45.00元

电话服务　　　　　　　　　网络服务
客服电话：010-88361066　　机　工　官　网：www.cmpbook.com
　　　　　010-88379833　　机　工　官　博：weibo.com/cmp1952
　　　　　010-68326294　　金　书　网：www.golden-book.com
封底无防伪标均为盗版　机工教育服务网：www.cmpedu.com

个税计算基础（中级）编委会
（排名不分先后）

主　任：

丽水职业技术学院	梁伟样

副主任：

淄博职业学院	高丽萍
重庆工商大学派斯学院	徐　磊
浙江工业职业技术学院	魏标文
云南经贸外事职业学院	王　柳
仰恩大学	何杨英
许昌职业技术学院	宋沛军
兴义民族师范学院	彭　芳
新疆师范高等专科学校	王　燕
新疆生产建设兵团兴新职业技术学院	陈文慧
新疆生产建设兵团第四师可克达拉职业技术学校	尹月梅
温州市财税会计学校	杨光炜
四川文轩职业学院	李建民
曲靖财经学校	秦庆峰
普洱学院	尹爱军
南宁理工学院	囤荣立
惠州市财经职业技术学校	陈文兵
广州珠江职业技术学院	夏连虎
白城师范学院	尹忠红

PREFACE 前言

本书是1+X个税计算职业技能等级证书课证融通系列教材之一。

随着金税工程的启动及陆续推进与税收征管制度的改革，我国税收工作将进入"以数治税"分类精准监管时期，依托大数据实现从"智能税务"向"智慧税务"的转变，并逐步建立起以"代扣代缴、自行申报、汇算清缴、多退少补、优化服务、事后抽查"为主的个税征管模式。

个人所得税是覆盖面最广的涉税活动之一，并在筹集财政收入、调节收入分配、稳定宏观经济发展和构建社会主义和谐社会等方面发挥着重大作用。党的二十大报告强调：完善个人所得税制度，规范收入分配秩序，规范财富积累机制，保护合法收入，调节过高收入，取缔非法收入。随着《中华人民共和国个人所得税法》的全面推进与实施，税收征管改革不断深化，加之反避税措施的引入和加入CRS（全球征税系统）进行全球税收收入信息的交换，规避了更多的征管漏洞，对多元化、分散化、隐蔽化的税源尤其是高收入群体的监管精准性不断提高，有效发挥了个人所得税在调节收入分配、增加居民收入、扩大消费能力等方面的重要作用。

本书根据1+X个税计算职业技能等级标准与考试大纲编写，是《个税计算实务（中级）》的姊妹篇，内容涵盖了个税计算的理论依据、基础知识和相关法律法规，通过知识脉络梳理、知识体系重构、经典例题训练、法治意识培育等多维度的展现，实现知识学习、技能提升、素质培育三位一体的教育目标。本书还结合了"衡信杯"全国税务技能大赛、个税计算职业技能大赛赛项规程内容，以实现岗课赛证的融合。本书具有以下特色：

1. 校企合作，双元共建

本书由浙江衡信教育科技有限公司组编（以下简称"浙江衡信"），浙江衡信是由教育部遴选发布的社会培训评价组织，负责第四批职业技能"X"证书——个税计算职业技能等级证书的颁发。同时，浙江衡信还编写了个税计算职业技能等级标准、考试大纲以及"课程融通"实施方案等一系列与个税计算"1+X"证书相关的文件方案，并会同众多职业院校资深的财税专业一线教师一起完成了本套教材的编写，落实校企合作、双元共建理念，注重人才培养的实用性与实效性。

2. 坚持立德树人，培育法治观念

本书介绍了个人所得税相关法律法规，融入了税收征管与纳税信用体系相关内容，在进行知识教育、能力培养的同时，着重培育学生"依法纳税"的意识，促进学生"税法遵从度"的提高，建立以法治观念为基础的职业道德观，引导学生养成按时申报、及时纳

税、遵守法律的职业素养与良好品质,并通过学生逐步影响一批人,陆续建立起全社会纳税群体"以纳税为荣、以偷税为耻"的社会主义新风尚。

3. 知识与能力并重,"赛课"一体化融合

本书内容图、表、文相结合,以宏观脉络为指向、具体知识为主体、经典例题为强化,构筑"三维"教学模式;以企业财税人员的实际岗位技能需求为出发点,在培育学生的学习体系梳理能力、基础知识填充能力、经典例题解读能力的同时,为企业培养精通"财、税、法"的复合型人才。

同时,通过课堂经典例题详解与在线题库专项训练,可以让学生在掌握理论知识的同时,实现参加各类技能大赛的备赛需求,实现"赛课"一体化融合。

4. 课证融通、学分互换

本书可单独与中高职及本科院校的财经商贸类相关专业的财税类课程进行书证融合教学,亦可作为实训课程独立开课,同时还可作为学分银行的学分转化项目,实现学分单向、双向转化,将技能培训与学历教育有机结合。

5. 立体化配套资源,落实文化数字化战略

为贯彻落实国家文化数字化战略,本书配备了个税计算课证融通数字化教培资源,可为教师提供全面的教学支持,配合教学实训平台助力教师开展立体化教学。教培资源包含微课视频、教学讲义、PPT教学课件、题库资源、动画视频、操作录屏、考证资源等,以上资源及教学实训平台使用申请单均可通过机工教育服务网(www.cmpedu.com)或加入教师交流群(QQ群号:124688614)免费获取。使用本书的师生还可通过实名注册"个税研究院"(http://www.gssrz.com),开展书证融通教学或单独开设实训课程;学生可通过在线课程进行备考练习,了解个税师相关内容并进行备考资料下载、成绩与证书的查询等。

本书由从教多年、具有丰富教学经验的优秀教师团队编写,由长期工作在一线的企业专家指导,得到了众多院校领导的大力支持与帮助,在此一并表示感谢。

由于编者水平有限,书中难免有不当之处,敬请读者提出宝贵意见。

编 者

数字资源

基础知识微课动画

序号	名称	二维码	序号	名称	二维码
01	个人所得税改革变迁史		06	个人所得税专项附加扣除之婴幼儿照护	
02	个人所得税征税对象		07	个人所得税专项附加扣除之租房租金支出、住房贷款利息支出	
03	个人所得税税率		08	个人所得税综合所得应纳税额计算	
04	个人所得税专项附加扣除之大病医疗支出、赡养老人		09	个人所得税分类所得应纳税额计算	
05	个人所得税专项附加扣除之继续教育、子女教育		10	个人所得税申报和缴纳	

典型业务微课动画

序号	名称	二维码	序号	名称	二维码
01	个人转让住房双方应缴纳哪些税费		04	个人通过出版社出版小说取得的收入应如何计税	
02	个人担任公司董事取得的收入如何征收个人所得税		05	保险代理人取得佣金收入应如何计税	
03	个人取得拍卖收入如何征收个人所得税		06	房屋转租收入如何缴纳个人所得税	

（续）

序号	名称	二维码	序号	名称	二维码
07	单位向个人低价售房应如何计算个人所得税及是否需要进行年度汇算		11	个体工商户经营所得减半征收	
08	单位以误餐补助名义发给职工的补贴、津贴，是否属于工资薪金		12	个体工商户经营所得汇缴的计算	
09	大病医疗专项附加扣除		13	个人独资企业和合伙企业清算时如何计缴个税	
10	个税汇算清缴，专项附加扣除在夫妻双方哪一方扣除更划算？				

实训案例讲解视频

序号	名称	二维码	序号	名称	二维码
01	生产经营所得预缴汇缴申报实务及案例分析		04	个税汇算清缴申报实务及案例分析（建筑行业）	
02	合伙企业经营所得预缴单项实训案例讲解		05	个税汇算清缴申报实务及案例分析（软件行业）	
03	合伙企业经营所得汇缴单项实训案例讲解		06	个税汇算清缴申报实务及案例分析（医美行业）	

目录

前言
数字资源

第一章 会计概述 ... 1
第一节 会计概念、职能与目标 ... 2
第二节 会计基本假设与会计核算基础 ... 4
第三节 会计要素与会计等式 ... 9
第四节 会计科目与借贷记账法 ... 17
第五节 会计凭证与会计账簿 ... 30
第六节 财产清查 ... 45
第七节 财务报告 ... 51

第二章 个人所得税基础知识 ... 53
第一节 个人所得税基本法规释义 ... 53
第二节 个人所得税纳税人和所得来源的确定 ... 64
第三节 个人所得税征税范围 ... 66
第四节 个人所得税征收管理 ... 76
第五节 个人所得税税率 ... 82
第六节 个人所得税费用扣除标准 ... 84
第七节 居民个人收入额及应纳税所得额的确定 ... 94
第八节 非居民个人收入额及应纳税所得额的确定 ... 96
第九节 特殊业务处理及应纳税额的计算 ... 99
第十节 个人所得税的减免税项目 ... 106

第三章 综合所得汇算清缴基础知识　　108

第一节　综合所得汇算清缴概述 …………………………………… 108
第二节　综合所得汇算清缴纳税人的确定 ………………………… 112
第三节　综合所得汇算清缴的计算 ………………………………… 116
第四节　综合所得汇算清缴的办理 ………………………………… 127
第五节　综合所得汇算清缴纳税申报表的填报 …………………… 130
第六节　综合所得汇算清缴的申报方式 …………………………… 150

第四章 经营所得基础知识　　155

第一节　经营所得纳税义务人的确定 ……………………………… 155
第二节　经营所得的征税范围 ……………………………………… 157
第三节　经营所得的征收方式及征收管理 ………………………… 161
第四节　生产经营收入总额的构成 ………………………………… 166
第五节　经营所得按规定标准扣除的项目 ………………………… 167
第六节　经营所得不得税前扣除的项目 …………………………… 172
第七节　经营所得允许扣除个人费用及其他扣除 ………………… 174
第八节　捐赠支出的扣除标准及规定 ……………………………… 176
第九节　经营所得应纳税额的计算 ………………………………… 178
第十节　经营所得的税收优惠政策 ………………………………… 183

第五章 个人所得税相关法律法规　　186

第一节　个体工商户条例（部分） ………………………………… 186
第二节　合伙企业法（部分） ……………………………………… 189
第三节　个人独资企业法（部分） ………………………………… 197
第四节　劳动合同法（部分） ……………………………………… 200
第五节　民法典（部分） …………………………………………… 207

第六章 税收风险及纳税信用管理　　214

第一节　税收风险概述 ……………………………………………… 214
第二节　纳税信用管理 ……………………………………………… 219

第一章 会计概述

导读

本章主要介绍会计概念、职能与目标，会计基本假设与会计核算基础，会计要素与会计等式，会计科目与借贷记账法，会计凭证与会计账簿，财产清查，财务报告等。本章简易思维导图如图1-1所示。

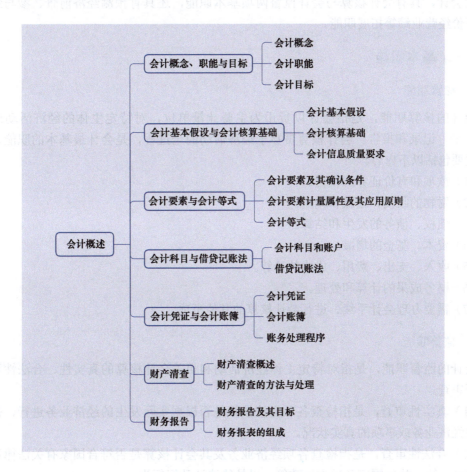

图1-1 本章简易思维导图

第一节　会计概念、职能与目标

一、会计概念

会计是以货币为主要计量单位，采用专门方法和程序，对企业和行政单位、事业单位的经济活动进行完整的、连续的和系统的核算与监督，以提供经济信息和反映受托责任履行情况为主要目的的经济管理活动。

二、会计职能

会计职能，是指会计在经济管理过程中所具有的功能。作为"过程的控制和观念总结"的会计，具有会计核算与会计监督两项基本职能，还具有预测经济前景、参与经济决策、评价经营业绩等拓展职能。

（一）基本职能

1. 核算职能

会计的核算职能，是指会计以货币为主要计量单位，对特定主体的经济活动进行确认、计量、记录和报告。会计核算贯穿于经济活动的全过程，是会计最基本的职能。会计核算主要包括以下内容：

（1）款项和有价证券的收付。
（2）财物的收发、增减和使用。
（3）债权、债务的发生和结算。
（4）资本、基金的增减。
（5）收入、支出、费用、成本的计算。
（6）财务成果的计算和处理。
（7）需要办理会计手续、进行会计核算的其他事项。

2. 监督职能

会计的监督职能，是指对特定主体经济活动和相关会计核算的真实性、合法性和合理性进行审查。

（1）真实性审查，是指检查各项会计核算是否根据实际发生的经济业务进行，是否如实反映经济业务或事项的真实状况。

（2）合法性审查，是指检查各项经济业务及其会计核算是否符合国家有关法律法规，遵守财经纪律，执行国家各项方针政策，以杜绝违法乱纪行为。

（3）合理性审查，是指检查各项财务收支是否符合客观经济规律及经营管理方面的要求，保证各项财务收支符合特定的财务收支计划，实现预算目标。

会计核算与会计监督是相辅相成、辩证统一的。会计核算是会计监督的基础，没有核算提供的各种信息，监督就失去了依据；会计监督又是会计核算质量的保障，只有核算没有监督，就难以保证核算提供的信息的质量。

（二）拓展职能

（1）预测经济前景，是指根据财务报告等提供的信息，定量或者定性地判断和推测经济活动的发展变化规律，以指导和调节经济活动，提高经济效益。

（2）参与经济决策，是指根据财务报告等提供的信息，运用定量分析和定性分析方法，对备选方案进行经济可行性分析，为企业经营管理等提供与决策相关的信息。

（3）评价经营业绩，是指利用财务报告等提供的信息，采用适当的方法，对企业一定经营期间的资产运营、经济效益等经营效果，对照相应的评价标准，进行定量及定性对比分析，做出真实、客观、公正的综合评判。

三、会计目标

会计目标是指会计工作所要完成的任务或达到的标准，即向财务报告使用者提供与企业财务状况、经营成果和现金流量等有关的会计信息，反映企业管理层受托责任履行情况，有助于财务报告使用者做出经济决策。

财务报告使用者主要包括投资者、债权人、政府及其有关部门和社会公众等。满足投资者的信息需要是企业财务报告编制的首要出发点，企业编制财务报告、提供会计信息必须与投资者的决策密切相关。

因此，财务报告提供的信息应当如实反映企业所拥有或者控制的经济资源、对经济资源的要求权，以及经济资源及其要求权的变化情况；如实反映企业的各项收入、费用和利润的金额及其变动情况；如实反映企业各项经营活动、投资活动和筹资活动等所形成的现金流入和现金流出情况等，从而有助于现在的或者潜在的投资者正确、合理地评价企业的资产质量、偿债能力、盈利能力和营运效率等；有助于投资者根据相关会计信息做出理性的投资决策；有助于投资者评估与投资有关的未来现金流量的金额、时间和风险等。除投资者以外，企业财务报告的使用者还有债权人、政府及其有关部门和社会公众等。由于投资者是企业资本的主要提供者，如果财务报告能够满足这一群体的会计信息需求，通常情况下也可以满足其他使用者的大部分信息需求。

随堂题解

【例题1·多选题】下列各项中，不属于会计对经济活动的合理性审查的有（　　）。

A．各项经济活动是否遵守国家有关法律制度
B．各项经济业务是否遵守国家各项方针政策
C．各项经济活动是否有利于经营目标或预算目标的实现
D．各项经济活动是否符合单位的内部管理要求

【答案】AB

【解析】选项AB属于会计对经济活动的合法性审查。

【例题2·多选题】下列各项中，属于会计职能的有（　　）。

A．预测经济前景　　　　　　B．参与经济决策
C．评价经营业绩　　　　　　D．实施会计监督

【答案】ABCD

【解析】会计的职能包括基本职能与拓展职能。其中，基本职能包括会计核算与会计监督，拓展职能包括预测经济前景、参与经济决策和评价经营业绩。

【例题3·多选题】下列关于会计目标的说法中，正确的有（　　）。

A．会计目标是要求会计工作完成的任务或达到的标准
B．会计目标是向财务报告使用者提供与企业财务状况、经营成果和现金流量等有关的会计信息
C．会计目标反映企业管理层受托责任履行情况
D．会计目标有助于财务报告使用者做出经济决策

【答案】ABCD

【解析】选项ABCD均正确。

第二节　会计基本假设与会计核算基础

一、会计基本假设

会计基本假设是对会计核算时间和空间范围等所做的合理假定，是企业会计确认、计量、记录和报告的前提。会计基本假设的内容如图1-2所示。

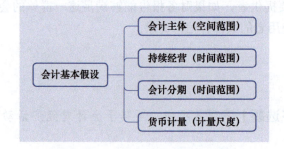

图1-2　会计基本假设的内容

（一）会计主体

会计主体是指会计工作服务的特定对象，是企业会计确认、计量和报告的空间范围。

会计核算应当集中反映某一特定企业的经济活动,并将其与其他经济实体区别开来。在会计主体假设下,企业应当对其本身发生的交易或事项进行会计确认、计量和报告,反映企业本身所从事的各项生产经营活动和其他相关活动。会计主体的特点如图1-3所示。

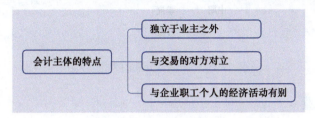

图1-3 会计主体的特点

法律主体是指活跃在法律之中享有权利、负有义务和承担责任的当事人,主要包括自然人、法人、非法人组织、国家。会计主体与法律主体并非是完全对等的概念,法律主体一定是会计主体,但会计主体却不一定是法律主体。一个法律主体内部,可能存在多个会计主体;一个会计主体可能由多个法律主体组成(如企业集团);会计主体可能是法律主体,可能不是法律主体(如车间、部门、企业集团)。会计主体与法律主体的关系如图1-4所示。

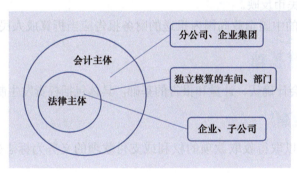

图1-4 会计主体与法律主体的关系

(二)持续经营

持续经营是指在可以预见的将来,企业将会按当前的规模和状态继续经营下去,不会停业,也不会大规模削减业务或进行清算,所持有的资产将正常营运,所负担的债务将正常偿还。简而言之就是指一个会计核算主体其经营活动是永久持续地开展下去。

企业一系列会计核算方法和原则都是建立在持续经营原则基础上,在任何一个节点上,企业的前景只有两种可能:持续经营和停业清算。

(三)会计分期

会计分期是指将一个企业持续的生产经营活动划分为一个个连续的、长短相同的期间。会计分期的目的是将持续的生产经营活动划分成连续、相等的期间,据以结算盈亏,按期编报财务报告,从而及时向财务报告使用者提供有关企业财务状况、经营成果和现金流量的信息。会计分期的类型如图1-5所示。

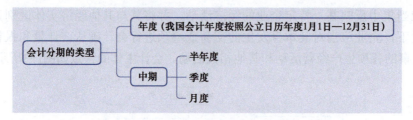

图1-5 会计分期的类型

（四）货币计量

货币计量是指会计主体在会计确认、计量和报告时以货币为计量单位，来反映会计主体的生产经营活动。货币是商品的一般等价物，是衡量一般商品价值的共同尺度，具有价值尺度、流通手段、贮藏手段和支付手段等特点。选择货币作为共同尺度进行计量，具有全面、综合反映企业的生产经营情况的作用。

我国对于会计核算的货币有如下要求：

（1）我国的会计核算应以人民币为记账本位币。

（2）业务收支以外币为主的企业，也可以选择某种外币作为记账本位币，但编制的财务报告应当折算为人民币反映。

（3）在境外设立的中国企业向国内报送的财务报告应当折算成人民币。

二、会计核算基础

会计核算基础指会计确认、计量和报告的基础，具体包括权责发生制和收付实现制。

（一）权责发生制

权责发生制是指以取得收取款项的权利或支付款项的义务为标志来确定本期收入和费用的会计核算基础。

在实务中，企业交易或者事项的发生时间与相关款项收付时间有时并不完全一致。例如，本期款项已经收到，但销售并未实现而不能确认为本期的收入；或者款项已经支付，但与本期的生产经营活动无关而不能确认为本期的费用。为了真实、公允地反映财务状况和经营成果，企业应当以权责发生制为基础进行会计确认、计量和报告。

根据权责发生制，凡是当期已经实现的收入和已经发生或者应当负担的费用，无论款项是否收付，都应当作为当期的收入和费用，计入利润表；凡是不属于当期的收入和费用，即使款项已在当期收付，也不应当作为当期的收入和费用。

（二）收付实现制

收付实现制是指以实际收到或支付现金来确定本期收入和费用的会计核算基础。

在我国，政府会计由预算会计和财务会计构成。其中，预算会计采用收付实现制，国务院另有规定的，依照其规定；财务会计采用权责发生制。

例如，甲公司确认办公用楼租金60万元，用银行存款支付10万元，50万元未付。按照权责发生制，60万元是当期应负担的费用，不管有没有实际支付，都应确认为当期费用60万元；

按收付实现制，实际收付才记账，实际用银行存款支付的只有10万元，当期费用10万元。

三、会计信息质量要求

会计信息质量要求是对企业财务报告所提供会计信息质量的基本要求，是使财务报告所提供会计信息对投资者等信息使用者决策有用应具备的基本特征，主要包括可靠性、相关性、可理解性、可比性、实质重于形式、重要性、谨慎性和及时性等。

（一）可靠性

可靠性要求企业应当以实际发生的交易或者事项为依据进行会计确认、计量和报告，如实反映符合确认和计量要求的会计要素及其他相关信息，保证会计信息真实可靠、内容完整。要求记录的经济业务必须是实实在在发生了的，且有关信息要与实际一致。可靠性是高质量会计信息的重要基础和关键所在。

（二）相关性

相关性要求企业提供的会计信息应当与投资者等财务报告使用者的经济决策需要相关，有助于投资者等财务报告使用者对企业的过去、现在或未来的情况做出评价或者预测。相关指的就是决策相关，要求提供的信息能够为决策提供依据。

（三）可理解性

可理解性要求企业提供的会计信息应当清晰明了，便于财务报告使用者理解和使用。

（四）可比性

可比性要求企业提供的会计信息应当相互可比，既要求同一企业不同时期可比（纵向可比），也要求不同企业相同会计期间可比（横向可比）。可比性示意图如图1-6所示。

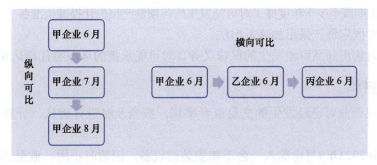

图1-6　可比性示意图

（1）同一企业不同时期可比，即同一企业不同时期发生的相同或者相似的交易或者事项，应当采用一致的会计政策，不得随意变更。但是，如果按照规定或者在会计政策变更后能够提供更可靠、更相关的会计信息，企业可以变更会计政策。有关会计政策变更的情况，应当在附注中予以说明。

（2）不同企业相同会计期间可比，即不同企业同一会计期间发生的相同或者相似的交易或者事项，应当采用规定的会计政策，确保会计信息口径一致、相互可比，以使不同企业按照一致的确认、计量和报告要求提供有关会计信息。

同一企业不同时期可比，可以了解本企业比以往是否做得更好；不同企业相同会计期间可比，可以了解本企业跟同行业其他企业的差距。

（五）实质重于形式

实质重于形式要求企业应当按照交易或者事项的经济实质进行会计确认、计量和报告，不应仅以交易或者事项的法律形式为依据。

例如，以融资租赁方式租入的资产，虽然从法律形式来讲企业不拥有所有权，但是由于合同中规定的租赁期较长，接近资产的使用寿命，且租赁期结束时承租企业有优先购买权、在租赁期内企业有权支配资产并从中受益等，从经济实质看，企业能够控制融资租入资产所创造的未来经济利益，就应当将以融资租赁方式租入的资产视为企业的资产，列入企业的资产负债表。

（六）重要性

重要性要求企业提供的会计信息应当反映与企业财务状况、经营成果和现金流量有关的所有重要交易或者事项。在实务中，重要性需要依赖职业判断，企业应当根据实际情况，从项目的性质和金额大小两方面加以判断。

例如，企业发生的某些支出金额较小，从支出的受益期来看，可能需要在若干会计期间进行分摊，但根据重要性要求，可以一次性计入当期损益。

（七）谨慎性

谨慎性也称稳健性或审慎性，要求企业对交易或事项进行会计确认、计量和报告应当保持应有的谨慎，不应高估资产或者收益或是低估负债或者费用。

谨慎性在实务中较为常见，例如：

（1）企业定期或至少于年度终了对可能发生的各项资产损失计提减值准备（坏账准备）。

（2）企业对固定资产采用加速折旧法。

（3）企业对售出商品可能发生的保修义务、对可能承担的环保责任确认预计负债等。

（八）及时性

及时性要求企业对已经发生的交易或者事项，应当及时进行确认、计量和报告，不得提前或延后。

例如，企业2023年9月份购入一台不需安装的设备，因暂时不用，截至当年年底会计人员尚未将其入账，这就违背了及时性的要求。

随堂题解

【例题4·单选题】企业计划在年底销售一批货物，8月份双方达成交易意向，9月份签订了购买合同，但实际购买的行为发生在11月份，则企业确认收入的时间为（　　）。

A．8月份　　　B．11月份　　　C．12月份　　　D．9月份
【答案】B
【解析】在权责发生制的前提下，企业应该在发生实际行为的时候确认收入或费用。本题中，在11月份实际发生销售行为，所以应该在11月份确认为收入。

【例题5·单选题】企业将租入固定资产（除短期租赁和低价值资产租赁外）按自有固定资产的折旧方法对其计提折旧，遵循的是（　　）要求。
A．谨慎性　　　B．实质重于形式　　　C．可比性　　　D．重要性
【答案】B
【解析】企业租入固定资产（除短期租赁和低价值资产租赁外）的所有权不属于租入方，即在法律形式上属于出租方；但从经济实质上看，租入方长期使用该资产并取得经济利益，所以租入方应根据实质重于形式要求，按照自有固定资产的折旧方法对其计提折旧。

【例题6·单选题】会计人员不得将投资者个人支出记入企业账户依据的是（　　）假设。
A．会计主体　　　B．会计分期　　　C．持续经营　　　D．货币计量
【答案】A
【解析】明确会计主体，才能将"会计主体"的交易或者事项与"会计主体所有者"的交易或者事项，以及与"其他会计主体"的交易或者事项区分开来。企业所有者的经济业务或事项是属于企业所有者个人作为会计主体所发生的，不应纳入企业核算的范围。

第三节　会计要素与会计等式

一、会计要素及其确认条件

会计要素是根据交易或者事项的经济特征所确定的财务会计对象和基本分类。会计要素按照其性质分为资产、负债、所有者权益、收入、费用和利润。其中，资产、负债和所有者权益要素侧重于反映企业的财务状况，收入、费用和利润要素侧重于反映企业的经营成果。

（一）资产的定义及其确认条件

1. 资产的定义

资产是指企业过去的交易或者事项形成的，由企业拥有或者实际控制的，预期会给企业带来经济利益的资源。

2. 资产的特征和确认条件

资产的特征和确认条件如图1-7所示。

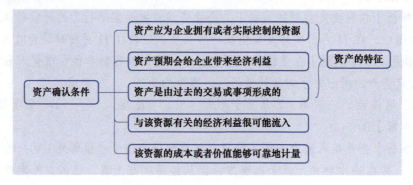

图1-7 资产的特征和确认条件

3. 资产的分类和内容

资产的分类和内容见表1-1。

表1-1 资产的分类和内容

流动资产	货币资金、交易性金融资产、衍生金融资产、应收票据、应收账款、应收款项融资、预付款项、其他应收款、存货、合同资产、持有待售资产、一年内到期的非流动资产和其他流动资产
非流动资产	债权投资、其他债权投资、长期应收款、长期股权投资、其他权益工具投资、其他非流动金融资产、投资性房地产、固定资产、在建工程、生产性生物资产、油气资产、使用权资产、无形资产、开发支出、商誉、长期待摊费用、递延所得税资产、其他非流动资产

（二）负债的定义及其确认条件

1. 负债的定义

负债是指企业由过去的交易或者事项形成的，预期会导致经济利益流出企业的现时义务。

2. 负债的特征和确认条件

负债的特征和确认条件如图1-8所示。

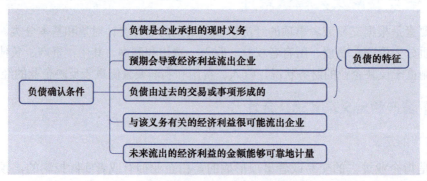

图1-8 负债的特征和确认条件

3. 负债的分类和内容

负债的分类和内容见表1-2。

表1-2 负债的分类和内容

流动负债	短期借款、交易性金融负债、衍生金融负债、应付票据、应付账款、预收款项、合同负债、应付职工薪酬、应交税费、其他应付款、持有待售负债、一年内到期的非流动负债和其他流动负债
非流动负债	长期借款、应付债券、租赁负债、长期应付款、预计负债、递延收益、递延所得税负债和其他非流动负债

（三）所有者权益的定义及其确认条件

1. 所有者权益的定义

所有者权益是指企业资产扣除负债后由所有者享有的剩余权益。公司的所有者权益又称为股东权益。

2. 所有者权益的来源

所有者权益的来源如图1-9所示。

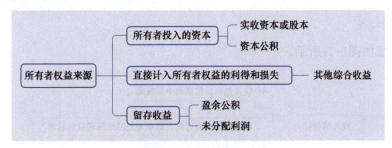

图1-9 所有者权益的来源

3. 所有者权益的分类

所有者权益的分类如图1-10所示。

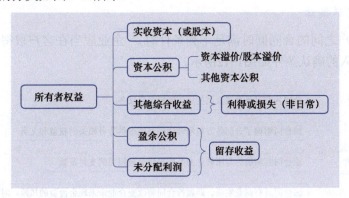

图1-10 所有者权益的分类

所有者投入的资本通常记入"实收资本"（或"股本"），属于溢价出资的部分，记入"资本公积"；直接计入所有者权益的利得或损失，记入"其他综合收益"；留存收益包括盈余公积和未分配利润。

其他综合收益是指企业根据会计准则规定未在当期损益中确认的各项利得和损失。留存收益：是指企业从历年实现的利润中提取或形成的留存于企业的内部积累，包括盈余公积和未分配利润。未分配利润是指企业实现的净利润经过弥补亏损、提取盈余公积和向投资者分配利润后留存在企业的、历年结存的利润。如果未分配利润为负数，反映累计的未弥补亏损。

4. 所有者权益的确认条件

所有者权益体现的是所有者在企业中的剩余权益，因此，所有者权益的确认和计量主要依赖于资产和负债的确认和计量。

（四）收入的定义及其确认条件

1. 收入的定义

收入是指企业在日常活动中形成的、会导致所有者权益增加的、与所有者投入资本无关的经济利益的总流入。

2. 收入的特征

收入的特征如图1-11所示。

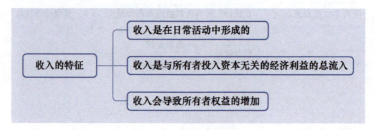

图1-11 收入的特征

3. 收入的确认条件

当企业与客户之间的合同同时满足下列条件时，企业应当在客户取得相关商品控制权时确认收入。收入的确认条件如图1-12所示。

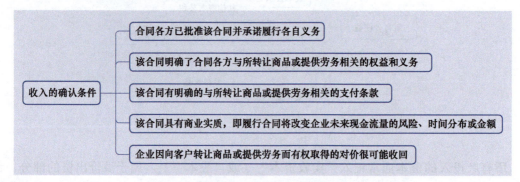

图1-12 收入的确认条件

4. 收入与利得的区别

收入与利得的区别见表1-3。

表1-3 收入与利得的区别

项 目	来 源	经济利益	记 入 科 目	工业企业举例
收入	日常活动	总流入	主营业务收入	销售产成品
			其他业务收入	销售原材料
利得	非日常活动	净流入	营业外收入	销售厂房
			其他综合收益	可供出售金融资产公允价值上升

（五）费用的定义及其确认条件

1. 费用的定义

费用是指企业在日常活动中发生的、会导致所有者权益减少的、与向所有者分配利润无关的经济利益的总流出。

2. 费用的特征和确认条件

费用的特征和确认条件如图1-13所示。

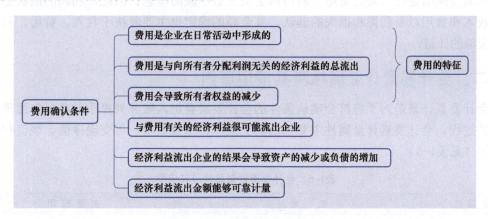

图1-13 费用的特征和确认条件

3. 费用和损失的区别

费用和损失的区别见表1-4。

表1-4 费用和损失的区别

项 目	来 源	经济利益	记 入 科 目	工业企业举例
费用	日常活动	总流出	销售费用	广告费
			管理费用	董事、监事的工资
损失	非日常活动	净流出	营业外支出	固定资产盘亏
			其他综合收益	可供出售金融资产公允价值下降

（六）利润的定义及其确认条件

1. 利润的定义

利润是指企业在一定会计期间的经营成果。通常情况下，如果企业实现了盈利，表明企业的所有者权益将增加；反之，如果企业发生了亏损（即利润为负数），表明企业的所有者权益将减少。

2. 利润的来源构成

利润包括收入减去费用后的净额、直接计入当期利润的利得和损失等。利润的构成如图1-14所示。

图1-14　利润的构成

3. 利润的确认条件

利润反映的是收入减去费用、利得减去损失后净额的概念。因此，利润的确认主要依赖于收入和费用以及利得和损失的确认，其金额的确定也主要取决于收入、费用、利得和损失金额的计量。

二、会计要素计量属性及其应用原则

会计要素计量是为了将符合确认条件的会计要素登记入账并列报于财务报告而确定其金额的过程。会计要素计量属性主要包括历史成本、重置成本、可变现净值、现值和公允价值等（见表1-5）。

表1-5　会计要素计量属性及其应用

计量属性	概　　念	主　要　应　用
历史成本	又称实际成本，是指取得或制造某项财产物资时所实际支付的现金或者现金等价物	我国企业对会计要素的计量一般采用历史成本
重置成本	又称现行成本，是指按照当前市场条件，重新取得同样一项资产所需支付的现金或者现金等价物金额	盘盈固定资产的计量
可变现净值	是指在生产经营过程中，以预计售价减去进一步加工成本和销售所必需的预计税金、费用后的净值	存货期末按成本与可变现净值孰低计量
现值	是指对未来现金流量以恰当的折现率进行折现后的价值。现值是考虑货币时间价值因素等的一种计量属性	特定资产可收回金额计算口径之一
公允价值	是指市场参与者在计量日发生的有序交易中，出售一项资产所能收到或者转移一项负债所需支付的价格	交易性金融资产等

会计要素计量属性的应用原则包括：
（1）企业在对会计要素进行计量时，一般应当采用历史成本；

（2）采用重置成本、可变现净值、现值或公允价值计量的，应当保证所确定的会计要素金额能够取得并可靠计量。

三、会计等式

会计等式，又称会计恒等式、会计方程式或会计平衡公式，是表明会计要素之间基本关系的等式。

（一）会计等式的表现形式

企业要进行经济活动，必须拥有一定数量和质量的能给企业带来经济利益的经济资源，即资产。企业的资产最初来源于两个方面：一是企业所有者投入；二是由企业向债权人借入。所有者和债权人将其拥有的资产提供给企业使用，就相应地对企业的资产享有一种要求。前者称为所有者权益，后者则称为债权人权益，即负债。

资产表明企业拥有什么经济资源和拥有多少经济资源，负债和所有者权益表明经济资源的来源渠道，即谁提供了这些经济资源。因此，资产、负债和所有者权益三者之间在数量上存在恒等关系，用公式表示为：

$$资产=负债+所有者权益$$

这一等式反映了企业在某一特定时点资产、负债和所有者权益三者之间的平衡关系，因此，该等式被称为财务状况等式，亦称基本会计等式、静态会计等式，它是复式记账法的理论基础，也是编制资产负债表的依据。

企业进行生产经营活动的目的是获取收入、实现盈利。企业在取得收入的同时，必然要发生相应的费用。通过收入与费用的比较，才能确定一定期间的盈利水平，确定实现的利润总额。在不考虑利得和损失的情况下，它们之间的关系用公式表示为：

$$收入-费用=利润$$

这一等式反映了企业利润的实现过程，称为经营成果等式或动态会计等式。收入、费用和利润之间的上述关系，是编制利润表的依据。

（二）交易或事项对会计等式的影响

企业发生的交易或事项按其对财务状况等式的影响不同，可以分为以下九种基本类型：

（1）一项资产增加、另一项资产等额减少的经济业务；
（2）一项资产增加、一项负债等额增加的经济业务；
（3）一项资产增加、一项所有者权益等额增加的经济业务；
（4）一项资产减少、一项负债等额减少的经济业务；
（5）一项资产减少、一项所有者权益等额减少的经济业务；
（6）一项负债增加、另一项负债等额减少的经济业务；
（7）一项负债增加、一项所有者权益等额减少的经济业务；
（8）一项所有者权益增加、一项负债等额减少的经济业务；
（9）一项所有者权益增加、另一项所有者权益等额减少的经济业务。

以财务状况等式为例，上述九种基本经济业务的发生均不影响会计等式的平衡关系，具体分为三种情形：基本经济业务（1）、（6）、（7）、（8）、（9）使会计等式左右两边的金额保持不变；基本经济业务（2）、（3）使会计等式左右两边的金额等额增加；基本经济业务（4）、（5）使会计等式左右两边的金额等额减少。

▶【例1-1】2023年1月，甲公司发生的经济业务资料如下：

1．从银行提取现金2万元

该项经济业务发生后，甲公司的一项资产（库存现金）增加2万元，另一项资产（银行存款）同时减少2万元，即会计等式左边资产要素内部的金额有增有减，增减金额相等，其平衡关系保持不变，属于上述第（1）种经济业务类型。

2．从银行借入期限为3个月的短期借款8 000万元，存入银行

该项经济业务发生后，甲公司的一项资产（银行存款）增加8 000万元，一项负债（短期借款）同时增加8 000万元，即会计等式左右两边金额等额增加，其平衡关系保持不变，属于上述第（2）种经济业务类型。

3．收到投资者投入的机器一台，价值5 000万元

该项经济业务发生后，甲公司的一项资产（固定资产）增加5 000万元，一项所有者权益（实收资本）同时增加5 000万元，即会计等式左右两边金额等额增加，其平衡关系保持不变，属于上述第（3）种经济业务类型。

4．以银行存款2 000万元偿还前欠货款

该项经济业务发生后，甲公司的一项资产（银行存款）减少2 000万元，一项负债（应付账款）同时减少2 000万元，即会计等式左右两边金额等额减少，其平衡关系保持不变，属于上述第（4）种经济业务类型。

5．股东大会决定减少注册资本3 000万元，以银行存款向投资者退回其投入的资本

该项经济业务发生后，甲公司的一项资产（银行存款）减少3 000万元，一项所有者权益（实收资本）同时减少3 000万元，即会计等式左右两边金额等额减少，其平衡关系保持不变，属于上述第（5）种经济业务类型。

6．已到期的应付票据2 500万元因无力支付转为应付账款

该项经济业务发生后，甲公司的一项负债（应付账款）增加2 500万元，一项负债（应付票据）同时减少2 500万元，即会计等式右边负债要素内部的金额有增有减，增减金额相等，其平衡关系保持不变，属于上述第（6）种经济业务类型。

7．宣布向投资者分配利润1 000万元

该项经济业务发生后，甲公司的一项负债（应付利润）增加1 000万元，一项所有者权益（未分配利润）同时减少1 000万元，即会计等式右边一项负债增加而一项所有者权益等额减少，其平衡关系保持不变，属于上述第（7）种经济业务类型。

8．经批准将已发行的公司债券5 000万元转为实收资本

该项经济业务发生后，甲公司的一项负债（应付债券）减少5 000万元，一项所有者权益（实收资本）同时增加5 000万元，即会计等式右边一项所有者权益增加而一项负债等额减少，其平衡关系保持不变，属于上述第（8）种经济业务类型。

9．经批准用资本公积3 000万元转为实收资本

该项经济业务发生后，甲公司的一项所有者权益（实收资本）增加3 000万元，一项所有者权益（资本公积）同时减少3 000万元，即会计等式右边所有者权益要素内部的金额有增有减，增减金额相等，其平衡关系保持不变，属于上述第（9）种经济业务类型。

由此可见，每一项经济业务的发生，都必然会引起会计等式的一边或两边有关项目相互联系地发生等额变化，即当涉及会计等式的一边时，有关项目的金额发生相反方向的等额变动；当涉及会计等式的两边时，有关项目的金额发生相同方向的等额变动，但始终不会影响会计等式的平衡关系。

随堂题解

【例题7·多选题】下列各项中，对于资产特征的表述正确的有（　　）。
A．资产是由过去的交易或事项形成的
B．资产是企业拥有或控制的资源
C．资产是预期能给企业带来经济利益的资源
D．资产必须是有形态的实物资产
【答案】ABC
【解析】资产是由过去的交易或事项形成的，由企业拥有或控制的、预期能给企业带来经济利益的资源；选项D，专利权、商标权等不具有实物形态，但是属于企业的资产。

【例题8·单选题】下列经济业务会导致资产和负债同时增加的是（　　）。
A．以银行存款偿还欠款　　　　　　B．支付应付职工工资
C．从银行取得借款　　　　　　　　D．从银行提取现金
【答案】C
【解析】选项AB，引起资产和负债同时减少；选项D，引起资产内部一增一减。

【例题9·单选题】下列不属于会计计量属性的是（　　）。
A．重置成本　　B．公允价值　　C．持续经营　　D．历史成本
【答案】C
【解析】本题考核会计的计量属性。会计计量属性是指会计要素的数量特征或外在表现形式，反映了会计要素金额的确定基础，主要包括历史成本、重置成本、可变现净值、现值和公允价值等。持续经营属于会计基本假设。

第四节　会计科目与借贷记账法

一、会计科目和账户

会计要素是对会计对象的分类，为会计核算提供了类别指标，但是特定主体的经济业

务发生后，不仅要求提供会计要素总括的数量变化，还要提供一系列分类指标和具体会计信息，以反映会计主体特定时点的财务状况和特定时期的经营成果。所以在会计要素指标下进行第三层次的划分，细分后的每一个具体内容都需要一个名称，这就是会计科目。即会计要素是对会计对象的分类，会计科目是对会计要素的分类。

（一）会计科目

会计科目是对会计要素具体内容进行分类核算的项目，是进行会计核算和提供会计信息的基本单元。会计科目可以按其反映的经济内容（即所属会计要素）、所提供信息的详细程度及其统驭关系分类。

1. 按反映的经济内容分类

会计科目按其反映的经济内容不同，可分为资产类科目、负债类科目、共同类科目、所有者权益类科目、成本类科目、损益类科目六大类。每一类会计科目可按一定标准再分为若干个具体的科目。

（1）资产类科目（包括资产的备抵科目）是对资产要素的具体内容进行分类核算的项目，按资产的流动性可分为流动资产和非流动资产。反映流动资产的科目主要有"库存现金""银行存款""应收账款""应收票据""预付账款"等；反映非流动资产的科目主要有"固定资产""无形资产""投资性房地产""长期应收款"等。资产的分类如图1-15所示。

（2）负债类科目是对负债要素的具体内容进行分类核算的项目。负债按偿还期限长短可分为流动负债和非流动负债。反映流动负债的科目主要有"短期借款""应付票据""应付账款""预收账款""应交税费"等；反映非流动负债的科目主要有"长期借款""应付债券""长期应付款"等。负债的分类如图1-16所示。

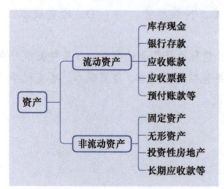

图1-15　资产的分类

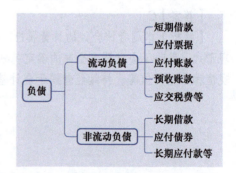

图1-16　负债的分类

（3）共同类科目是既有资产性质又有负债性质的科目，主要有"清算资金往来""货币兑换""套期工具""被套期项目"等。

（4）所有者权益类科目是对所有者权益要素的具体内容进行分类核算的项目，主要有"实收资本"（或"股本"）"资本公积""盈余公积""未分配利润"等。所有者权益的分类如图1-17所示。

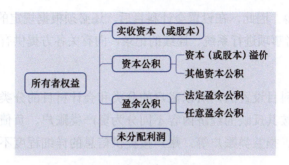

图1-17 所有者权益的分类

（5）成本类科目是对可归属于产品生产成本、劳务成本等的具体内容进行分类核算的项目，主要有"生产成本""制造费用""合同取得成本""合同履约成本""研发支出"等科目。

（6）损益类科目是对收入、费用等要素的具体内容进行分类核算的项目。其中，反映收入的科目主要有"主营业务收入""其他业务收入"等；反映费用的科目主要有"主营业务成本""其他业务成本""销售费用""管理费用""财务费用"等。

2. 按提供信息的详细程度及其统驭关系分类

会计科目按其提供信息的详细程度及其统驭关系可分为总分类科目和明细分类科目。

（1）总分类科目：总分类科目又称总账科目或一级科目，是对会计要素的具体内容进行总括分类、提供总括信息的会计科目。

（2）明细分类科目：明细分类科目又称明细科目，是对总分类科目作进一步分类、提供更为详细和具体会计信息的科目。

如果某一总分类科目所辖的明细分类科目较多，可在总分类科目下设置二级明细科目，在二级明细科目下设置三级明细科目，以此类推。

例如：

明细科目：应收账款——甲公司
　　　　　　　　——乙公司
　　　　　　　　——丙公司

总科目：应收账款

总分类科目一般由财政部统一制定，明细分类科目除会计准则规定设置的以外，可以根据本单位经济管理的需要和经济业务的具体内容自行设置。

（二）账户

账户是根据会计科目设置的、具有一定格式和结构、用以分类反映会计要素增减变动情况及其结果的载体。

会计科目仅仅是对会计要素的具体内容进行分类核算的项目，它不能反映交易或者事项的发生所引起的会计要素各项目增减变动情况和结果。各项核算指标的具体数据资料，只有通过账户记录才能取得。因此，在设置会计科目后，还必须根据规定的会计科目开设相应的账户，以便对交易或者事项进行系统、连续的记录，向有关各方提供有用的会计信息。

1. 账户的分类

账户是根据会计科目设置的，所以账户的分类和会计科目的分类相一致。与会计科目的分类相对应，账户按其反映的经济内容不同分为资产类账户、负债类账户、所有者权益类账户、成本类账户、损益类账户等。账户按提供信息的详细程度不同可分为总分类账户和明细分类账户。

2. 账户的结构

账户是用来连续、系统、完整地记录企业经济活动的，因此必须具有一定的结构。

由于经济业务发生所引起的各项会计要素的变动，从数量上看不外乎为增加或者减少两种情况。因此，账户的结构相应地分为两个基本部分，以分别用来记录会计要素的增加和减少。这样，账户的基本结构就要分为左右两方，一方登记增加，另一方登记减少。至于账户左右两方的名称以及用哪一方登记增加、哪一方登记减少，要取决于所采用的记账方法和该账户所记录的经济内容。

从账户名称、记录增加额和减少额的左右两方来看，账户结构在整体上类似于汉字"丁"和大写的英文字母"T"，因此，账户的基本结构在实务中被形象地称为"丁"字账户或者"T"型账户，如图1-18所示。

图1-18 "T"型账户

账户的期初余额、期末余额、本期增加发生额、本期减少发生额统称为账户的四个金额要素。四个金额要素之间的关系如下列公式所示：

$$期末余额=期初余额+本期增加发生额-本期减少发生额$$

会计账户与会计科目是既有联系，又有区别的两个不同概念，见表1-6。

表1-6 会计账户与会计科目的联系和区别

项 目	内 容
联系	会计科目与账户都是对会计对象具体内容（会计要素）的科学分类，两者设置口径一致、性质相同。会计科目是会计账户的名称，也是设置会计账户的依据；会计账户是会计科目的具体运用。会计科目的性质决定了会计账户的性质，会计账户的分类和会计科目的分类内容一致
区别	会计账户有自己的格式或结构，可用来连续、系统、全面地记录反映某种经济业务的增减变化及其结果；会计科目仅仅是会计账户的名称，不存在结构
实际工作中的应用	在实际工作中对于会计账户和会计科目这两个概念，经常可以不加严格区分的相互通用

二、复式记账法

复式记账法的产生标志着近代会计的形成，强调企业资产不仅来源于股东直接投入、间接投入（指企业的盈利，即累积经营盈余），还包括借入资金。在登记账户的时候至少包括两个账户，既体现来源，又体现去向。

1. 复式记账法的概念

复式记账法是指对发生的每一项经济业务，都要以相等的金额，在相互联系的两个或两个以上的账户中进行记录的记账方法。

2. 复式记账法的优点

对于发生的每一项经济业务，都要在两个或两个以上的账户中相互联系地进行分类记录。这样，通过账户记录不仅可以全面、清晰地反映经济业务的来龙去脉，还能全面、系统地反映经济活动的过程和结果。

由于每一项经济业务发生后，都是以相等的金额在有关的账户中登记，因而可以对记录的结果进行试算平衡，以检查账户记录是否正确。

3. 复式记账法的种类

复式记账法包括借贷记账法、增减记账法和收付记账法。我国会计准则规定，企业、行政单位、事业单位会计核算采用借贷记账法记账。

借贷记账法的记账原则：有借必有贷，借贷必相等。"借""贷"两个字为记账符号，分别代表账户的左方和右方。"借""贷"只是纯粹的记账符号，是会计上的专业术语，用来标明记账的方向。"借"表示增加还是"贷"表示增加，则取决于账户的性质及结构。

三、借贷记账法

（一）借贷记账法的账户结构

借贷记账法下，账户的左方称为借方，右方称为贷方。所有账户的借方和贷方按相反方向记录增加数和减少数，即一方登记增加额，另一方就登记减少额。

通常情况下，资产类、成本类和费用类账户的增加用"借"表示，减少用"贷"表示；负债类、所有者权益类和收入类账户的增加用"贷"表示，减少用"借"表示（见表1-7）。

表1-7　借贷记账法的账户结构

账　户	账户的结构	余　额	期末余额计算公式
资产类账户 成本类账户	借方表示增加，贷方表示减少	期末余额在借方	借方期末余额=借方期初余额+借方本期发生额−贷方本期发生额
负债类账户 所有者权益类账户	贷方表示增加，借方表示减少	期末余额在贷方	贷方期末余额=贷方期初余额+贷方本期发生额−借方本期发生额
损益类账户—收入类	贷方表示增加，借方表示减少	期末无余额	—
损益类账户—费用类	借方表示增加，贷方表示减少		

资产+费用=负债+所有者权益+收入
等号左边的要素，借方表示增加，贷方表示减少；等号右边的要素，贷方表示增加，借方表示减少

1. 资产类和成本类账户的结构

在借贷记账法下，资产类、成本类账户的借方登记增加额，贷方登记减少额，期末余额一般在借方。其余额计算公式为：

$$期末借方余额 = 期初借方余额 + 本期借方发生额 - 本期贷方发生额$$

资产类和成本类账户结构用"T"型账户表示，如图1-19所示。

借方	资产类和成本类账户		贷方
期初余额	×××		
本期增加额	×××	本期减少额	×××
……		……	
本期借方发生额合计	×××	本期贷方发生额合计	×××
期末余额	×××		

图1-19　资产类和成本类账户结构

2. 负债类和所有者权益类账户的结构

在借贷记账法下，负债类、所有者权益类账户的借方登记减少额，贷方登记增加额，期末余额一般在贷方。其余额计算公式为：

$$期末贷方余额 = 期初贷方余额 + 本期贷方发生额 - 本期借方发生额$$

负债类和所有者权益类账户结构用"T"型账户表示，如图1-20所示。

借方	负债类和所有者权益类账户		贷方
		期初余额	×××
本期减少额	×××	本期增加额	×××
……		……	×××
本期借方发生额合计	×××	本期贷方发生额合计	×××
		期末余额	×××

图1-20　负债类和所有者权益类账户结构

3. 损益类账户的结构

损益类账户主要包括收入类账户和费用类账户。

在借贷记账法下，收入类账户的借方登记减少额，贷方登记增加额，本期收入净额在期末转入"本年利润"账户，用以计算当期损益，结转后无余额。收入类账户结构用"T"型账户表示，如图1-21所示。

借方	收入类账户		贷方
本期减少额	×××	本期增加额	×××
本期转出额	×××		×××
……		……	
本期借方发生额合计	×××	本期贷方发生额合计	×××

图1-21　收入类账户结构

在借贷记账法下,费用类账户的借方登记增加额,贷方登记减少额,本期费用净额在期末转入"本年利润"账户,用以计算当期损益,结转后无余额。费用类账户结构用"T"型账户表示,如图1-22所示。

借方	费用类账户		贷方
本期增加额	×××	本期减少额	×××
	×××	本期转出额	×××
……		……	
本期借方发生额合计	×××	本期贷方发生额合计	×××

图1-22　费用类账户结构

(二) 借贷记账法的记账规则

记账规则是指采用某种记账方法登记具体经济业务时应当遵循的规则。如果运用"借""贷"符号表示【例1-1】中九种基本经济业务所涉及的增减变动,可以发现借贷记账法的记账规则为"有借必有贷,借贷必相等"。即任何经济业务的发生总会涉及两个或两个以上的相关账户,一方(或几方)记入借方,另一方(或几方)必须记入贷方,记入借方的金额等于记入贷方的金额。如果涉及多个账户,记入借方账户金额的合计数等于记入贷方金额的合计数。

【例1-1】中九种基本经济业务的资金运动与记账规则的对应关系如图1-23所示。

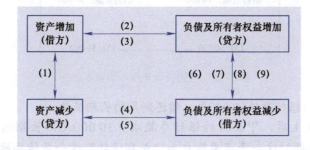

图1-23　九种基本经济业务的资金运动与记账规则的对应关系

▶【例1-2】甲公司购入原材料一批,价款1 000元,用银行存款支付,假定不考虑增值税因素。

该项经济业务发生后,甲公司原材料增加1 000元,银行存款同时减少1 000元,它涉及"原材料"和"银行存款"这两个资产类账户。资产的增加用"借"表示,减少用"贷"表示,因此应在"原材料"账户借方记入1 000元,在"银行存款"账户贷方记入1 000元。该项经济业务在"T"型账户中的登记如图1-24所示。

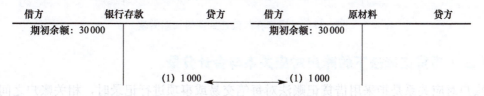

图1-24　以银行存款购入原材料

▶【例1-3】甲公司已到期的应付票据20 000元因无力支付转为应付账款。

该项经济业务发生后,甲公司应付账款增加20 000元,应付票据同时减少20 000元,它涉及"应付账款"和"应付票据"这两个负债类账户。负债的增加用"贷"表示,减少用"借"表示,因此应在"应付票据"账户借方记入20 000元,在"应付账款"账户贷方记入20 000元。该项经济业务在"T"型账户中的登记如图1-25所示。

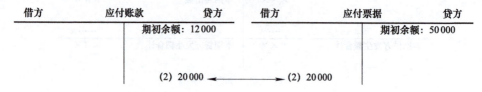

图1-25　已到期的应付票据转为应付账款

▶【例1-4】甲公司收到投资者投入资本金50 000元,款项存入银行。

该项经济业务发生后,甲公司银行存款增加50 000元,所有者对甲公司的投资同时增加50 000元,它涉及"银行存款"这个资产类账户和"实收资本"这个所有者权益类账户。资产的增加用"借"表示,所有者权益的增加用"贷"表示,因此应在"银行存款"账户借方记入50 000元,在"实收资本"账户贷方记入50 000元。该项经济业务在"T"型账户中的登记如图1-26所示。

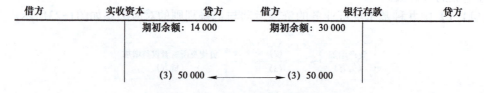

图1-26　收到投资者投入的资本金

▶【例1-5】甲公司以银行存款30 000元,偿还到期的长期借款。

该项经济业务发生后,甲公司的银行存款减少30 000元,长期借款同时减少30 000元,它涉及"银行存款"这个资产类账户和"长期借款"这个负债类账户。资产的减少用"贷"表示,负债的减少用"借"表示,因此应在"长期借款"账户的借方记入30 000元,在"银行存款"账户的贷方记入30 000元。该项经济业务在"T"型账户中的登记如图1-27所示。

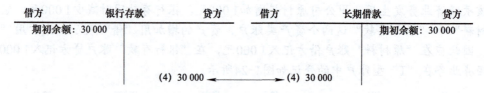

图1-27　以银行存款偿还到期的长期借款

(三)借贷记账法下的账户对应关系与会计分录

账户对应关系是指采用借贷记账法对每笔交易或事项进行记录时,相关账户之间形成的应借、应贷的相互关系。存在对应关系的账户称为对应账户。

会计分录，简称分录，是对每项经济业务列示出应借、应贷的账户名称（科目）及其金额的一种记录。分录包括三要素：账户的名称，即会计科目；记账方向的符号，即借方或贷方；记录的金额。

按照所涉及账户的多少，会计分录分为简单会计分录和复合会计分录。简单会计分录是指只涉及一个账户借方和另一个账户贷方的会计分录，即一借一贷的会计分录。如【例1-2】至【例1-5】所列示四项经济业务的会计分录分别如下：

（1）借：原材料　　　　　　　　　　　　　　　　　　　1 000
　　　　贷：银行存款　　　　　　　　　　　　　　　　　　1 000
（2）借：应付票据　　　　　　　　　　　　　　　　　　20 000
　　　　贷：应付账款　　　　　　　　　　　　　　　　　20 000
（3）借：银行存款　　　　　　　　　　　　　　　　　　50 000
　　　　贷：实收资本　　　　　　　　　　　　　　　　　50 000
（4）借：长期借款　　　　　　　　　　　　　　　　　　30 000
　　　　贷：银行存款　　　　　　　　　　　　　　　　　30 000

复合会计分录是指由两个以上（不含两个）对应账户组成的会计分录，即一借多贷、多借一贷或多借多贷的会计分录，如【例1-6】中的会计分录。

▶【例1-6】甲公司购入原材料一批，价款60 000元，其中40 000元用银行存款支付，20 000元尚未支付，假定不考虑增值税因素。会计分录如下：

借：原材料　　　　　　　　　　　　　　　　　　　　　60 000
　　贷：银行存款　　　　　　　　　　　　　　　　　　　40 000
　　　　应付账款　　　　　　　　　　　　　　　　　　　20 000

复合会计分录实际上是由若干简单会计分录复合而成的，但为了保持账户对应关系清晰，一般不应把不同经济业务合并在一起，编制多借多贷的会计分录。一笔复合会计分录可以分解为若干简单会计分录，而若干笔相关简单的会计分录又可复合为一笔复合会计分录。复合或分解的目的是便于会计工作，更好地反映经济业务发生引起资金运动的来龙去脉。

（四）借贷记账法下的试算平衡

试算平衡是指根据借贷记账法的记账规则和资产与权益（负债和所有者权益）的恒等关系，通过对所有账户的发生额和余额的汇总计算和比较，来检查账户记录是否正确的一种方法。

1. 试算平衡的分类

（1）发生额试算平衡。

全部账户本期借方发生额合计=全部账户本期贷方发生额合计

发生额试算平衡的直接依据是借贷记账法的记账规则，即"有借必有贷，借贷必相等"。

（2）余额试算平衡。

全部账户借方期末（初）余额合计=全部账户贷方期末（初）余额合计

余额试算平衡的直接依据是财务状况等式，即：资产=负债+所有者权益。

2. 试算平衡表的编制

试算平衡是通过编制试算平衡表进行的。试算平衡只是通过借贷金额是否平衡来检查账户记录是否正确的一种方法。如果借贷双方发生额或余额相等，表明账户记录基本正确，但有些错误并不影响借贷双方的平衡。因此，试算不平衡，表示记账一定有错误；但试算平衡时，不能表明记账一定正确。

不影响借贷双方平衡关系的错误通常有：

（1）漏记某项经济业务，使本期借贷双方的发生额等额减少，借贷仍然平衡；

（2）重记某项经济业务，使本期借贷双方的发生额等额虚增，借贷仍然平衡；

（3）某项经济业务记录的应借、应贷科目正确，但借贷双方金额同时多记或少记，且金额一致，借贷仍然平衡；

（4）某项经济业务记错有关账户，借贷仍然平衡；

（5）某项经济业务在账户记录中，颠倒了记账方向，借贷仍然平衡；

（6）某借方或贷方发生额中，偶然发生多记和少记并相互抵销，借贷仍然平衡。

▶【例1-7】2023年1月初，丙公司各账户的期初余额见表1-8。

表1-8 期初余额表

2023年1月1日　　　　　　　　　　　　　　　　　　　　　　　　　　单位：元

账 户 名 称	期初借方余额	账 户 名 称	期初贷方余额
库存现金	10 000	短期借款	130 000
银行存款	160 000	应付票据	120 000
原材料	200 000	应付账款	100 000
固定资产	11 000 000	实收资本	11 020 000
合计	11 370 000	合计	11 370 000

2023年1月，丙公司发生的部分经济业务（假定不考虑增值税因素）如下：

（1）收到投资者按投资合同投入资本420 000元，已存入银行。

（2）向银行借入期限为三个月的借款600 000元存入银行。

（3）从银行提取现金8 000元备用。

（4）购买原材料60 000元已验收入库，款未付。

（5）签发三个月到期的商业汇票50 000元抵付上月所欠货款。

（6）用银行存款100 000元偿还短期借款。

（7）用银行存款300 000元购买不需安装的机器设备一台，设备已交付使用。

（8）购买原材料40 000元，其中用银行存款支付30 000元，其余货款未付，材料已验收入库。

（9）以银行存款偿还短期借款100 000元，偿还应付账款60 000元。

根据以上业务，编制会计分录如下：

（1）借：银行存款　　　　　　　　　　　　　　　　　420 000
　　　　贷：实收资本　　　　　　　　　　　　　　　　　　420 000
（2）借：银行存款　　　　　　　　　　　　　　　　　600 000
　　　　贷：短期借款　　　　　　　　　　　　　　　　　　600 000
（3）借：库存现金　　　　　　　　　　　　　　　　　　8 000
　　　　贷：银行存款　　　　　　　　　　　　　　　　　　　8 000
（4）借：原材料　　　　　　　　　　　　　　　　　　60 000
　　　　贷：应付账款　　　　　　　　　　　　　　　　　　60 000
（5）借：应付账款　　　　　　　　　　　　　　　　　50 000
　　　　贷：应付票据　　　　　　　　　　　　　　　　　　50 000
（6）借：短期借款　　　　　　　　　　　　　　　　　100 000
　　　　贷：银行存款　　　　　　　　　　　　　　　　　　100 000
（7）借：固定资产　　　　　　　　　　　　　　　　　300 000
　　　　贷：银行存款　　　　　　　　　　　　　　　　　　300 000
（8）借：原材料　　　　　　　　　　　　　　　　　　40 000
　　　　贷：银行存款　　　　　　　　　　　　　　　　　　30 000
　　　　　　应付账款　　　　　　　　　　　　　　　　　　10 000
（9）借：短期借款　　　　　　　　　　　　　　　　　100 000
　　　　　　应付账款　　　　　　　　　　　　　　　　　　60 000
　　　　贷：银行存款　　　　　　　　　　　　　　　　　　160 000

根据上述会计分录登记总分类账户，期末在各总分类账户中结算出本期发生额和期末余额，如图1-28至图1-35所示。

借方		银行存款		贷方
			(3)	8 000
期初余额	160 000		(6)	100 000
(1)	420 000		(7)	300 000
(2)	600 000		(8)	30 000
			(9)	160 000
本期借方发生额合计	10 200 000		本期贷方发生额合计	598 000
期末余额	582 000			

图1-28　银行存款账户

借方		实收资本		贷方
			期初余额	11 020 000
			(1)	420 000
本期借方发生额合计			本期贷方发生额合计	420 000
			期末余额	11 440 000

图1-29　实收资本账户

借方	短期借款		贷方
		期初余额	130 000
(6) 100 000		(2) 600 000	
(9) 100 000			
本期借方发生额合计 200 000		本期贷方发生额合计	600 000
		期末余额	530 000

图1-30　短期借款账户

借方	库存现金		贷方
期初余额	10 000		
(3) 80 000			
本期借方发生额合计	8 000	本期贷方发生额合计	
期末余额	18 000		

图1-31　库存现金账户

借方	原材料		贷方
期初余额	200 000		
(4) 60 000			
(8) 40 000			
本期借方发生额合计	100 000	本期贷方发生额合计	
期末余额	300 000		

图1-32　原材料账户

借方	应付账款		贷方
		期初余额	100 000
(5) 50 000		(4) 60 000	
(9) 60 000		(8) 10 000	
本期借方发生额合计 110 000		本期贷方发生额合计	70 000
		期末余额	60 000

图1-33　应付账款账户

借方	应付票据		贷方
		期初余额	120 000
		(5) 50 000	
本期借方发生额合计		本期贷方发生额合计	50 000
		期末余额	170 000

图1-34　应付票据账户

借方	固定资产		贷方
期初余额	11 000 000		
(7)	300 000		
本期借方发生额合计	300 000	本期贷方发生额合计	50 000
期末余额	11 300 000		

图1-35 固定资产账户

根据各账户的期初余额、本期发生额和期末余额，编制总分类账户试算平衡表进行试算平衡，见表1-9。

表1-9 总分类账户试算平衡表

2023年1月31日 单位：元

账户名称	期初余额		本期发生额		期末余额	
	借方	贷方	借方	贷方	借方	贷方
库存现金	1 000		8 000		18 000	
银行存款	160 000		1 020 000	598 000	582 000	
原材料	200 000		100 000		300 000	
固定资产	11 000 000		300 000		11 300 000	
短期借款		130 000	200 000	600 000		530 000
应付票据		120 000		50 000		170 000
应付账款		100 000	110 000	70 000		60 000
实收资本		11 020 000		420 000		11 440 000
合计	11 370 000	11 370 000	1 738 000	1 738 000	12 200 000	12 200 000

根据表1-9可知，双方的本期发生额借贷合计、期末余额借贷方合计相等，表明账户记录基本正确。

随堂题解

【例题10·多选题】下列关于借贷记账法的说法中正确的有（　　）。

A．借贷记账法下，哪一方登记增加，哪一方登记减少取决于账户的性质和所记录经济内容的性质

B．"借""贷"是借贷记账法的记账符号

C．借贷记账法的记账规则是"有借必有贷，借贷必相等"

D．借贷记账法下，可以进行试算平衡

【答案】ABCD

【解析】选项ABCD均正确。

【例题11·单选题】下列各项中,属于总分类会计科目的是(   )。

A. 应交增值税　　B. 应付账款　　C. 专利权　　D. 未分配利润

【答案】B

【解析】选项A是"应交税费"的二级明细科目,即"应交税费——应交增值税";选项C是"无形资产"的二级明细科目,即"无形资产——专利权";选项D是"利润分配"的二级明细科目,即"利润分配——未分配利润"。

【例题12·单选题】具有一定的格式和结构,用于分类核算会计要素增减变动情况及其结果的载体是(   )。

A. 账户　　B. 会计科目　　C. 账簿　　D. 财务报表

【答案】A

【解析】选项A正确。

第五节　会计凭证与会计账簿

一、会计凭证

(一)会计凭证概述

会计凭证是指记录经济业务发生或者完成情况的书面证明,是登记账簿的依据,包括纸质会计凭证和电子会计凭证两种形式。每个企业都必须按一定的程序填制和审核会计凭证,根据审核无误的会计凭证进行账簿登记,如实反映企业的经济业务。会计凭证按照填制程序和用途可分为原始凭证和记账凭证。

原始凭证,又称单据,是指在经济业务发生或完成时取得或填制的,用以记录或证明经济业务的发生或完成情况的原始凭据。原始凭证的作用主要是记载经济业务的发生过程和具体内容。

记账凭证,又称记账凭单,是指会计人员根据审核无误的原始凭证,按照经济业务的内容加以归类,并据以确定会计分录后填制的会计凭证,作为登记账簿的直接依据。记账凭证的作用主要是确定会计分录、进行账簿登记、反映经济业务的发生或完成情况、监督企业经济活动、明确相关人员的责任。

(二)原始凭证

1. 原始凭证的种类

(1)按取得的来源分类(见表1-10)。

会计概述 第一章

表1-10 原始凭证按取得的来源分类

凭　证	内　容	示　例
自制原始凭证（单位自制）	指由本单位有关部门和人员，在执行或完成某项经济业务时填制的，仅供本单位内部使用的原始凭证	如工资费用分配表、领料单、发料凭证汇总表、产品入库单、借款单等
外来原始凭证（外部流入）	指在经济业务发生或完成时，从其他单位或个人直接取得的原始凭证	如购买原材料取得的增值税专用发票、职工出差报销的飞机票、火车票和餐饮费发票等

（2）按格式分类（见表1-11）。

表1-11 原始凭证按格式分类

凭　证	内　容	示　例
通用凭证（统一印制）	指由有关部门统一印制、在一定范围内使用的具有统一格式和使用方法的原始凭证	如某省（市）印制的在该省（市）通用的发票、收据等，由国家税务总局统一印制的全国通用的增值税专用发票、银行转账结算凭证等
专用凭证（仅供本单位用）	指由单位自行印制、仅在本单位内部使用的原始凭证	如领料单、差旅费报销单、折旧计算表、工资费用分配表等

（3）按填制手续和内容分类（见表1-12）。

表1-12 原始凭证按填制手续和内容分类

凭　证	内　容	示　例
一次凭证（一次完成）	指一次填制完成，只记录一笔经济业务且仅一次有效的原始凭证	如收据、收料单、发货票、银行结算凭证等
累计凭证（多次记录）	指在一定时期内多次记录发生的同类型经济业务且多次有效的原始凭证。其特点是在一张凭证内可以连续登记相同性质的经济业务，随时结出累计数和结余数，并按照费用限额进行费用控制，期末按实际发生额记账	如限额领料单等
汇总凭证（合并同类业务）	指对一定时期内反映经济业务内容相同的若干张原始凭证，按照一定标准综合填制的原始凭证	如发料凭证汇总表、工资结算汇总表、差旅费报销单等

2. 原始凭证的基本内容

原始凭证的格式和内容因经济业务和经营管理的不同而有所差异，但原始凭证应当具备以下基本内容（也称为原始凭证要素）：

（1）凭证的名称；

（2）填制凭证的日期；

（3）填制凭证单位名称和填制人姓名；

（4）经办人员的签名或者盖章；

（5）接受凭证单位名称；

（6）经济业务内容；

（7）数量、单价和金额。

3. 原始凭证的填制要求

（1）记录真实。原始凭证所填列经济业务的内容和数字，必须真实可靠、符合实际情况。

（2）内容完整。原始凭证所要求填列的项目必须逐项填列齐全，不得遗漏或省略。原始凭证中的年、月、日要按照填制原始凭证的实际日期填写；名称要齐全，不能简化；品名或用途要填写明确，不能含糊不清；有关人员的签章必须齐全。

（3）手续完备。①单位自制的原始凭证必须有经办单位相关负责人的签名或盖章；②对外开出的原始凭证必须加盖本单位公章或者财务专用章；③从外部取得的原始凭证，必须盖有填制单位的公章或者财务专用章；④从个人取得的原始凭证，必须有填制人员的签名或盖章。

（4）书写清楚、规范。①原始凭证要按规定填写，文字要简明，字迹要清楚，易于辨认，不得使用未经国务院公布的简化汉字。②大小写金额必须符合填写规范，小写金额用阿拉伯数字逐个书写，不得写连笔字。③在金额前要填写人民币符号"￥"（使用外币时填写相应符号），且与阿拉伯数字之间不得留有空白。④金额数字一律填写到角、分，无角无分的，写"00"或符号"—"；有角无分的，分位写"0"，不得用符号"—"。⑤大写金额用汉字壹、贰、叁、肆、伍、陆、柒、捌、玖、拾、佰、仟、万、亿、元、角、分、零、整等，一律用正楷或行书字书写。⑥大写金额前未印有"人民币"字样的，应加写"人民币"三个字且和大写金额之间不得留有空白。⑦大写金额到元或角为止的，后面要写"整"或"正"字；有分的，不写"整"或"正"字，如小写金额为"￥1007.00"，大写金额应写成"壹仟零柒元整"。

（5）编号连续。各种凭证要连续编号，以便检查。如果凭证已预先印定编号，如发票、支票等重要凭证，在因错作废时，应加盖"作废"戳记，妥善保管，不得撕毁。

（6）不得涂改、刮擦、挖补。原始凭证金额有错误的，应当由出具单位重开，不得在原始凭证上更正。原始凭证有其他错误，应当由出具单位重开或更正，更正处应当加盖出具单位印章。

（7）填制及时。各种原始凭证一定要及时填写，并按规定的程序及时送交会计机构审核。

4. 原始凭证的审核

为了如实反映经济业务的发生和完成情况，充分发挥会计的监督职能，保证会计信息的真实、完整，会计人员必须对原始凭证进行严格审核。原始凭证审核的主要内容见表1-13。

表1-13 原始凭证审核的主要内容

审核项目	审核内容
审核原始凭证的真实性	真实性的审核包括凭证日期是否真实、业务内容是否真实、数据是否真实等；外来原始凭证，必须有填制单位公章或财务专用章和填制人员签章；自制原始凭证，必须有经办部门和经办人员的签名或盖章。此外，对通用原始凭证，还应审核凭证本身的真实性，以防作假
审核原始凭证的合法性、合理性	审核原始凭证所记录经济业务是否符合国家法律法规，是否履行了规定的凭证传递和审核程序；审核原始凭证所记录经济业务是否符合企业经济活动的需要、是否符合有关的计划和预算等
审核原始凭证的完整性	审核原始凭证各项基本要素是否齐全、是否有漏项情况、日期是否完整、数字是否清晰、文字是否工整、有关人员签章是否齐全、凭证联次是否正确等
审核原始凭证的正确性	审核原始凭证记载的各项内容是否正确，包括：①接受原始凭证单位的名称是否正确；②金额的填写和计算是否正确：阿拉伯数字分位填写，不得连写；小写金额前要标明"￥"字样，中间不能留有空位；大写金额前要加"人民币"字样；大写金额与小写金额要相符；③更正是否正确，原始凭证记载的各项内容均不得涂改、刮擦和挖补

（三）记账凭证

1. 记账凭证的种类

记账凭证按照用途的不同可分为专用凭证和通用凭证，专用凭证按照其反映的经济业务的内容来划分，通常可分为收款凭证、付款凭证和转账凭证（见图1-36）。

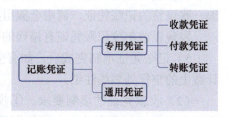

图1-36　记账凭证的种类

（1）收款凭证。收款凭证是指用于记录库存现金和银行存款收款业务的记账凭证。收款凭证根据有关库存现金和银行存款收入业务的原始凭证填制，是登记库存现金日记账、银行存款日记账以及有关明细分类账和总分类账等账簿的依据，也是出纳人员收讫款项的依据。

（2）付款凭证。付款凭证是指用于记录库存现金和银行存款付款业务的记账凭证。付款凭证根据有关库存现金和银行存款支付业务的原始凭证填制，是登记库存现金日记账、银行存款日记账以及有关明细分类账和总分类账等账簿的依据，也是出纳人员支付款项的依据。

（3）转账凭证。转账凭证是指用于记录不涉及库存现金和银行存款业务的记账凭证。转账凭证根据有关转账业务的原始凭证填制，是登记有关明细分类账和总分类账等账簿的依据。

2. 记账凭证的基本内容

记账凭证是登记账簿的依据，为了保证账簿记录的正确性，记账凭证必须具备以下基本内容：①填制凭证的日期；②凭证编号；③经济业务摘要；④会计科目；⑤金额；⑥所附原始凭证张数；⑦填制凭证人员、稽核人员、记账人员、会计机构负责人、会计主管人员签名或者盖章，收款和付款记账凭证还应当由出纳人员签名或盖章。

3. 记账凭证的填制要求

（1）基本要求。记账凭证除做到内容完整、书写规范要求外，还必须符合以下要求：

1）除结账和更正错账可以不附原始凭证外，其他记账凭证必须附原始凭证。

2）记账凭证可以根据每一张原始凭证填制，或根据若干张同类原始凭证汇总填制，也可根据原始凭证汇总表填制；但不得将不同内容和类别的原始凭证汇总填制在一张记账凭证上。

3）记账凭证应连续编号。凭证应由主管该项业务的会计人员，按业务发生的顺序并按不同种类的记账凭证采用"字号编号法"连续编号，如银收字1号、现收字2号、现付字1号、银付字2号。如果一笔经济业务需要填制两张以上（含两张）记账凭证的，可以采用"分数编号法"编号，如转字$4\frac{1}{3}$号、转字$4\frac{2}{3}$号、转字$4\frac{3}{3}$号。为便于监督，反映付款业务的会计凭证不得由出纳人员编号。

4）填制记账凭证时若发生错误，应当重新填制。已经登记入账的记账凭证在当年内发现填写错误时，可以用红字填写一张与原内容相同的记账凭证，在摘要栏注明"注销某月某日某号凭证"字样;同时再用蓝字重新填制一张正确的记账凭证,注明"订正某月某日某号凭证"字样。

如果会计科目没有错误,只是金额错误,也可以将正确数字与错误数字之间的差额另编一张调整的记账凭证,调增金额用蓝字,调减金额用红字。

发现以前年度记账凭证有错误的,应当用蓝字填制一张更正的记账凭证。

5)记账凭证填制完成后,如有空行,应当自金额栏最后一笔金额数字下的空行处至合计数上的空行处划线注销。

(2)收款凭证的填制要求。①收款凭证左上角的"借方科目"按收款的性质填写"库存现金"或"银行存款";②日期填写的是填制本凭证的日期;③右上角填写收款凭证的顺序号;④"摘要"填写对所记录的经济业务的简要说明;⑤"贷方科目"填写与收入"库存现金"或"银行存款"相对应的会计科目;⑥"记账"是指该凭证已登记账簿的标记,防止经济业务重记或漏记;⑦"金额"是指该项经济业务的发生额;⑧凭证右上角"附件×张"是指本记账凭证所附原始凭证的张数;⑨凭证下方分别由有关人员签章,以明确经济责任。

(3)付款凭证的填制要求。付款凭证是根据审核无误的库存现金和银行存款的付款业务的原始凭证填制的。付款凭证的填制方法与收款凭证基本相同,不同的是在付款凭证的左上角应填列贷方科目,即"库存现金"或"银行存款"科目,"借方科目"栏应填写与"库存现金"或"银行存款"相对应的一级科目和明细科目。

对于涉及"库存现金"和"银行存款"之间的相互划转业务,如将现金存入银行或从银行提取现金,为了避免重复记账,一般只填制付款凭证,不再填制收款凭证(见表1-14)。

表1-14 相互划转业务的填制要求

业务内容	会计分录	填制的凭证
将现金存入银行	借:库存现金　　　　　　　　　　2 500 贷:银行存款　　　　　　　　　　　　2 500	银行存款付款凭证
从银行提取现金	借:银行存款　　　　　　　　　　1 000 贷:库存现金　　　　　　　　　　　　1 000	现金付款凭证

出纳人员在办理收款或付款业务后,应在原始凭证上加盖"收讫"或"付讫"的戳记,以免重收重付。

(4)转账凭证的填制要求。转账凭证通常是根据有关转账业务的原始凭证填制的。转账凭证中"总账科目"和"明细科目"栏应填写应借、应贷的总账科目和明细科目,借方科目应记金额应在同一行的"借方金额"栏填列,贷方科目应记金额应在同一行的"贷方金额"栏填列,"借方金额"栏合计数与"贷方金额"栏合计数应相等。

4. 记账凭证的审核

为了保证会计信息的质量,在记账之前应由有关稽核人员对记账凭证进行严格的审核,审核的内容主要包括:

(1)实质上的审核。记账凭证是否有原始凭证为依据,所附原始凭证或记账凭证汇总表的内容与记账凭证的内容是否一致;记账凭证的应借、应贷科目以及对应关系是否正确；记账凭证所记录的金额与原始凭证的有关金额是否一致，计算是否正确。

（2）形式上的审核。记账凭证各项目的填写是否齐全，如日期、凭证编号、摘要、会计科目、金额、所附原始凭证张数及有关人员签章等；记录是否文字工整、数字清晰，是否按规定进行更正等；出纳人员在办理收款或付业务后，是否已在原始凭证上加盖"收讫"或"付讫"的戳记。

（四）会计凭证的保管

会计凭证的保管是指会计凭证记账后的整理、装订、归档和存查工作。会计凭证作为记账的依据，是重要的会计档案和经济资料。任何单位在完成经济业务手续和记账凭证后，必须将会计凭证按规定的立卷归档制度形成会计档案，妥善保管，防止丢失，不得任意销毁，以便日后查阅。

二、会计账簿

（一）会计账簿概述

会计账簿，简称账簿，是指由一定格式的账页组成的，以经过审核的会计凭证为依据，全面、系统、连续地记录各项经济业务的簿籍。

1. 会计账簿的基本内容

在实际工作中，由于各种会计账簿所记录的经济业务不同，账簿的格式也多种多样，但各种账簿都应具备以下基本内容：

（1）封面，主要用来标明账簿的名称，如总分类账、各种明细分类账、库存现金日记账、银行存款日记账等。

（2）扉页，主要用来列明会计账簿的使用信息，如科目索引、账簿启用和经管人员一览表等。账簿启用登记和经管人员一览表格式见表1-15。

表1-15 账簿启用登记和经管人员一览表

账簿名称：_____ 单位名称：_____
账簿编号：_____ 账簿册数：_____
账簿页数：_____ 启用日期：_____
会计主管：_____ 记账人员：_____

移交日期			移 交 人		接管日期			接 管 人		会计主管	
年	月	日	签名	签章	年	月	日	签名	签章	签名	签章

（3）账页，是账簿用来记录经济业务的主要载体，包括账户的名称、日期栏、凭证种类和编号栏、摘要栏、金额栏，以及总页次和分户页次等基本内容。

2. 会计账簿的种类

会计账簿可以按照用途、账页格式、外形特征等进行分类。

（1）按用途分类。会计账簿按照用途可以分为序时账簿、分类账簿和备查账簿。

1）序时账簿，又称日记账，是按照经济业务发生时间的先后顺序逐日、逐笔登记的账簿。在我国企业、事业单位中，库存现金日记账和银行存款日记账是应用比较广泛的日记账。

2）分类账簿，是指按照分类账户设置登记的账簿。分类账簿是会计账簿的主体，也是编制财务报表的主要依据。分类账簿按其反映经济业务的详略程度，可分为总分类账簿和明细分类账簿。

① 总分类账簿，简称总账，是根据总分类账户设置的，总括地反映某类经济活动的账簿。总分类账簿主要为编制财务报表提供直接数据资料，通常采用三栏式。

② 明细分类账簿，简称明细账，是根据明细分类账户设置的，用来提供明细核算资料的账簿。明细分类账簿可采用的格式主要有三栏式明细账、多栏式明细账、数量金额式明细账等。

3）备查账簿，又称辅助登记簿或补充登记簿，是对某些在序时账簿和分类账簿中未能记载或记载不全的经济业务进行补充登记的账簿。例如，反映企业租入固定资产的"租入固定资产登记簿"、反映为其他企业代管商品的"代管商品物资登记簿"等。

备查账簿只是对其他账簿记录的一种补充，与其他账簿之间不存在严密的依存和勾稽关系。备查账簿根据企业的实际需要设置，没有固定的格式要求。

（2）按账页格式分类。会计账簿按照账页格式，主要分为三栏式账簿、多栏式账簿、数量金额式账簿。

1）三栏式账簿，是设有借方、贷方和余额三个金额栏目的账簿。各种日记账、总账以及资本、债权、债务明细账都可采用三栏式账簿。

2）多栏式账簿，是在账簿的两个金额栏目（借方和贷方）按需要分设若干专栏的账簿。这种账簿可以按"借方"和"贷方"分设专栏，也可以只设"借方"或"贷方"专栏，设多少栏则根据需要确定。收入、成本、费用明细账一般采用多栏式账簿。

3）数量金额式账簿，是在账簿的借方、贷方和余额三个栏目内，每个栏目再分设数量、单价和金额三小栏，借以反映财产物资的实物数量和价值量的账簿。原材料、库存商品等明细账一般采用数量金额式账簿。

（3）按外形特征分类。会计账簿按照外形特征，可以分为订本式账簿、活页式账簿和卡片式账簿。

1）订本式账簿。订本式账簿内容见表1-16。

表1-16　订本式账簿内容

项　　目	内　　容
概念	订本式账簿，简称订本账，是在启用前将编有顺序页码的一定数量账页装订成册的账簿
优点	能避免账页散失和防止抽换账页
缺点	不能准确为各账户预留账页
适用范围	一般适用于重要的和具有统驭性的总分类账、库存现金日记账和银行存款日记账

2）活页式账簿。活页式账簿内容见表1-17。

表1-17 活页式账簿内容

项 目	内 容
概念	活页式账簿，简称活页账，是将一定数量的账页置于活页夹内，可根据记账内容的变化随时增加或减少部分账页的账簿
优点	记账时可以根据实际需要，随时将空白账页装入账簿，或抽去不需要的账页，便于分工记账
缺点	如果管理不善，可能会造成账页散失或故意抽换账页
适用范围	一般适用于明细分类账

3）卡片式账簿。简称卡片账，是将一定数量的卡片式账页存放于专设的卡片箱中，可以根据需要随时增添账页的账簿。在我国，企业一般只对固定资产的核算采用卡片账形式，也有少数企业在材料核算中使用材料卡片。

（二）会计账簿的启用与登记要求

1. 会计账簿的启用

启用会计账簿时，应当在账簿封面上写明单位名称和账簿名称，并在账簿扉页上附启用表。

启用订本式账簿应当从第一页到最后一页顺序编定页数，不得跳页、缺号；启用活页式账簿应当按账户顺序编号，并须定期装订成册，装订后再按实际使用的账页顺序编定页码，另加目录以便于记明每个账户的名称和页次。

2. 登记要求

为了保证账簿记录的正确性，必须根据审核无误的会计凭证登记会计账簿，并符合有关法律、行政法规和国家统一的会计制度的规定。

（1）准确完整。登记会计账簿时，应当将会计凭证日期、编号、业务内容摘要、金额和其他有关资料逐项记入账内。账簿记录中的日期，应该填写记账凭证上的日期。

以自制原始凭证（如收料单、领料单等）作为记账依据的，账簿记录中的日期应按有关自制凭证上的日期填列。

（2）墨水颜色。为了保持账簿记录的持久性，防止涂改，登记账簿必须使用蓝黑墨水或者碳素墨水，不得使用圆珠笔（银行的复写账簿除外）或者铅笔书写。

以下情况可以使用红墨水记账：①按照红字冲账的记账凭证，冲销错误记录；②在不设借贷等栏的多栏式账页中，登记减少数；③在三栏式账户的余额栏前，如未印明余额方向的，在余额栏内登记负数余额；④根据国家统一会计制度的规定可以用红字登记的其他会计记录。除上述情况外，不得使用红色墨水登记账簿。

（3）空行空页。会计账簿应当按照连续编号的页码顺序登记。记账时发生错误或者隔页、缺号、跳行的，应当在空页、空行处用红色墨水画对角线注销，或者注明"此页空白""此行空白"字样，并由记账人员和会计机构负责人（会计主管人员）在更正处签名或者盖章。

（4）结出余额。凡需要结出余额的账户，结出余额后，应当在"借或贷"等栏内写明"借"或者"贷"等字样，以示余额的方向；对于没有余额的账户，应在"借或贷"栏内写"平"字，并在"余额"栏用"０"表示。现金日记账和银行存款日记账必须逐日结出余额。

（5）过次承前。每一账页登记完毕时，应当结出本页发生额合计及余额，在该账页最末一行"摘要"栏注明"转次页"或"过次页"，并将这一金额记入下一页第一行有关金额栏内，在该行"摘要"栏内注明"承前页"，以保持账簿记录的连续性，便于对账和结账。

（6）账簿记录发生错误时，不得刮擦、挖补或用褪色药水更改字迹，而应采用规定方法更正。

（三）会计账簿的格式与登记方法

1. 日记账的格式与登记方法

日记账是按照经济业务发生或完成的时间先后顺序逐日逐笔进行登记的账簿。设置日记账的目的，是为了使经济业务的时间顺序清晰地反映在账簿记录中。在我国，大多数企业一般只设库存现金日记账和银行存款日记账。

（1）库存现金日记账的格式与登记方法。库存现金日记账是用来核算和监督库存现金日常收、付和结存情况的序时账簿。库存现金日记账的格式主要为三栏式。库存现金日记账必须使用订本账。

三栏式库存现金日记账是用来登记库存现金的增减变动及其结果的日记账。设有借方、贷方和余额三个金额栏目，一般将其分别称为收入、支出和结余三个基本栏目。三栏式库存现金日记账由出纳人员根据库存现金收款凭证、库存现金付款凭证和银行存款的付款凭证，按照库存现金收、付款业务和银行存款付款业务发生时间的先后顺序逐日逐笔登记。

三栏式库存现金日记账的登记方法如下：①日期栏，是记账凭证的日期，应与库存现金实际收付日期一致。②凭证栏，是登记入账的收付款凭证的种类和编号，如"库存现金收（付）款凭证"，简写为"现收（付）"；"银行存款收（付）款凭证"，简写为"银收（付）"。凭证栏还应登记凭证的编号数，以便于查账和核对。③摘要栏，摘要说明登记入账的经济业务的内容。④对方科目栏，是库存现金收入的来源科目或支出的用途科目。如银行提取现金，其来源科目（即对方科目）为"银行存款"。⑤收入、支出栏（或借方、贷方），是库存现金实际收付的金额。每日终了，应分别计算库存现金收入和付出的合计数，并结出余额，同时将余额与出纳人员的库存现金核对。如账款不符应查明原因，记录备案。月终同样要计算库存现金收、付和结存的合计数。

（2）银行存款日记账的格式与登记方法。银行存款日记账是用来核算和监督银行存款每日的收入、支出和结余情况的账簿。银行存款日记账应按企业在银行开立的账户和币种分别设置，每个银行账户设置一本日记账。由出纳员根据与银行存款收付业务有关的记账凭证，按时间先后顺序逐日逐笔进行登记。根据银行存款收款凭证和有关的库存现金付款凭证登记银行存款收入栏，根据银行存款付款凭证登记其支出栏，每日结出存款余额。

银行存款日记账的格式与库存现金日记账相同，可以采用三栏式，也可以采用多栏式。多栏式可以将收入和支出的核算在一本账上进行，也可以分设"银行存款收入日记账"和"银行存款支出日记账"两本账。其格式和登记方法与"库存现金收入日记账"和"库存现金支出日记账"基本相同。

银行存款日记账的登记方法与库存现金日记账的登记方法基本相同。

2. 总分类账的格式与登记方法

总分类账是按照总分类账户分类登记以提供总括会计信息的账簿。总分类账最常用的格式为三栏式，设有借方、贷方和余额三个金额栏目。

总分类账的登记方法因登记的依据不同而有所不同。经济业务少的小型单位的总分类账，可以根据记账凭证逐笔登记；经济业务多的大中型单位的总分类账，可以根据记账凭证汇总表（又称科目汇总表）或汇总记账凭证等定期登记。

3. 明细分类账的格式与登记方法

明细分类账是根据有关明细分类账户设置并登记的账簿，它能提供交易或事项比较详细、具体的核算资料，以补充总账所提供核算资料的不足。因此，各企业单位在设置总账的同时，还应设置必要的明细账。明细分类账一般采用活页式账簿、卡片式账簿。明细分类账一般根据记账凭证和相应的原始凭证来登记。

根据各种明细分类账所记录经济业务的特点，明细分类账的格式主要有：

（1）三栏式。三栏式账页是设有借方、贷方和余额三个栏目，用以分类核算各项经济业务，提供详细核算资料的账簿，其格式与三栏式总账格式相同。

（2）多栏式。多栏式账页是将属于同一个总账科目的各个明细科目合并在一张账页上进行登记，即在这种格式账页的借方或贷方金额栏内按照明细项目设若干专栏。这种格式适用于收入、成本、费用类科目的明细核算。

（3）数量金额式。数量金额式账页适用于既要进行金额核算又要进行数量核算的账户，如原材料、库存商品等存货账户，其借方（收入）、贷方（发出）和余额（结存）都分别设有数量、单价和金额三个专栏。

数量金额式账页提供了企业有关财产物资数量和金额收、发、存的详细资料，有助于加强财产物资的实物管理和使用监督，保证这些财产物资的安全完整。

（4）横线登记式。横线登记式账页是采用横线登记，即将每一相关的业务登记在一行，从而可依据每一行各个栏目的登记是否齐全来判断该项业务的进展情况。这种格式适用于登记材料采购、在途物资、应收票据和一次性备用金业务。

4. 总分类账户和明细分类账户的平行登记

平行登记是指对所发生的每项经济业务都要以会计凭证为依据，一方面记入有关总分类账户，另一方面记入所辖明细分类账户的方法。总分类账户和明细分类账户平行登记的要点见表1-18。

表1-18　总分类账户和明细分类账户平行登记的要点

登记要点	内　　容
方向相同	在总分类账户及其所辖的明细分类账户中登记同一项经纪业务时，方向应当相同。即在总分类账户中记入借方，在其所辖的明细分类账户中也应记入借方；在总分类账户中记入贷方，在其所辖的明细分类账户中也应记入贷方
期间一致	发生的经济业务记入总分类账户和所辖明细分类账户的具体时间可以有先后，但应在同一会计期间记入总分类账户和所辖明细分类账户
金额相等	记入总分类账户的金额必须与记入其所辖的一个或几个明细分类账户的金额合计数相等

（四）对账与结账

1. 对账

对账是对账簿记录所进行的核对，也就是核对账目。对账工作一般在记账之后结账之前，即在月末进行。对账一般分为账证核对、账账核对和账实核对。

（1）账证核对。账证核对是指将账簿记录与会计凭证核对，核对账簿记录与原始凭证、记账凭证的时间、凭证字号、内容、金额等是否一致，记账方向是否相符，做到账证相符。

（2）账账核对。账账核对的内容主要包括：

1）总分类账簿之间的核对。按照"资产=负债+所有者权益"这一会计等式和"有借必有贷，借贷必相等"的记账规则，总分类账簿各账户的期初余额、本期发生额和期末余额之间存在对应平衡关系，各账户的期末借方余额合计和贷方余额合计也存在平衡关系。

通过这种等式平衡关系，可以检查总账记录是否正确、完整。

2）总分类账簿与所辖明细分类账簿之间的核对。总分类账各账户的期末余额应与其所辖各明细分类账的期末余额之和相等。

3）总分类账簿与序时账簿之间的核对。主要是指库存现金总账和银行存款总账的期末余额，与库存现金日记账和银行存款日记账的期末余额之间的核对。

4）明细分类账簿之间的核对。例如，会计机构有关实物资产的明细账与财产物资保管部门或使用部门的明细账定期核对，以检查余额是否相符。

核对方法一般是由财产物资保管部门或使用部门定期编制收发结存汇总表，并报会计机构核对。

（3）账实核对。账实核对是指各项财产物资、债权债务等账面余额与实有数额之间的核对。内容主要包括：①库存现金日记账账面余额与库存现金实际库存数逐日核对是否相符；②银行存款日记账账面余额与银行对账单的余额定期核对是否相符；③各项财产物资明细账账面余额与财产物资的实有数额定期核对是否相符；④有关债权债务明细账账面余额与对方单位的账面记录核对是否相符。

2. 结账

结账是将账簿记录定期结算清楚的会计工作。在一定时期结束时（如月末、季末或年末），为编制财务报表需要进行结账，具体包括月结、季结和年结。

结账的内容通常包括两个方面：一是结清各种损益类账户，并据以计算确定本期利润；二是结出各资产、负债和所有者权益账户的本期发生额合计和期末余额。

结账的要点包括：①对不需按月结计本期发生额的账户，如各项应收、应付款明细账和各项财产物资明细账等，每次记账以后，都要随时结出余额，每月最后一笔余额是月末余额。月末结账时，只需要在最后一笔经济业务记录之下通栏划单红线，不需要再次结计余额。②库存现金、银行存款日记账和需要按月结计发生额的收入、费用等明细账，每月结账时，要在最后一笔经济业务记录下面通栏划单红线，结出本月发生额和余额，在摘要栏内注明"本月合计"字样，并在下面通栏划单红线。③对于需要结计本年累计发生额的明细账户，每月结账时，应在"本月合计"行下结出自年初起至本月末止的累计发生额，登记在月份发生额下面，在摘要栏内注明"本年累计"字样，并在下面通栏划单红线。12月末的"本年累计"就是全年累计发生额，全年累计发生额下面通栏划双红线。④总账账户平时只需结出月末余额。年终结账时，为总括反映全年各项资金运动情况的全貌，核对账目，要将所有总账账户结出全年发生额和年末余额，在摘要栏内注明"本年合计"字样，并在合计数下面通栏划双红线。⑤年度终了结账时，有余额的账户，应将其余额结转下年，并在摘要栏注明"结转下年"字样。在下一会计年度新建有关账户的第一行余额栏内填写上年结转的余额，并在摘要栏注明"上年结转"字样，使年末有余额账户的余额如实地在账户中加以反映，以免混淆有余额的账户和无余额的账户。

（五）错账更正方法

在记账过程中，由于种种原因可能会使账簿记录发生错误。账簿记录发生错误应当采用正确、规范的方法予以更正，不得涂改、挖补、刮擦或者用药水消除字迹，不得重新抄写。错账更正的方法一般有划线更正法、红字更正法和补充登记法三种（见表1-19）。

表1-19　错账更正方法

更正方法	适用范围			修改方法
划线更正法	会计账簿错误			1. 红线 2. 盖章 3. 蓝字更正
	记账前	记账凭证错误		
红字更正法	记账后	记账凭证错误	会计科目错误	1. 红字冲销 2. 蓝字重做
			金额错误 （已记＞应记）	红字冲销多记金额
补充登记法			金额错误 （已记＜应记）	蓝字补记少记金额

1. 划线更正法

在结账前发现账簿记录有文字或数字错误，而记账凭证没有错误，应当采用划线更正法。更正时，可在错误的文字或数字上划一条红线，在红线的上方填写正确的文字或数字，并由记账人员、会计机构负责人（会计主管人员）在更正处盖章，以明确责任。

需要注意的是，对于数字错误更正时不得只划销错误数字，应将全部数字划销，并保持原有数字清楚可辨，以便审查。例如，把"3457"误记为"8457"时，应将错误数字"8457"全部用红线注销后，再写上正确的数字"3457"，而不是只删改一个"8"字。如记账凭证中的文字或数字发生错误，在尚未过账前，也可用划线更正法更正。

2. 红字更正法

红字更正法，适用于以下两种情形：

（1）记账后发现记账凭证中应借、应贷会计科目有错误所引起的记账错误。更正方法是：用红字填写一张与原记账凭证完全相同的记账凭证，在摘要栏写明"注销某月某日某号凭证"，并据此用红字登记入账，以示注销原记账凭证，然后用蓝字编写一张正确的记账凭证，并据以用蓝字登记入账。

（2）记账后发现记账凭证和账簿记录中应借、应贷会计科目无误，只是所记金额大于应记金额所引起的记账错误。更正方法是：按多记的金额用红字编制一张与原记账凭证应借、应贷科目完全相同的记账凭证，在摘要栏内写明"冲销某月某日某号记账凭证多记金额"，以冲销多记的金额，并据以用红字登记入账。

3. 补充登记法

记账后发现记账凭证和账簿记录中应借、应贷会计科目无误，只是所记金额小于应记金额时，应当采用补充登记法。更正方法是：按少记的金额用蓝字编制一张与原记账凭证应借、应贷科目完全相同的记账凭证，在摘要栏内写明"补记某月某日某号记账凭证少记金额"，以补充少记的金额，并据以用蓝字登记入账。

三、账务处理程序

企业常用的账务处理程序，主要有记账凭证账务处理程序、汇总记账凭证账务处理程序和科目汇总表账务处理程序，它们之间的主要区别是登记总分类账的依据和方法不同。

（一）记账凭证账务处理程序

记账凭证账务处理程序是指对发生的经济业务，先根据原始凭证或汇总原始凭证填制记账凭证，再直接根据记账凭证登记总分类账的一种账务处理程序。记账凭证账务处理程序适用于规模较小、经济业务量较少的单位。

记账凭证账务处理程序的一般步骤有：①根据原始凭证编制汇总原始凭证；②根据原始凭证或汇总原始凭证，编制收款凭证、付款凭证和转账凭证，也可以填制通用记账凭证；③根据收款凭证和付款凭证，逐笔登记库存现金日记账和银行存款日记账；④根据原始凭证、汇总原始凭证和记账凭证，登记各种明细分类账；⑤根据记账凭证逐笔登记总分类账；⑥期末，将库存现金日记账、银行存款日记账、明细分类账余额与有关总分类账中的余额核对相符；⑦期末，根据总分类账和明细分类账的记录，编制财务报表。记账凭证账务处理程序如图1-37所示。

记账凭证账务处理程序的主要特点是直接根据记账凭证逐笔登记总分类账。其优点是简单明了、易于理解，总分类账可以反映经济业务的详细情况；缺点是登记总分类账的工作量较大。

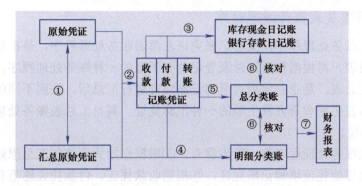

图1-37 记账凭证账务处理程序示意图

（二）汇总记账凭证账务处理程序

汇总记账凭证账务处理程序是指先根据原始凭证或汇总原始凭证填制记账凭证，定期根据记账凭证分类编制汇总收款凭证、汇总付款凭证和汇总转账凭证，再根据汇总记账凭证登记总分类账的一种账务处理程序。汇总记账凭证是指对一段时间内同类记账凭证进行定期汇总而编制的记账凭证。汇总记账凭证账务处理程序适用于规模较大、经济业务较多的单位。

汇总记账凭证账务处理程序的一般步骤有：①根据原始凭证填制汇总原始凭证；②根据原始凭证或汇总原始凭证，填制收款凭证、付款凭证和转账凭证，也可以填制通用记账凭证；③根据收款凭证、付款凭证逐笔登记库存现金日记账和银行存款日记账；④根据原始凭证、汇总原始凭证和记账凭证，登记各种明细分类账；⑤根据各种记账凭证编制有关汇总记账凭证；⑥根据各种汇总记账凭证登记总分类账；⑦期末，将库存现金日记账、银行存款日记账和明细分类账与有关总分类账的余额核对相符；⑧期末，根据总分类账和明细分类账的记录，编制财务报表。汇总记账凭证账务处理程序如图1-38所示。

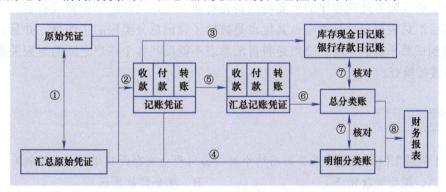

图1-38 汇总记账凭证账务处理程序示意图

汇总记账凭证账务处理程序的主要特点是先根据记账凭证编制汇总记账凭证，再根据汇总记账凭证登记总分类账。其优点是减轻了登记总分类账的工作量；缺点是当转账凭证较多时，编制汇总转账凭证的工作量较大，并且按每一贷方账户编制汇总转账凭证，不利于会计核算的日常分工。

43

（三）科目汇总表账务处理程序

科目汇总表账务处理程序，又称记账凭证汇总表账务处理程序，是指根据记账凭证定期编制科目汇总表，再根据科目汇总表登记总分类账的一种账务处理程序。科目汇总表，又称记账凭证汇总表，是企业定期对全部记账凭证进行汇总后，按照不同的会计科目分别列示各账户借方发生额和贷方发生额的一种汇总凭证。科目汇总表账务处理程序适用于经济业务较多的单位。

科目汇总表账务处理程序的一般步骤有：①根据原始凭证填制汇总原始凭证；②根据原始凭证或汇总原始凭证填制记账凭证；③根据收款凭证、付款凭证逐笔登记库存现金日记账和银行存款日记账；④根据原始凭证、汇总原始凭证和记账凭证，登记各种明细分类账；⑤根据各种记账凭证编制科目汇总表；⑥根据科目汇总表登记总分类账；⑦期末，将库存现金日记账、银行存款日记账和明细分类账的余额与有关总分类账的余额核对相符；⑧期末，根据总分类账和明细分类账的记录，编制财务报表。科目汇总表账务处理程序如图1-39所示。

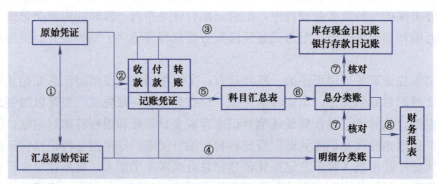

图1-39 科目汇总表账务处理程序示意图

科目汇总表账务处理程序的主要特点是先将所有记账凭证汇总编制成科目汇总表，然后根据科目汇总表登记总分类账。其优点是减轻了登记总分类账的工作量，并且科目汇总表可以起到试算平衡的作用；缺点是科目汇总表不能反映各个账户之间的对应关系，不利于对账目进行检查。

随堂题解

【例题13·单选题】 某公司出纳小肖将公司现金交存开户银行，应编制（　　）。
A．现金收款凭证　　　　　　　B．现金付款凭证
C．银行收款凭证　　　　　　　D．银行付款凭证
【答案】B
【解析】为了避免重复记账，对于涉及现金和银行存款之间相互划转的经济业务，即从银行提取现金或把现金存入银行的经济业务，统一只编制付款凭证，不编收款凭证。该业务是将现金存入银行，因此只编制现金付款凭证，不编制银行存款收款凭证。

【例题14·单选题】以下关于科目汇总表账务处理程序的描述中，错误的是（　　）。

A．根据科目汇总表登记总分类账

B．不能反映账户间的对应关系

C．能反映各账户一定时期内的借方发生额和贷方发生额，进行试算平衡

D．由于科目汇总表的编制手续复杂，所以只适用于小规模、业务少的企业

【答案】D

【解析】选项D，科目汇总表账务处理程序适用于经济业务较多的单位。

【例题15·多选题】记账后，发现记账凭证中的金额有错误，导致账簿记录错误，不能采用的错账更正方法有（　　）。

A．划线更正法　　　　　　　　B．红字更正法

C．补充登记法　　　　　　　　D．重新抄写法

【答案】AD

【解析】因为记账凭证有误，所以不能采用划线更正法、重新抄写法。

第六节　财产清查

一、财产清查概述

财产清查是指通过对货币资金、实物资产和往来款项等财产物资进行盘点或核对，确定其实存数，查明账存数与实存数是否相符的一种专门方法。

（一）财产清查的种类

财产清查按照清查范围分为全面清查和局部清查，按照清查的时间分为定期清查和不定期清查，按照清查的执行系统分为内部清查和外部清查。

1. **按照清查范围分类**

财产清查按清查范围分类情况见表1-20。

表1-20　财产清查的种类——按清查范围分

类　别	含　　义	适　用　情　况
全面清查	对所有的财产进行全面的盘点和核对	需要进行全面清查的情况通常有： （1）年终决算前 （2）在合并、撤销或改变隶属关系前 （3）中外合资、国内合资前 （4）股份制改造前 （5）开展全面的资产评估、清产核资前 （6）单位主要领导调离工作前等

（续）

类别	含义	适用情况
局部清查	根据需要只对部分财产进行盘点和核对	局部清查的范围和对象应根据业务需要和相关具体情况而定，一般包括： （1）对于流动性较大的财产物资，如原材料、产成品等，应根据需要随时轮流盘点或重点抽查 （2）对于贵重财产物资，每月都要进行清查盘点 （3）对于库存现金，每日终了应由出纳人员进行清点核对 （4）对于银行存款，企业至少每月同银行核对一次 （5）对于债权、债务，企业应每年至少同债权人、债务人核对一至两次

2. 按照清查的时间分类

财产清查按清查时间分类情况见表1-21。

表1-21 财产清查的种类——按清查时间分

类别	含义	适用情况
定期清查	按照预先计划安排的时间对财产进行的盘点和核对	定期清查一般在年末、季末、月末进行
不定期清查	事前不规定清查日期，而是根据特殊需要临时进行的盘点和核对	不定期清查主要在以下情况下进行： （1）财产物资、库存现金保管人员更换时，要对有关人员保管的财产物资、库存现金进行清查，以分清经济责任，便于办理交接手续 （2）发生自然灾害和意外损失时，要对受损失的财产物资进行清查，以查明损失情况 （3）上级主管、财政、审计和银行等部门对本单位进行会计检查，应按检查的要求和范围对财产物资进行清查，已验证会计资料的可靠性 （4）开展临时性清产核资时，要对本单位的财产物资进行清查，以便摸清家底

3. 按照清查的执行系统分类

内部清查是指由本单位内部自行组织清查工作小组所进行的财产清查工作。大多数财产清查都是内部清查。

外部清查是指由上级主管部门、审计机关、司法部门、注册会计师等根据国家有关规定或情况需要对本单位进行的财产清查。一般来讲，进行外部清查时应有本单位相关人员参加。

（二）财产清查的一般程序

财产清查既是会计核算的一种专门方法，又是财产物资管理的一项重要制度。企业必须有计划、有组织地进行财产清查。

财产清查一般包括以下程序：

（1）建立财产清查组织；

（2）组织清查人员学习有关政策规定，掌握有关法律、法规和相关业务知识，以提高财产清查工作的质量；

（3）确定清查对象、范围，明确清查任务；

（4）制订清查方案，具体安排清查内容、时间、步骤、方法以及必要的清查前准备；

（5）清查时本着先清查数量、核对有关账簿记录等，后认定质量的原则进行；
（6）填制盘存清单；
（7）根据盘存清单填制实物、往来账项清查结果报告表。

二、财产清查的方法与处理

（一）财产清查的方法

1. 货币资金的清查方法

（1）库存现金的清查。库存现金的清查是采用实地盘点法确定库存现金的实存数，然后与库存现金日记账的账面余额相核对，确定账实是否相符。库存现金清查一般由主管会计或财务负责人和出纳人员共同清点出各种纸币的张数和硬币的个数，并填制"库存现金盘点报告表"。

对库存现金进行盘点时，出纳人员必须在场，有关业务必须在库存现金日记账中全部登记完毕。盘点时，一方面要注意账实是否相符，另一方面还要检查现金管理制度的遵守情况，如库存现金有无超过其限额，有无白条抵库、挪用舞弊等情况。盘点结束后，应填制"库存现金盘点报告表"作为重要原始凭证。

（2）银行存款的清查。银行存款的清查是采用与开户银行核对账目的方法进行的，即将本单位银行存款日记账的账簿记录与开户银行转来的对账单逐笔进行核对，查明银行存款的实有数额。银行存款的清查一般在月末进行。将截止到清查日所有银行存款的收付业务都登记入账后，对发生的错账、漏账应及时查清更正，再与银行的对账单逐笔核对。如果二者余额相符，通常说明没有错误；如果二者余额不相符，则可能是企业或银行一方或双方记账过程有错误或者存在未达账项。

所谓未达账项，是指企业与银行之间，一方收到凭证并已入账，另一方未收到凭证因而未能入账的款项。未达账项一般分为以下四种情况：①企业已收款记账，银行未收款、未记账的款项。例如，企业已将收到的购货单位开出的转账支票送存银行并且入账，但是因银行尚未办妥转账收款手续而没有入账。②企业已付款记账，银行未付款、未记账的款项。例如，企业开出的转账支票已经入账，但是因收款单位尚未到银行办理转账手续或银行尚未办妥转账付款手续而没有入账。③银行已收款记账，企业未收款、未记账的款项。例如，企业委托银行代收的款项，银行已经办妥收款手续并且入账，但是因收款通知尚未到达企业而使没有入账。④银行已付款记账，企业未付款、未记账的款项。例如，企业应付给银行的借款利息，银行已经办妥付款手续并且入账，但是因付款通知尚未到达企业而使企业没有入账。

上述任何一种未达账项的存在，都会使企业银行存款日记账的余额与银行开出的对账单的余额不符。所以，在与银行对账时首先应查明是否存在未达账项，如果存在未达账项，就应当编制"银行存款余额调节表"，据以确定企业银行存款实有数。

银行存款的清查按以下步骤进行：①根据经济业务、结算凭证的种类、号码和金额等资料，逐日逐笔核对银行存款日记账和银行对账单，凡双方都有记录的，用铅笔在金额旁打上记号"√"。②找出未达账项（即银行存款日记账和银行对账单中没有打"√"的款项）。③将日记账和对账单的月末余额及找出的未达账项填入"银行存款余额调节表"，并计算出调整后的余额。④将调整平衡的"银行存款余额调节表"经主管会计签章后，送达开户银行。

银行存款余额调节表的编制是以企业银行存款日记账余额和银行对账单余额为基础，各自分别加上对方已收款入账而己方尚未入账的数额，减去对方已付款入账而己方尚未入账的数额。其计算公式如下：

> 企业银行存款日记账余额+银行已收企业未收款−银行已付企业未付款
> =银行对账单存款余额+企业已收银行未收款−企业已付银行未付款

▶【例1-8】甲公司2023年12月31日银行存款日记账的余额为5 400元，银行转来对账单的余额为8 300元。经逐笔核对，发现以下未达账项：

（1）企业送存转账支票6 000元，并已登记银行存款增加，但银行尚未记账。

（2）企业开出转账支票4 500元，但持票单位尚未到银行办理转账，银行尚未记账。

（3）企业委托银行代收某公司购货款4 800元，银行已收妥并登记入账，但企业尚未收到收款通知，尚未记账。

（4）银行代企业支付水电费400元，银行已登记企业银行存款减少，但企业未收到银行付款通知，尚未记账。

编制"银行存款余额调节表"见表1-22。

表1-22　银行存款余额调节表

2023年12月31日

项　目	金　额	项　目	金　额
企业银行存款日记账余额	5 400	银行对账单余额	8 300
加：银行已收，企业未收款	4 800	加：企业已收，银行未收款	6 000
减：银行已付，企业未付款	400	减：企业已付，银行未付款	4 500
调节后的存款余额	9 800	调节后的存款余额	9 800

注：需要注意的是，"银行存款余额调节表"只是为了核对账目，不能作为调整企业银行存款账面记录的记账依据。

2. 实物资产的清查方法

实物资产主要包括固定资产、存货等，实物资产的清查就是对实物资产数量和质量进行的清查，通常采用以下两种清查方法：

（1）实地盘点法。通过点数、过磅、量尺等方法来确定实物资产的实有数量。实地盘点法适用范围广，在多数财产物资清查中都可以采用。

（2）技术推算法。利用一定的技术方法对财产物资的实存数进行推算，故又称估推法。采用这种方法，对于财产物资不是逐一清点计算，而是通过量方、计尺等技术推算财产物资的结存数量。技术推算法只适用于成堆、量大且价值不高，逐一清点的工作量和难度较大的财产物资的清查，如露天堆放的煤炭等。

对于实物的质量，应根据不同实物的性质或特征采用物理或化学方法，来检查实物的质量。

在实物清查过程中，实物保管人员和盘点人员必须同时在场。对于盘点结果应如实登记"盘存单"，并由盘点人和实物保管人签字或盖章，以明确经济责任。"盘存单"既是记录盘点结果的书面证明，也是反映财产物资实存数的原始凭证。"盘存单"的一般格式见表1-23。

表1-23　盘存单

单位名称：　　　　　　　　　盘点时间：　　　　　　　　　编号：
财产类别：　　　　　　　　　存放地点：

编号	名称	计量单位	数量	单价	金额	备注

盘点人：　　　　　　　　　　　　　　　　　保管人：

为了查明实存数与账存数是否一致，确定盘盈或盘亏情况，应根据盘存单和有关账簿记录编制"实存账存对比表"。"实存账存对比表"是用以调整账簿记录的重要原始凭证，也是分析产生差异的原因、明确经济责任的依据。"实存账存对比表"的一般格式见表1-24。

表1-24　实存账存对比表

单位名称　　　　　　　　　　　　　年　月　日

编号	类别及名称	计量单位	单价	实存		账存		对比结果				盘亏
								盘盈		盘亏		
				数量	金额	数量	金额	数量	金额	数量	金额	

主管负责人：　　　　　　　　复核：　　　　　　　　制表：

3. 往来款项的清查方法

往来款项主要包括应收、应付款项和预收、预付款项。往来款项的清查一般采用发函询证的方法进行核对。清查单位应在其各种往来款项记录准确的基础上，按每一个经济往来单位填制"往来款项对账单"一式两联，其中一联送交对方单位核对账目，另一联作为回单联。对方单位经过核对相符后，在回单联上加盖公章退回，表示已核对。如有数字不符，对方单位应在对账单中注明情况退回本单位，本单位进一步查明原因，再行核对。

往来款项清查以后，将清查结果编制"往来款项清查报告单"，填列各项债权、债务的余额。对于有争执的款项以及无法收回的款项，应在报告单上详细列明情况，并及时采取措施，避免或减少坏账损失。

（二）财产清查结果的处理

对于财产清查中发现的问题，如财产物资的盘盈、盘亏、毁损或其他各种损失，应核实情况，调查分析产生的原因，根据"清查结果报告表""盘点报告表"等，填制记账凭证，记入有关账簿，使账簿记录与实际盘存数相符；同时根据管理权限，将处理建议报股东大会、董事会或经理（厂长）会议及类似机构批准。

财产清查产生的损溢，企业应于期末前查明原因，并根据企业的管理权限，经股东大会、董事会或经理（厂长）会议及类似机构批准后，在期末结账前处理完毕。如果在期末结账前尚未经批准，在对外提供财务报表时，先按相关规定进行相应账务处理，并在附注中做出说明；其后如果批准处理的金额与已处理金额不一致的，则要调整财务报表相关项目的期初数。

随堂题解

【例题16·单选题】 下列需要对财产物资进行不定期局部清查的是（　　）。

A．年终决算前　　　　　　　　B．企业改变隶属关系时
C．发生非常灾害造成财产物资损失时　　D．企业进行清产核资时

【答案】C

【解析】选项ABD是进行全面清查的情况；选项C是临时发生的，只是一部分财产物资的损失，属于不定期局部清查。

【例题17·多选题】 现金清查的内容主要包括（　　）。

A．是否有未达账项　　　　　　B．是否有白条抵库
C．有无挪用公款　　　　　　　D．往来款项是否相符

【答案】BC

【解析】现金清查重点检查账款是否相符、有无白条抵库、有无私借公款、有无挪用公款、有无账外资金等违纪违法行为。选项A属于银行存款清查的内容，选项D属于往来款项的清查。

【例题18·多选题】 下列可以作为原始凭证的有（　　）。

A．银行存款余额调节表　　　　B．库存现金盘点报告表
C．实存账存对比表　　　　　　D．盘存单

【答案】BCD

【解析】选项A是一种对账记录或对账工具，不属于原始凭证，不能作为调整账面记录的依据。

第七节 财务报告

一、财务报告及其目标

财务报告是指企业定期编制的综合反映企业某一特定日期的财务状况和某一会计期间的经营成果、现金流量等会计信息的文件。财务报告包括财务报表和其他应当在财务报告中披露的相关信息和资料。财务报告的构成如图1-40所示。

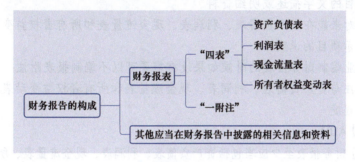

图1-40 财务报告的构成

财务报告的目标是向财务报告使用者提供与企业财务状况、经营成果和现金流量等有关的会计信息，反映企业管理层受托责任履行情况，有助于财务报告使用者做出经济决策。财务报告使用者通常包括投资者、债权人、政府及其有关部门、社会公众等。

二、财务报表的组成

财务报表是对企业财务状况、经营成果和现金流量的结构性表述。一套完整的财务报表至少应当包括资产负债表、利润表、现金流量表、所有者权益（或股东权益）变动表以及附注。

资产负债表、利润表和现金流量表分别从不同角度反映企业的财务状况、经营成果和现金流量。资产负债表是反映企业在某一特定日期的财务状况的会计报表；利润表是反映企业在一定会计期间的经营成果的会计报表；现金流量表是反映企业在一定会计期间的现金及现金等价物流入和流出的会计报表；所有者权益变动表是反映构成所有者权益各组成部分当期增减变动情况的会计报表。

附注是财务报表不可或缺的组成部分，是对在资产负债表、利润表、现金流量表和所有者权益变动表等报表中列示项目的文字描述或明细资料的补充，以及对未能在这些报表中列示项目的说明等。

随堂题解

【例题19·单选题】 反映构成所有者权益的各组成部分当期的增减变动情况的是（　　）。

A．资产负债表　　　　　　　B．利润表
C．现金流量表　　　　　　　D．所有者权益变动表

【答案】D

【解析】选项D正确。

【例题20·多选题】 下列关于附注的说法，正确的有（　　）。

A．是对在资产负债表、利润表、现金流量表和所有者权益变动表等报表中列示项目的文字描述或明细资料
B．是对未能在资产负债表、利润表、现金流量表和所有者权益变动表等报表中列示项目的说明
C．企业编制财务报表的时候如果没有需要可以不编制报表附注
D．附注与资产负债表、利润表、现金流量表和所有者权益变动表具有同等的重要程度

【答案】ABD

【解析】财务报表至少应当包括资产负债表、利润表、现金流量表、所有者权益变动表及附注，即"四表一注"。

【例题21·多选题】 下列各项中，属于财务报表的有（　　）。

A．资产负债表　　　　　　　B．所有者权益变动表
C．利润表　　　　　　　　　D．现金流量表

【答案】ABCD

【解析】选项ABCD均正确。

第二章 个人所得税基础知识

导读

本章主要介绍个人所得税基本法规释义，个人所得税纳税人和所得来源的确定，个人所得税征税范围、征收管理、税率和费用扣除标准，居民和非居民个人收入额及应纳税所得额的确定，特殊业务处理及应纳税额的计算，个人所得税的减免税项目。本章简易思维导图如图2-1所示。

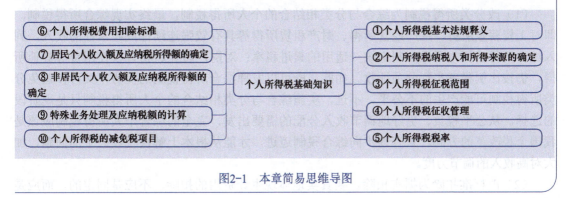

图2-1 本章简易思维导图

第一节 个人所得税基本法规释义

一、个人所得税制度的发展历程

我国个人所得税最早开始于1950年1月，但由于当时经济情况的特殊性，所以虽然设立了税种，但却没有实际开征。1980年9月，随着改革开放政策的推行，我国为了适应对外开放的需要，颁布了《中华人民共和国个人所得税法》（以下简称《个人所得税法》），我国首部个人所得税法诞生，确定于1981年开征个人所得税，同时规定了800元为个人所得税起征点，主要针对外籍人士。

2005年10月，个人所得税将工资、薪金所得项目的费用扣除标准由800元调整为1 600元；2007年12月，个人所得税扣除标准由1 600元上调至2 000元；2011年6月，个人所得税扣除标准由2 000元上调至3 500元；2019年1月1日起，国家将工资薪金所得、劳务报酬所得、稿酬、特许权使用费所得合并，进行综合个人所得税申报，将综合所得的基本减除费用标准由按月计算调整为按年计算，个人所得税扣除标准调整至5 000元/月（即6万元/年），同时由国家税务总局开发的个人所得税APP上线，方便居民在手机上申报操作。

综上所述，我国自1950年初步建立个人所得税的相关制度，直到1980年全面正式确定。伴随着改革开放的进程，市场经济发展过程中居民收入日益多元化，到1994年，我国个人所得税相继经历了"三税并存"与"三税合一"的整体改革历程。《个人所得税法》自1980年出台以来经历了七次大的修改，我国个人所得税法律制度日益发展和完善，个人所得税在财政收入和调节分配方面也发挥着越来越重要的作用。目前，根据最新规定，个人所得税专项附加扣除在子女教育、继续教育、大病医疗、住房贷款利息、住房租金、赡养老人和3岁以下婴幼儿照护七个方面可以申请抵扣扣除，极大减轻了普通居民的缴税压力。

二、个人所得税制度的改革趋势

我国个人所得税制未来改革的趋势如下：

（1）改分类所得税制为综合与分类相结合的个人所得税制，最终实现综合所得税制。即对工资薪金所得、生产经营所得、财产租赁所得等具有较强连续性或经常性的收入，列入综合所得的征收项目，制定统一适用的累进税率；对财产转让、特许权使用费等其他所得，仍按比例税率实行分项征收。如此，既可以发挥综合所得税制的优势，又可以避免分类所得税制可能产生的不公平。不过，实施综合与分类相结合的个人所得税制只是现阶段的选择。从公平税负、更好地调节收入分配的需要出发，完全的综合个人所得税制应该是我国个税改革的方向。只有逐步向综合税制迈进，才能从根本上解决税收公平的问题，加大对高收入的调节力度。

（2）改标准扣除为据实扣除。要真实地体现生计费用的扣除，不应是固定的，而应是浮动的，即应随着国家汇率、物价水平和家庭生活费支出增加诸因素的变化而变化。

（3）推广税收指数化，建立弹性税制，按照物价指数调整应纳税所得额。税收指数化是指根据通货膨胀的情况相应调整费用扣除额和税率表中的应税所得额级距，再按适用税率计税。也就是说，扣除额的多少应该随工资水平、物价水平的变化进行适当调整，以避免通货膨胀对个人生计构成明显的影响，保障纳税人的基本生活需要，真实地反映纳税人的纳税能力，增强个人所得税制的弹性。

（4）改个人纳税为个人与家庭并重的纳税方式。

三、个人所得税法及注释

《中华人民共和国个人所得税法》

（1980年9月10日第五届全国人民代表大会第三次会议通过　根据1993年10月31日第八届全国人民代表大会常务委员会第四次会议《关于修改〈中华人民共和国个人所得税法〉的决定》第一次修正　根据1999年8月30日第九届全国人民代表大会常务委员会第十一次会议《关于修改〈中华人民共和国个人所得税法〉的决定》第二次修正　根据2005年10月27日第十届全国人民代表大会常务委员会第十八次会议《关于修改〈中华人民共和国个人所

得税法〉的决定》第三次修正　根据2007年6月29日第十届全国人民代表大会常务委员会第二十八次会议《关于修改〈中华人民共和国个人所得税法〉的决定》第四次修正　根据2007年12月29日第十届全国人民代表大会常务委员会第三十一次会议《关于修改〈中华人民共和国个人所得税法〉的决定》第五次修正　根据2011年6月30日第十一届全国人民代表大会常务委员会第二十一次会议《关于修改〈中华人民共和国个人所得税法〉的决定》第六次修正

根据2018年8月31日第十三届全国人民代表大会常务委员会第五次会议《关于修改〈中华人民共和国个人所得税法〉的决定》第七次修正）

第一条　在中国境内有住所㊀，或者无住所而一个纳税年度内在中国境内居住累计满一百八十三天㊁的个人，为居民个人㊂。居民个人从中国境内和境外取得的所得㊃，依照本法规定缴纳个人所得税。

在中国境内无住所又不居住，或者无住所而一个纳税年度内在中国境内居住累计不满一百八十三天的个人，为非居民个人。非居民个人从中国境内取得的所得，依照本法规定缴纳个人所得税。

纳税年度，自公历一月一日起至十二月三十一日止。

第二条　下列各项个人所得㊄，应当缴纳个人所得税：

（一）工资、薪金所得；

（二）劳务报酬所得；

（三）稿酬所得；

（四）特许权使用费所得；

（五）经营所得；

（六）利息、股息、红利所得；

（七）财产租赁所得；

（八）财产转让所得；

（九）偶然所得。

居民个人取得前款第一项至第四项所得（以下称综合所得）㊅，按纳税年度合并计算个人所得税；非居民个人取得前款第一项至第四项所得，按月或者按次分项计算个人所得

㊀ 在中国境内有住所：指因户籍、家庭、经济利益关系而在中国境内习惯性居住。在对居民的判定上我国个人所得税法上采用的是"住所标准"和"居住时间标准"，本条注释体现的是"住所标准"。

㊁ 满一百八十三天：第七次修正将居民个人在境内居住时间标准由"满一年"修改为"满一百八十三天"，这意味着判定居民个人的标准更加宽松，可有效维护我国税收管辖权和税基安全，同时也能更好地与国际惯例相接轨，与税收协定相互衔接。

㊂ 居民个人：第七次修正后使用"居民个人"和"非居民个人"的概念，与企业所得税法的"居民企业"和"非居民企业"的概念相对应。我国个人所得税法采用居民管辖权，而不是公民管辖权，既包括公民，也包括非公民。

㊃ 从中国境内和境外取得的所得：分别指来源于中国境内的所得和来源于中国境外的所得。

㊄ 个人所得：关于应税所得项目的具体范围，请参照《中华人民共和国个人所得税法实施条例》第六条。第七次修正中，征收项目中删除了"经国务院财政部门确定征税的其他所得"，一是考虑到目前个人所得税法中列明的所得范围已经比较全面，不必再由国务院或其有关部门确定"其他所得"；二是考虑由国务院财政部门来确定征税的其他所得，不符合税收法定的原则。

㊅ 综合所得：将居民个人的工资、薪金所得、劳务报酬所得、稿酬所得和特许权使用费所得归为综合所得，这是第七次修正的最大亮点之一，实现了个税制度由分类税制向综合税制的转变，从而更好地发挥个税缩小收入分配差距的调节作用，更好地实现税负公平。

税。纳税人取得前款第五项至第九项所得，依照本法规定分别计算个人所得税。

第三条 个人所得税的税率：

（一）综合所得，适用百分之三至百分之四十五的超额累进税率；

（二）经营所得，适用百分之五至百分之三十五的超额累进税率；

（三）利息、股息、红利所得，财产租赁所得，财产转让所得和偶然所得，适用比例税率，税率为百分之二十。

第四条 下列各项个人所得，免征个人所得税：

（一）省级人民政府、国务院部委和中国人民解放军军以上单位，以及外国组织、国际组织颁发的科学、教育、技术、文化、卫生、体育、环境保护等方面的奖金；

（二）国债和国家发行的金融债券利息；

（三）按照国家统一规定发给的补贴、津贴；

（四）福利费、抚恤金、救济金；

（五）保险赔款；

（六）军人的转业费、复员费、退役金；

（七）按照国家统一规定发给干部、职工的安家费、退职费、基本养老金或者退休费、离休费、离休生活补助费；

（八）依照有关法律规定应予免税的各国驻华使馆、领事馆的外交代表、领事官员和其他人员的所得；

（九）中国政府参加的国际公约、签订的协议中规定免税的所得；

（十）国务院规定的其他免税所得。

前款第十项免税规定，由国务院报全国人民代表大会常务委员会备案。

第五条 有下列情形之一的，可以减征个人所得税，具体幅度和期限，由省、自治区、直辖市人民政府规定，并报同级人民代表大会常务委员会备案：

（一）残疾、孤老人员和烈属的所得；

（二）因自然灾害遭受重大损失的。

国务院可以规定其他减税情形，报全国人民代表大会常务委员会备案。

第六条 应纳税所得额的计算：

（一）居民个人的综合所得，以每一纳税年度的收入额减除费用六万元以及专项扣除、专项附加扣除⑥和依法确定的其他扣除⑦后的余额，为应纳税所得额。

（二）非居民个人的工资、薪金所得，以每月收入额减除费用五千元⑧后的余额为应纳税所得额；劳务报酬所得、稿酬所得、特许权使用费所得，以每次收入额为应纳税所得额。

---

⑥ 专项附加扣除：这是第七次修正的另一大亮点，这里主要是考虑个人负担的差异性，增加专项附加扣除更符合个人所得税基本原理，有利于税制公平。关于专项附加扣除的具体操作，可查阅《国务院关于印发个人所得税专项附加扣除暂行办法的通知》（国发〔2018〕41号）、《国家税务总局关于全面实施新个人所得税法若干征管衔接问题的公告》（国家税务总局公告2018年第56号）、《国家税务总局关于发布〈个人所得税专项附加扣除操作办法（试行）〉的公告》（国家税务总局公告2018年第60号）和《国务院关于设立3岁以下婴幼儿照护个人所得税专项附加扣除的通知》（国发〔2022〕8号）。

⑦ 其他扣除：具体包含内容参照《中华人民共和国个人所得税法实施条例》的第十三条。

⑧ 减除费用五千元：第七次修正中，居民个人和非居民个人的每月基本减除费用均为5 000元，取消了在中国境内无住所而在中国境内取得工资、薪金所得的纳税人（如外籍个人）和在中国境内有住所而在中国境外取得工资、薪金所得的纳税人（如派遣到海外工作的中国公民）的1 300元的附加扣除费用。

（三）经营所得，以每一纳税年度的收入总额减除成本、费用以及损失后的余额，为应纳税所得额。

（四）财产租赁所得，每次收入不超过四千元的，减除费用八百元；四千元以上的，减除百分之二十的费用，其余额为应纳税所得额。

（五）财产转让所得，以转让财产的收入额减除财产原值和合理费用后的余额，为应纳税所得额。

（六）利息、股息、红利所得和偶然所得，以每次收入额为应纳税所得额。

劳务报酬所得、稿酬所得、特许权使用费所得以收入减除百分之二十的费用后的余额为收入额。稿酬所得的收入额减按百分之七十计算。

个人将其所得对教育、扶贫、济困等公益慈善事业进行捐赠，捐赠额未超过纳税人申报的应纳税所得额百分之三十的部分，可以从其应纳税所得额中扣除；国务院规定对公益慈善事业捐赠实行全额税前扣除的，从其规定。

本条第一款第一项规定的专项扣除，包括居民个人按照国家规定的范围和标准缴纳的基本养老保险、基本医疗保险、失业保险等社会保险费和住房公积金等；专项附加扣除，包括子女教育、继续教育、大病医疗、住房贷款利息或者住房租金、赡养老人等支出，具体范围、标准和实施步骤由国务院确定，并报全国人民代表大会常务委员会备案。

第七条 居民个人从中国境外取得的所得，可以从其应纳税额中抵免已在境外缴纳的个人所得税税额，但抵免额不得超过该纳税人境外所得依照本法规定计算的应纳税额。

第八条 有下列情形之一的，税务机关有权按照合理方法进行纳税调整：

（一）个人与其关联方之间的业务往来不符合独立交易原则而减少本人或者其关联方应纳税额，且无正当理由；

（二）居民个人控制的，或者居民个人和居民企业共同控制的设立在实际税负明显偏低的国家（地区）的企业，无合理经营需要，对应当归属于居民个人的利润不作分配或者减少分配；

（三）个人实施其他不具有合理商业目的的安排而获取不当税收利益。

税务机关依照前款规定做出纳税调整，需要补征税款的，应当补征税款，并依法加收利息。

第九条 个人所得税以所得人为纳税人，以支付所得的单位或者个人为扣缴义务人。

纳税人有中国公民身份号码的，以中国公民身份号码为纳税人识别号；纳税人没有中国公民身份号码的，由税务机关赋予其纳税人识别号。扣缴义务人扣缴税款时，纳税人应当向扣缴义务人提供纳税人识别号。

第十条 有下列情形之一的，纳税人应当依法办理纳税申报：

（一）取得综合所得需要办理汇算清缴；

（二）取得应税所得没有扣缴义务人；

（三）取得应税所得，扣缴义务人未扣缴税款；

（四）取得境外所得；

（五）因移居境外注销中国户籍；

（六）非居民个人在中国境内从两处以上取得工资、薪金所得；

（七）国务院规定的其他情形。

扣缴义务人应当按照国家规定办理全员全额扣缴申报，并向纳税人提供其个人所得和已扣缴税款等信息。

第十一条 居民个人取得综合所得，按年计算个人所得税；有扣缴义务人的，由扣缴义务人按月或者按次预扣预缴税款；需要办理汇算清缴的，应当在取得所得的次年三月一日至六月三十日内办理汇算清缴。预扣预缴办法由国务院税务主管部门制定。

居民个人向扣缴义务人提供专项附加扣除信息的，扣缴义务人按月预扣预缴税款时应当按照规定予以扣除，不得拒绝。

非居民个人取得工资、薪金所得，劳务报酬所得，稿酬所得和特许权使用费所得，有扣缴义务人的，由扣缴义务人按月或者按次代扣代缴税款，不办理汇算清缴。

第十二条 纳税人取得经营所得，按年计算个人所得税，由纳税人在月度或者季度终了后十五日内向税务机关报送纳税申报表，并预缴税款；在取得所得的次年三月三十一日前办理汇算清缴。

纳税人取得利息、股息、红利所得，财产租赁所得，财产转让所得和偶然所得，按月或者按次计算个人所得税，有扣缴义务人的，由扣缴义务人按月或者按次代扣代缴税款。

第十三条 纳税人取得应税所得没有扣缴义务人的，应当在取得所得的次月十五日内向税务机关报送纳税申报表，并缴纳税款。

纳税人取得应税所得，扣缴义务人未扣缴税款的，纳税人应当在取得所得的次年六月三十日前，缴纳税款；税务机关通知限期缴纳的，纳税人应当按照期限缴纳税款。

居民个人从中国境外取得所得的，应当在取得所得的次年三月一日至六月三十日内申报纳税。

非居民个人在中国境内从两处以上取得工资、薪金所得的，应当在取得所得的次月十五日内申报纳税。

纳税人因移居境外注销中国户籍的，应当在注销中国户籍前办理税款清算。

第十四条 扣缴义务人每月或者每次预扣、代扣的税款，应当在次月十五日内缴入国库，并向税务机关报送扣缴个人所得税申报表。

纳税人办理汇算清缴退税或者扣缴义务人为纳税人办理汇算清缴退税的，税务机关审核后，按照国库管理的有关规定办理退税。

第十五条 公安、人民银行、金融监督管理等相关部门应当协助税务机关确认纳税人的身份、金融账户信息。教育、卫生、医疗保障、民政、人力资源社会保障、住房城乡建设、公安、人民银行、金融监督管理等相关部门应当向税务机关提供纳税人子女教育、继续教育、大病医疗、住房贷款利息、住房租金、赡养老人等专项附加扣除信息。

个人转让不动产的，税务机关应当根据不动产登记等相关信息核验应缴的个人所得税，登记机构办理转移登记时，应当查验与该不动产转让相关的个人所得税的完税凭证。个人转让股权办理变更登记的，市场主体登记机关应当查验与该股权交易相关的个人所得税的完税凭证。

有关部门依法将纳税人、扣缴义务人遵守本法的情况纳入信用信息系统，并实施联合激励或者惩戒。

第十六条 各项所得的计算，以人民币为单位。所得为人民币以外的货币的，按照人民币汇率中间价折合成人民币缴纳税款。

第十七条 对扣缴义务人按照所扣缴的税款，付给百分之二的手续费。

第十八条 对储蓄存款利息所得开征、减征、停征个人所得税及其具体办法，由国务院规定，并报全国人民代表大会常务委员会备案。

第十九条 纳税人、扣缴义务人和税务机关及其工作人员违反本法规定的，依照《中华人民共和国税收征收管理法》和有关法律法规的规定追究法律责任。

第二十条 个人所得税的征收管理，依照本法和《中华人民共和国税收征收管理法》的规定执行。

第二十一条 国务院根据本法制定实施条例。

第二十二条 本法自公布之日起施行。

四、个人所得税法实施条例及注释

《中华人民共和国个人所得税法实施条例》

（1994年1月28日中华人民共和国国务院令第142号发布　根据2005年12月19日《国务院关于修改〈中华人民共和国个人所得税法实施条例〉的决定》第一次修订　根据2008年2月18日《国务院关于修改〈中华人民共和国个人所得税法实施条例〉的决定》第二次修订　根据2011年7月19日《国务院关于修改〈中华人民共和国个人所得税法实施条例〉的决定》第三次修订　2018年12月18日中华人民共和国国务院令第707号第四次修订　自2019年1月1日起施行）

第一条 根据《中华人民共和国个人所得税法》（以下简称个人所得税法），制定本条例。

第二条 个人所得税法所称在中国境内有住所，是指因户籍、家庭、经济利益关系而在中国境内习惯性居住[一]；所称从中国境内和境外取得的所得，分别是指来源于中国境内的所得和来源于中国境外的所得。

第三条 除国务院财政、税务主管部门另有规定外，下列所得，不论支付地点是否在中国境内，均为来源于中国境内的所得：

（一）因任职、受雇、履约[二]等在中国境内提供劳务取得的所得；

（二）将财产出租给承租人在中国境内使用而取得的所得；

（三）许可各种特许权在中国境内使用而取得的所得；

（四）转让中国境内的不动产等财产或者在中国境内转让其他财产取得的所得；

（五）从中国境内企业、事业单位、其他组织以及居民个人取得的利息、股息、红利所得。

[一] 习惯性居住：相当于定居的概念，指的是个人在较长时间内相对稳定地在一地居住。对于因学习、工作、探亲、旅游等原因虽然在境内居住，但这些原因消除后仍然准备回境外居住的，不属于在境内习惯性居住。实践中，一般是根据纳税人"户籍、家庭、经济利益关系"等具体情况，综合判定是否属于"习惯性居住"这一状态。

[二] 任职、受雇、履约：相对应的税目是工资、薪金所得和劳务报酬所得。

第四条 在中国境内无住所的个人,在中国境内居住累计满183天的年度连续不满六年的,经向主管税务机关备案,其来源于中国境外且由境外单位或者个人支付的所得,免予缴纳个人所得税;在中国境内居住累计满183天的任一年度中有一次离境超过30天的,其在中国境内居住累计满183天的年度的连续年限重新起算。

第五条 在中国境内无住所的个人,在一个纳税年度内在中国境内居住累计不超过90天的,其来源于中国境内的所得,由境外雇主支付并且不由该雇主在中国境内的机构、场所负担的部分,免予缴纳个人所得税。

第六条 个人所得税法规定的各项个人所得的范围:

(一)工资、薪金所得,是指个人因任职或者受雇取得的工资、薪金、奖金、年终加薪、劳动分红、津贴、补贴以及与任职或者受雇有关的其他所得。

(二)劳务报酬所得,是指个人从事劳务取得的所得,包括从事设计、装潢、安装、制图、化验、测试、医疗、法律、会计、咨询、讲学、翻译、审稿、书画、雕刻、影视、录音、录像、演出、表演、广告、展览、技术服务、介绍服务、经纪服务、代办服务以及其他劳务取得的所得。

(三)稿酬所得,是指个人因其作品以图书、报刊等形式出版、发表而取得的所得。

(四)特许权使用费所得,是指个人提供专利权、商标权、著作权、非专利技术以及其他特许权的使用权取得的所得;提供著作权的使用权取得的所得,不包括稿酬所得。

(五)经营所得,是指:

1. 个体工商户从事生产、经营活动取得的所得,个人独资企业投资人、合伙企业的个人合伙人来源于境内注册的个人独资企业、合伙企业生产、经营的所得;

2. 个人依法从事办学、医疗、咨询以及其他有偿服务活动取得的所得;

(1)个人对企业、事业单位承包经营、承租经营以及转包、转租取得的所得;

(2)个人从事其他生产、经营活动取得的所得。

(六)利息、股息、红利所得,是指个人拥有债权、股权等而取得的利息、股息、红利所得。

(七)财产租赁所得,是指个人出租不动产、机器设备、车船以及其他财产取得的所得。

(八)财产转让所得,是指个人转让有价证券、股权、合伙企业中的财产份额、不动产、机器设备、车船以及其他财产取得的所得。

(九)偶然所得,是指个人得奖、中奖、中彩以及其他偶然性质的所得。

个人取得的所得,难以界定应纳税所得项目的,由国务院税务主管部门确定。

第七条 对股票转让所得[三]征收个人所得税的办法,由国务院另行规定,并报全国人民代表大会常务委员会备案。

第八条 个人所得的形式,包括现金、实物、有价证券[四]和其他形式的经济利益;所得为实物的,应当按照取得的凭证上所注明的价格计算应纳税所得额,无凭证的实物或者凭证上所注明的价格明显偏低的,参照市场价格核定应纳税所得额;所得为有价证券的,根据票面价格和市场价格核定应纳税所得额;所得为其他形式的经济利益的,参照市场价格

[三] 股票转让所得:个人转让股票所得属于"财产转让所得"应税项目,但为配合我国企业改制和鼓励证券市场的健康发展,一直有单独的税收政策。

[四] 有价证券:指标有票面金额,用于证明持有人或该证券指定的特定主体对特定财产拥有所有权或债权的凭证。

核定应纳税所得额。

第九条 个人所得税法第四条第一款第二项所称国债利息，是指个人持有中华人民共和国财政部发行的债券而取得的利息；所称国家发行的金融债券利息，是指个人持有经国务院批准发行的金融债券而取得的利息。

第十条 个人所得税法第四条第一款第三项所称按照国家统一规定发给的补贴、津贴，是指按照国务院规定发给的政府特殊津贴、院士津贴，以及国务院规定免予缴纳个人所得税的其他补贴、津贴。

第十一条 个人所得税法第四条第一款第四项所称福利费，是指根据国家有关规定，从企业、事业单位、国家机关、社会组织提留的福利费或者工会经费中支付给个人的生活补助费；所称救济金，是指各级人民政府民政部门支付给个人的生活困难补助费。

第十二条 个人所得税法第四条第一款第八项所称依照有关法律规定应予免税的各国驻华使馆、领事馆的外交代表、领事官员和其他人员的所得，是指依照《中华人民共和国外交特权与豁免条例》和《中华人民共和国领事特权与豁免条例》规定免税的所得。

第十三条 个人所得税法第六条第一款第一项所称依法确定的其他扣除，包括个人缴付符合国家规定的企业年金、职业年金，个人购买符合国家规定的商业健康保险、税收递延型商业养老保险的支出，以及国务院规定可以扣除的其他项目。

专项扣除、专项附加扣除和依法确定的其他扣除，以居民个人一个纳税年度的应纳税所得额为限额；一个纳税年度扣除不完的，不结转以后年度扣除。

第十四条 个人所得税法第六条第一款第二项、第四项、第六项所称每次，分别按照下列方法确定：

（一）劳务报酬所得、稿酬所得、特许权使用费所得，属于一次性收入的，以取得该项收入为一次；属于同一项目连续性收入的，以一个月内取得的收入为一次。

（二）财产租赁所得，以一个月内取得的收入为一次。

（三）利息、股息、红利所得，以支付利息、股息、红利时取得的收入为一次。

（四）偶然所得，以每次取得该项收入为一次。

第十五条 个人所得税法第六条第一款第三项所称成本、费用，是指生产、经营活动中发生的各项直接支出和分配计入成本的间接费用以及销售费用、管理费用、财务费用；所称损失，是指生产、经营活动中发生的固定资产和存货的盘亏、毁损、报废损失，转让财产损失，坏账损失，自然灾害等不可抗力因素造成的损失以及其他损失。

取得经营所得的个人，没有综合所得的，计算其每一纳税年度的应纳税所得额时，应当减除费用6万元、专项扣除、专项附加扣除以及依法确定的其他扣除。专项附加扣除在办理汇算清缴时减除。

从事生产、经营活动，未提供完整、准确的纳税资料，不能正确计算应纳税所得额的，由主管税务机关核定应纳税所得额或者应纳税额。

第十六条 个人所得税法第六条第一款第五项规定的财产原值，按照下列方法确定：

（一）有价证券，为买入价以及买入时按照规定交纳的有关费用；

（二）建筑物，为建造费或者购进价格以及其他有关费用；

（三）土地使用权，为取得土地使用权所支付的金额、开发土地的费用以及其他有关费用；

（四）机器设备、车船，为购进价格、运输费、安装费以及其他有关费用。

其他财产，参照前款规定的方法确定财产原值。

纳税人未提供完整、准确的财产原值凭证，不能按照本条第一款规定的方法确定财产原值的，由主管税务机关核定财产原值。

个人所得税法第六条第一款第五项所称合理费用，是指卖出财产时按照规定支付的有关税费。

第十七条 财产转让所得，按照一次转让财产的收入额减除财产原值和合理费用后的余额计算纳税。

第十八条 两个以上的个人共同取得同一项目收入的，应当对每个人取得的收入分别按照个人所得税法的规定计算纳税。

第十九条 个人所得税法第六条第三款所称个人将其所得对教育、扶贫、济困等公益慈善事业进行捐赠，是指个人将其所得通过中国境内的公益性社会组织、国家机关向教育、扶贫、济困等公益慈善事业的捐赠；所称应纳税所得额，是指计算扣除捐赠额之前的应纳税所得额。

第二十条 居民个人从中国境内和境外取得的综合所得、经营所得，应当分别合并计算应纳税额；从中国境内和境外取得的其他所得㊾，应当分别单独计算应纳税额。

第二十一条 个人所得税法第七条所称已在境外缴纳的个人所得税税额，是指居民个人来源于中国境外的所得，依照该所得来源国家（地区）的法律应当缴纳并且实际已经缴纳的所得税税额。

个人所得税法第七条所称纳税人境外所得依照本法规定计算的应纳税额，是居民个人抵免已在境外缴纳的综合所得、经营所得以及其他所得的所得税税额的限额（以下简称抵免限额）。除国务院财政、税务主管部门另有规定外，来源于中国境外一个国家（地区）的综合所得抵免限额、经营所得抵免限额以及其他所得抵免限额之和，为来源于该国家（地区）所得的抵免限额。

居民个人在中国境外一个国家（地区）实际已经缴纳的个人所得税税额，低于依照前款规定计算出的来源于该国家（地区）所得的抵免限额的，应当在中国缴纳差额部分的税款；超过来源于该国家（地区）所得的抵免限额的，其超过部分不得在本纳税年度的应纳税额中抵免，但是可以在以后纳税年度来源于该国家（地区）所得的抵免限额的余额中补扣。补扣期限最长不得超过五年。

第二十二条 居民个人申请抵免已在境外缴纳的个人所得税税额，应当提供境外税务机关出具的税款所属年度的有关纳税凭证。

第二十三条 个人所得税法第八条第二款规定的利息，应当按照税款所属纳税申报期最后一日中国人民银行公布的与补税期间同期的人民币贷款基准利率计算，自税款纳税申报期满次日起至补缴税款期限届满之日止按日加收。纳税人在补缴税款期限届满前补缴税款的利息加收至补缴税款之日。

㊾ 其他所得：指《个人所得税法》第二条第一款中除综合所得、经营所得外列举的所得，不是指修订前《个人所得税法》中第二条第十一项"经国务院财政部门确定征税的其他所得"。

第二十四条 扣缴义务人向个人支付应税款项时,应当依照个人所得税法规定预扣或者代扣税款,按时缴库,并专项记载备查。

前款所称支付,包括现金支付、汇拨支付、转账支付和以有价证券、实物以及其他形式的支付。

第二十五条 取得综合所得需要办理汇算清缴的情形包括:

(一)从两处以上取得综合所得,且综合所得年收入额减除专项扣除的余额超过6万元;

(二)取得劳务报酬所得、稿酬所得、特许权使用费所得中一项或者多项所得,且综合所得年收入额减除专项扣除的余额超过6万元;

(三)纳税年度内预缴税额低于应纳税额;

(四)纳税人申请退税。

纳税人申请退税,应当提供其在中国境内开设的银行账户,并在汇算清缴地就地办理税款退库。

汇算清缴的具体办法由国务院税务主管部门制定。

第二十六条 个人所得税法第十条第二款所称全员全额扣缴申报,是指扣缴义务人在代扣税款的次月十五日内,向主管税务机关报送其支付所得的所有个人的有关信息、支付所得数额、扣除事项和数额、扣缴税款的具体数额和总额以及其他相关涉税信息资料。

第二十七条 纳税人办理纳税申报的地点以及其他有关事项的具体办法,由国务院税务主管部门制定。

第二十八条 居民个人取得工资、薪金所得时,可以向扣缴义务人提供专项附加扣除有关信息,由扣缴义务人扣缴税款时减除专项附加扣除。纳税人同时从两处以上取得工资、薪金所得,并由扣缴义务人减除专项附加扣除的,对同一专项附加扣除项目,在一个纳税年度内只能选择从一处取得的所得中减除。

居民个人取得劳务报酬所得、稿酬所得、特许权使用费所得,应当在汇算清缴时向税务机关提供有关信息,减除专项附加扣除。

第二十九条 纳税人可以委托扣缴义务人或者其他单位和个人办理汇算清缴。

第三十条 扣缴义务人应当按照纳税人提供的信息计算办理扣缴申报,不得擅自更改纳税人提供的信息。

纳税人发现扣缴义务人提供或者扣缴申报的个人信息、所得、扣缴税款等与实际情况不符的,有权要求扣缴义务人修改。扣缴义务人拒绝修改的,纳税人应当报告税务机关,税务机关应当及时处理。

纳税人、扣缴义务人应当按照规定保存与专项附加扣除相关的资料。税务机关可以对纳税人提供的专项附加扣除信息进行抽查,具体办法由国务院税务主管部门另行规定。税务机关发现纳税人提供虚假信息的,应当责令改正并通知扣缴义务人;情节严重的,有关部门应当依法予以处理,纳入信用信息系统并实施联合惩戒。

第三十一条 纳税人申请退税时提供的汇算清缴信息有错误的,税务机关应当告知其更正;纳税人更正的,税务机关应当及时办理退税。

扣缴义务人未将扣缴的税款解缴入库的,不影响纳税人按照规定申请退税,税务机关应当凭纳税人提供的有关资料办理退税。

第三十二条 所得为人民币以外货币的，按照办理纳税申报或者扣缴申报的上一月最后一日人民币汇率中间价，折合成人民币计算应纳税所得额。年度终了后办理汇算清缴的，对已经按月、按季或者按次预缴税款的人民币以外货币所得，不再重新折算；对应当补缴税款的所得部分，按照上一纳税年度最后一日人民币汇率中间价，折合成人民币计算应纳税所得额。

第三十三条 税务机关按照个人所得税法第十七条的定付给扣缴义务人手续费，应当填开退还书；扣缴义务人凭退还书，按照国库管理有关规定办理退库手续。

第三十四条 个人所得税纳税申报表、扣缴个人所得税报告表和个人所得税完税凭证式样，由国务院税务主管部门统一制定。

第三十五条 军队人员个人所得税征收事宜，按照有关规定执行。

第三十六条 本条例自2019年1月1日起施行。

第二节 个人所得税纳税人和所得来源的确定

一、个人所得税纳税人的定义与划分

纳税人，全称为纳税义务人，是指法律、行政法规规定负有纳税义务的单位和个人。每一个税种都有关于纳税义务人的规定，如果不履行纳税义务，即应当由该行为的直接责任人承担法律责任。现代社会，人人都承担或多或少的纳税义务，事实上都是纳税人。税法规定的负有纳税义务的人可以是自然人（个人），也可以是单位。

为了有效地行使税收管辖权，根据国际惯例，个人所得税法根据住所标准和居住时间标准，将个人所得税的纳税人分为居民个人和非居民个人。

1. 居民个人的纳税义务

居民个人判定标准及纳税义务见表2-1。

表2-1 居民个人判定标准及纳税义务

纳 税 人	判 定 标 准	纳 税 义 务
居民个人	两者满足其一： ①在中国境内有住所 ②在中国境内无住所而一个纳税年度内在中国境内居住累计满183天	无限纳税义务：中国境内和境外取得的所得

根据《个人所得税法》第一条在中国境内有住所，或者无住所而一个纳税年度内在中国境内居住累计满183天的个人，为居民个人。居民个人从中国境内和境外取得的所得，依照本法规定缴纳个人所得税。

2. 非居民个人的纳税义务

非居民个人判定标准及纳税义务见表2-2。

表2-2 非居民个人判定标准及纳税义务

纳税人	判定标准	纳税义务
非居民个人	两者满足其一： ①在中国境内无住所又不居住 ②在中国境内无住所而一个纳税年度内在中国境内居住不满183天	有限纳税义务：中国境内取得的所得

根据《个人所得税法》第一条在中国境内无住所又不居住，或者无住所而一个纳税年度内在中国境内居住累计不满183天的个人，为非居民个人。非居民个人从中国境内取得的所得，依照本法规定缴纳个人所得税。

二、所得来源地的确定

纳税人取得各项所得来源地的确定见表2-3。

表2-3 所得来源地的确定

序号	所得项目	来源于境内所得	来源于境外所得
1	工资薪金所得	在境内提供劳务	在境外提供劳务
2	劳务报酬所得		
3	稿酬所得	由境内企业、事业单位、其他组织支付或者负担	由境外企业以及其他组织支付且负担
4	特许权使特费所得	在境内使用	在境外使用
5	财产租赁所得		
6	经营所得	在境内从事生产、经营活动	在境外从事生产、经营活动
7	财产转让所得（转让不动产）	不动产在中国境内	不动产在中国境外
8	财产转让所得（权益性资产）	权益性资产是对境内企业以及其他组织投资形成的	权益性资产是对境外企业以及其他组织投资形成的（若该权益性资产被转让前三年内的任一时间，被投资企业或其他组织的资产公允价值50%以上直接或间接来自位于中国境内的不动产的，取得的所得为来源于中国境内的所得）
9	财产转让所得（动产转让）	在中国境内转让	在中国境外转让
10	利息、股息、红利所得	从中国境内企业、事业单位、其他组织以及居民个人取得	从中国境外企业、其他组织以及非居民个人取得
11	偶然所得	境内企业、其他组织以及居民个人支付且负担	境外企业、其他组织以及非居民个人支付且负担

随堂题解

【例题1·多选题】 根据个人所得税的有关规定,居民个人与非居民个人的划分标准有( )。

A. 户籍标准 B. 住所标准 C. 居住时间标准 D. 国籍标准

【答案】BC

【解析】为了有效地行使税收管辖权,我国根据国际惯例,对居民个人和非居民个人的划分采用了国际上常用的住所标准和居住时间标准。

【例题2·多选题】 某外籍非居民个人的下列收入中,应在我国按规定计算缴纳个人所得税的有( )。

A. 在中国境内任职取得的工资、薪金收入

B. 出租境外房屋而取得的收入

C. 从中国境内的外商投资企业取得的红利收入

D. 将专利权转让给中国境内企业使用而取得的特许权使用费收入

【答案】AD

【解析】选项B为境外所得;选项C为境内所得,但属于免税收入。

【例题3·多选题】 非居民个人取得的下列所得中,属于来源于中国境内所得的有( )。

A. 在境外通过网上指导获得境内机构支付的培训所得

B. 转让其在中国境内的房产而取得的财产转让所得

C. 施工机械出租给中国公民在外使用而取得的租金所得

D. 持有中国境内公司债券取得的利息所得

【答案】BD

【解析】除国务院财政、税务主管部门另有规定外,下列所得,不论支付地点是否在中国境内,均为来源于中国境内的所得:①因任职、受雇、履约等在中国境内提供劳务取得的所得;②将财产出租给承租人在中国境内使用而取得的所得;③许可各种特许权在中国境内使用而取得的所得;④转让中国境内的不动产等财产或者在中国境内转让其他财产取得的所得;⑤从中国境内企业、事业单位、其他组织以及居民个人取得的利息、股息、红利所得。

第三节 个人所得税征税范围

一、工资、薪金所得的征税范围

(一)征税范围的一般规定

工资、薪金所得,是指个人因任职或者受雇而取得的工资、薪金、奖金、年终加薪、

劳动分红、津贴、补贴以及与任职或者受雇有关的其他所得。

（二）征税范围的具体规定

1. 内部退养人员取得的收入

关于企业减员增效和行政事业单位、社会团体在机构改革过程中实行内部退养办法人员取得收入的征税问题，《国家税务总局关于个人所得税有关政策问题的通知》（国税发〔1999〕58号）规定，实行内部退养的个人在其办理内部退养手续后至法定离退休年龄之间从原任职单位取得的工资、薪金，不属于离退休工资，应按"工资、薪金所得"项目计征个人所得税。

2. 退休人员再任职取得的收入

自2019年1月1日起，属于居民个人的退休人员再任职取得的收入，作为工资、薪金所得，并入综合所得按纳税年度计算个人所得税。

3. 出租车驾驶员从事客货运营的收入

根据《机动出租车驾驶员个人所得税征收管理暂行办法》（国税发〔1995〕50号）规定，出租汽车经营单位对出租车驾驶员采取单车承包或承租方式运营，出租车驾驶员从事客货运营取得的收入，按"工资、薪金所得"项目征收个人所得税。

4. 免费旅游奖励

根据《财政部 国家税务总局关于企业以免费旅游方式提供对营销人员个人奖励有关个人所得税政策的通知》（财税〔2004〕11号）的规定，自2004年1月20日起，对商品营销活动中，企业和单位对营销业绩突出人员以培训班、研讨会、工作考察等名义组织旅游活动，通过免收差旅费、旅游费对个人实行的营销业绩奖励（包括实物、有价证券等），应根据所发生费用全额计入营销人员应税所得，依法征收个人所得税，并由提供上述费用的企业和单位代扣代缴。其中，对企业雇员享受的此类奖励，应与当期的工资、薪金合并，按照"工资、薪金所得"项目征收个人所得税；对其他人员享受的此类奖励，应作为当期的劳务收入，按照"劳务报酬所得"项目征收个人所得税。

5. 企业为职工购买商业保险

根据《国家税务总局关于单位为员工支付有关保险缴纳个人所得税问题的批复》（国税函〔2005〕318号）的规定，企业为员工支付各项免税之外的保险金，应在企业向保险公司缴付时（即该保险落到被保险人的保险账户）并入员工当期的工资收入，按"工资、薪金所得"项目计征个人所得税，税款由企业负责代扣代缴。

6. 住房补贴与医疗补助费

根据《财政部 国家税务总局关于住房公积金、医疗保险金、养老保险金征收个人所得税问题的通知》（财税字〔1997〕144号）的规定，企业以现金形式发给个人的住房补贴、医疗补助费，应全额计入领取人的当期工资、薪金收入计征个人所得税。

7. 民航空地勤人员的伙食费与飞行小时费

根据《财政部 国家税务总局关于民航空地勤人员的伙食费征收个人所得税的通知》（财税字〔1995〕77号）的规定，民航空地勤人员的伙食费应当按照税法规定，并入工资、薪金所得，计算征收个人所得税，并由支付单位负责代扣代缴。

根据《国家税务总局关于新疆航空公司空勤人员飞行小时费和伙食费收入征收个人所得税的批复》（国税函发〔1995〕554号）的规定，空勤人员的飞行小时费和伙食费收入，应全额计入工资、薪金所得计征个人所得税，不能给予扣除。

二、劳务报酬所得的征税范围

（一）征税范围的一般规定

劳务报酬所得，是指个人从事劳务取得的所得，包括设计、装潢、安装、制图、化验、测试、医疗、法律、会计、咨询、讲学、新闻、广播、翻译、审稿、书画、雕刻、影视、录音、录像、演出、表演、广告、展览、技术服务、介绍服务（佣金）、经纪服务、代办服务以及其他劳务取得的所得。

（二）征税范围的具体规定

1. 个人的兼职收入

根据《国家税务总局关于个人兼职和退休人员再任职取得收入如何计算征收个人所得税问题的批复》（国税函〔2005〕382号）的规定，个人兼职取得的收入应按照"劳务报酬所得"应税项目缴纳个人所得税；退休人员再任职取得的收入，在减除按个人所得税法规定的费用扣除标准后，按"工资、薪金所得"应税项目缴纳个人所得税。

2. 董事费收入

根据《国家税务总局关于印发〈征收个人所得税若干问题的规定〉的通知》（国税发〔1994〕89号）的规定，个人由于担任董事职务所取得的董事费收入，属于劳务报酬所得性质，按照"劳务报酬所得"项目征收个人所得税。根据《国家税务总局关于明确个人所得税若干政策执行问题的通知》（国税发〔2009〕121号）的规定，这里的董事费按"劳务报酬所得"项目征税方法，仅适用于个人担任公司董事、监事，且不在公司任职、受雇的情形。个人在公司（包括关联公司）任职、受雇，同时兼任董事、监事的，应将董事费、监事费与个人工资收入合并，统一按"工资、薪金所得"项目缴纳个人所得税。

三、特许权使用费所得的征税范围

（一）征税范围的一般规定

特许权使用费所得，是指个人提供专利权、商标权、著作权、非专利技术以及其他特许权的使用权取得的所得；提供著作权的使用权取得的所得，不包括稿酬所得。

（二）征税范围的具体规定

1. 专利权

专利权，即自然人、法人或者其他组织依法对发明、实用新型和外观设计在一定期限内享有的独占实施权。

根据《国家税务总局关于个人取得专利赔偿所得征收个人所得税问题的批复》（国税函〔2000〕257号）精神，专利的所有者，因其专利权被他人使用而取得的经济赔偿收入，应按"特许权使用费所得"应税项目缴纳个人所得税，税款由支付赔偿的单位代扣代缴。

2. 商标权

商标权，即商标注册人或权利继受人在法定期限内对注册商标依法享有的各种权利。

3. 著作权

著作权，又称版权，是指文学、艺术和科学作品的作者及其相关主体依法对作品所享有的人身权利和财产权利。

（1）剧本使用费收入。根据《国家税务总局关于剧本使用费征收个人所得税问题的通知》（国税发〔2002〕52号）的规定，自2002年5月1日起，对于剧本作者从电影、电视剧的制作单位取得的剧本使用费，不再区分剧本的使用方是否为其任职单位，统一按"特许权使用费所得"项目计征个人所得税。

（2）文字作品手稿原件或复印件拍卖所得。根据《国家税务总局关于印发〈征收个人所得税若干问题的规定〉的通知》（国税发〔1994〕89号）的规定，作者将自己的文字作品手稿原件或复印件公开拍卖（竞价）取得的所得，应按"特许权使用费所得"项目征收个人所得税。

4. 个人取得专利赔偿所得

根据《国家税务总局关于个人取得专利赔偿所得征收个人所得税问题的批复》（国税函〔2000〕257号）的规定，因专利权被使用而取得的经济赔偿收入，应按照个人所得税法及其实施条例的规定，按"特许权使用费所得"应税项目缴纳个人所得税，税款由支付方代扣代缴。

四、稿酬所得的征税范围

（一）征税范围的一般规定

稿酬所得，是指个人因其作品以图书、报刊等形式出版、发表而取得的所得。

（二）征税范围的具体规定

1. 取得遗作稿酬

根据《国家税务总局关于印发〈征收个人所得税若干问题的规定〉的通知》（国税发〔1994〕89号）第四条第三项规定，作者去世后，对取得其遗作稿酬的个人，按稿酬所得征收个人所得税。

2. 报刊、杂志、出版等单位的职员在本单位的刊物上发表作品、出版图书取得所得

《国家税务总局关于个人所得税若干业务问题的批复》（国税函〔2002〕146号）第三条对相关所得规定如下：

（1）任职、受雇于报刊、杂志等单位的员工，在本单位的报刊、杂志上发表作品取得的收入，个税处理方式见表2-4：

表2-4 报刊、杂志单位员工在本单位的刊物发表作品个税处理

序号	人员		收入	计征项目
1	记者、编辑等专业人员	任职受雇于本单位	在本单位的刊物发表作品取得的收入	与其当月工资收入合并，按"工资、薪金所得"计征
2	其他非专业人员			按"稿酬所得"计征

（2）出版社的专业作者在本社出版图书取得的稿费收入，个税处理方式见表2-5：

表2-5 专业作者在本社出版图书个税处理

序号	人员		收入	计征项目
1	专业人员	任职受雇于本出版社	排版、编辑等本职工作	按"工资、薪金所得"计征
2			撰写、编写或翻译的作品以图书形式由本单位出版而取得的稿费收入	按"稿酬所得"计征

五、利息、股息、红利所得的征税范围

（一）征税范围的一般规定

利息、股息、红利所得，是指个人拥有债权、股权等而取得的利息、股息、红利所得。通常，利息是指个人拥有债权而取得的利息，包括存款利息、贷款利息和各种债券的利息；股息、红利是指个人拥有股权取得的股息、红利。

（二）征税范围的具体规定

1. 个人投资者从其投资企业借款

根据《财政部 国家税务总局关于规范个人投资者个人所得税征收管理的通知》（财税〔2003〕158号）第二条规定，纳税年度内个人投资者从其投资企业（个人独资企业、合伙企业除外）借款，在该纳税年度终了后既不归还，又未用于企业生产经营的，其未归还的借款可视为企业对个人投资者的红利分配，依照"利息、股息、红利所得"项目计征个人所得税。

2. 个人独资企业和合伙企业对外投资分回利息、股息、红利

根据《国家税务总局关于〈关于个人独资企业和合伙企业投资者征收个人所得税的规定〉执行口径的通知》（国税函〔2001〕84号）第二条规定，个人独资企业和合伙企业对外

投资分回的利息或者股息、红利,不并入企业的收入,而应单独作为投资者个人取得的利息、股息、红利所得,按"利息、股息、红利所得"应税项目计算缴纳个人所得税。以合伙企业名义对外投资分回利息或者股息、红利的,应按各个投资者的利息、股息、红利所得分配比例,分别按"利息、股息、红利所得"应税项目计算缴纳个人所得税。

3. 个人取得企业转增注册资本和股本所得

《国家税务总局关于股份制企业转增股本和派发红股征免个人所得税的通知》(国税发〔1997〕198号)规定,股份制企业用资本公积金(指股份制企业股票溢价发行收入所形成的资本公积金)转增股本不属于股息、红利性质的分配,对个人取得的转增股本数额,不作为个人所得,不征收个人所得税。

《国家税务总局关于进一步加强高收入者个人所得税征收管理的通知》(国税发〔2010〕54号)第二条规定,加强企业转增注册资本和股本管理,对以未分配利润、盈余公积和除股票溢价发行外的其他资本公积转增注册资本和股本的,要按照"利息、股息、红利所得"项目,依据现行政策规定计征个人所得税。

4. 个人投资者以企业资金为本人、家庭成员及其相关人员支付消费性支出及购买家庭财产

根据《财政部 国家税务总局关于规范个人投资者个人所得税征收管理的通知》(财税〔2003〕158号)第一条规定,个人独资企业、合伙企业的个人投资者以企业资金为本人、家庭成员及其相关人员支付与企业生产经营无关的消费性支出及购买汽车、住房等财产性支出,视为企业对个人投资者的利润分配,并入投资者个人的生产经营所得,依照"个体工商户的生产经营所得"项目计征个人所得税。

除个人独资企业、合伙企业以外的其他企业的个人投资者,以企业资金为本人、家庭成员及其相关人员支付与企业生产经营无关的消费性支出及购买汽车、住房等财产性支出,视为企业对个人投资者的红利分配,依照"利息、股息、红利所得"项目计征个人所得税。

企业的上述支出不允许在所得税前扣除。

5. 企业为股东个人购买汽车

根据《国家税务总局关于企业为股东个人购买汽车征收个人所得税的批复》(国税函〔2005〕364号)第一条规定,企业购买车辆并将车辆所有权办到股东个人名下,其实质为企业对股东进行了红利性质的实物分配,应按照"利息、股息、红利所得"项目征收个人所得税。考虑到该股东个人名下的车辆同时也为企业经营使用的实际情况,允许合理减除部分所得;减除的具体数额由主管税务机关根据车辆的实际使用情况合理确定。

6. 员工因拥有股权而参与企业税后利润分配取得的所得

根据《财政部 国家税务总局关于个人股票期权所得征收个人所得税问题的通知》(财税〔2005〕35号)文件第二条第四项规定,员工因拥有股权而参与企业税后利润分配取得的所得,应按照"利息、股息、红利所得"适用的规定计算缴纳个人所得税。

7. 个人取得股票股利

个人取得股票股利，按利息、股息、红利所得项目计征个人所得税，具体见表2-6。

表2-6 个人取得股票股利个税处理

发放方式		情　形	个　税　处　理
股份制企业	股票形式	以派发红股的股票面金额为收入额	按"利息、股息、红利"项目征收
	盈余公积金	个人取得的红股数额，作为个人所得	

六、财产租赁所得的征税范围

（一）征税范围的一般规定

财产租赁所得，是指个人出租不动产、机器设备、车船以及其他财产取得的所得。

（二）征税范围的具体规定

1. 个人在汽车上做广告取得的所得

根据《个人所得税法实施条例》第六条第七项规定财产租赁所得，是指个人出租不动产、机器设备、车船以及其他财产取得的所得。个人在汽车上做广告取得的所得，属于个人出租自有财产取得的所得，按照"财产租赁所得"缴纳个人所得税。

2. 酒店产权式经营业主取得的收入

根据《国家税务总局关于酒店产权式经营业主税收问题的批复》（国税函〔2006〕478号）规定，酒店产权式经营业主在约定的时间内提供房产使用权与酒店进行合作经营，如果房产产权并未归属新的经济实体，业主按照约定取得的固定收入和分红收入均应视为租金收入，按照"财产租赁所得"项目征收个人所得税。

七、财产转让所得的征税范围

（一）征税范围的一般规定

财产转让所得，是指个人转让有价证券、股权、合伙企业中的财产份额、不动产、机器设备、车船以及其他财产取得的所得。

（二）征税范围的具体规定

1. 出售自有住房并在1年内重新购房

根据《关于调整房地产交易环节契税个人所得税优惠政策的通知》（财税〔2010〕94号）文件第二条规定，个人出售自有住房并在1年内重新购房的纳税人不再减免个人所得税。

但个人出售的自有住房，如果满足"个人转让自用5年以上，并且是家庭唯一生活用房"优惠政策的条件，根据《财政部 国家税务总局 建设部关于个人出售住房所得征收个人所得税有关问题的通知》（财税字〔1997〕278号）规定，暂免征收个人所得税。

2. 居民个人转让境外不动产取得的所得

居民个人转让境外不动产，属于来源于中国境外的所得，根据《个人所得税法》第一条规定，居民个人从中国境内和境外取得的所得，依法缴纳个人所得税，按照"财产转让所得"项目计缴个人所得税。

3. 个人以非货币资产投资取得的所得

根据《财政部 国家税务总局关于个人非货币性资产投资有关个人所得税政策的通知》（财税〔2015〕41号）文件第一条、第五条规定，个人以非货币性资产投资，属于个人转让非货币性资产和投资同时发生，对个人转让非货币性资产的所得，应按照"财产转让所得"项目，依法计算缴纳个人所得税。所称非货币性资产，是指现金、银行存款等货币性资产以外的资产，包括股权、不动产、技术发明成果以及其他形式的非货币性资产；所称非货币性资产投资，包括以非货币性资产出资设立新的企业，以及以非货币性资产出资参与企业增资扩股、定向增发股票、股权置换、重组改制等投资行为。

4. 限售股转让所得

根据《财政部 国家税务总局 中国证券监督管理委员会关于个人转让上市公司限售股所得征收个人所得税有关问题的通知》（财税〔2009〕167号）第一条规定，对个人转让限售股取得的所得，按照"财产转让所得"，适用20%的比例税率征收个人所得税。

财税〔2009〕167号文件第二条及《财政部 国家税务总局 证监会关于个人转让上市公司限售股所得征收个人所得税有关问题的补充通知》（财税〔2010〕70号）第一条对所称限售股进行了界定，包括：

（1）上市公司股权分置改革完成后股票复牌日之前股东所持原非流通股股份，以及股票复牌日至解禁日期间由上述股份孳生的送、转股；

（2）2006年股权分置改革新老划断后，首次公开发行股票并上市的公司形成的限售股，以及上市首日至解禁日期间由上述股份孳生的送、转股；

（3）财政部、税务总局、法制办和证监会共同确定的其他限售股；

（4）个人从机构或其他个人受让的未解禁限售股；

（5）个人因依法继承或家庭财产依法分割取得的限售股；

（6）个人持有的从代办股份转让系统转到主板市场（或中小板、创业板市场）的限售股；

（7）上市公司吸收合并中，个人持有的原被合并方公司限售股所转换的合并方公司股份；

（8）上市公司分立中，个人持有的被分立方公司限售股所转换的分立后公司股份；

（9）其他限售股。

八、偶然所得的征税范围

（一）征税范围的一般规定

偶然所得，是指个人得奖、中奖、中彩以及其他偶然性质的所得。

（二）征税范围的具体规定

1. 个人取得网络红包收入

网络红包是否需缴纳个税需区分不同的情况来确定，具体分析见表2-7。

表2-7 网络红包个税征免情况分析表

具 体 情 形	判 断 要 点	征 免 规 定
企业在业务宣传、广告等活动中，随机向本单位以外的个人赠送	①非受雇关系 ②可以提现，有直接所得	按照偶然所得征税
企业在年会、座谈会、庆典以及其他活动中向本单位以外的个人赠送		
企业给员工发放	因任职或者受雇取得	按照工资、薪金所得征税
企业赠送，具有价格折扣或折让性质	不可以提现，无直接所得	不征收
个人之间派发	双方都是个人	不征收

注：网络红包既包括现金网络红包，也包括各类消费券、代金券、抵用券、优惠券等非现金网络红包。

2. 员工年会的中奖收入

本单位任职受雇员工年会中奖所得收入，按照"工资、薪金所得"项目计算缴纳个人所得税；本单位以外的人员年会中奖所得收入，按照"偶然所得"项目计算缴纳个人所得税。

3. 个人提供担保获得收入

根据《财政部 税务总局关于个人取得有关收入适用个人所得税应税所得项目的公告》（财政部 税务总局公告2019年第74号）第一条的规定，个人为单位或他人提供担保获得收入，按照"偶然所得"项目计算缴纳个人所得税。

九、经营所得的征税范围

经营所得的征税范围包括：

（1）个人工商户从事生产、经营活动取得的所得，个人独资企业投资人、合伙企业的个人合伙人来源于境内注册的个人独资企业、合伙企业生产、经营的所得。

（2）个人依法从事办学、医疗、咨询以及其他有偿服务活动取得的所得。

（3）个人对企业、事业单位承包经营、承租经营以及转包、转租取得的所得。

（4）个人从事其他生产、经营活动取得的所得。

随堂题解

【例题4·多选题】下列收入中，应按照特许权使用费所得缴纳个人所得税的有（　　）。

A．个人取得特许权经济赔偿收入
B．某作家的文字作品手稿复印件公开拍卖取得的收入
C．某电视剧编剧从任职的电视剧制作中心获得的剧本使用费收入
D．出版社专业作者翻译作品后，由本社以图书形式出版而取得的收入

【答案】ABC

【解析】选项A：根据国税函〔2000〕257号文件精神，专利的所有者，因其专利权被他人使用而取得的经济赔偿收入，应按照个人所得税法及其实施条例的规定，按"特许权使用费所得"应税项目缴纳个人所得税，税款由支付赔款的单位代扣代缴。

选项B：提供著作权的使用权取得的所得不包括稿酬所得，作者将自己的文字作品手稿原件或复印件公开拍卖（竞价）取得的所得，属于提供著作权的使用权所得，故应按"特许权使用费所得"项目征收个人所得税。

选项C：从2002年5月1日起，编剧从电视剧的制作单位取得的剧本使用费，不再区分剧本的使用方是否为其任职单位，统一按"特许权使用费所得"项目计征个人所得税。

选项D：出版社专业作者翻译作品后，由本社以图书形式出版而取得的收入按照"稿酬所得"缴纳个人所得税。

【例题5·多选题】下列各项应按照"劳务报酬所得"项目征收个人所得税的有（　　）。

A．个人由于承担董事职务所得取得的董事费收入（非任职）
B．个人在公司受雇并兼任董事取得的所得
C．个人独立从事各种技艺、提供各项劳务取得的报酬
D．企业对营销业绩突出的非雇员以培训名义组织旅游活动

【答案】ACD

【解析】选项B属于工资收入，统一按"工资、薪金所得"项目缴纳个人所得税。

【例题6·多选题】下列收入中，应按照"稿酬所得"项目缴纳个人所得税的有（　　）。

A．出版社的专业作者翻译作品后，由本社以图书形式出版而取得的稿费收入
B．作家将自己的文字作品手稿复印件公开拍卖取得的收入
C．报社记者在本单位的报纸上发表作品取得的收入
D．知名画家以图书形式出版人物画专辑取得的收入

【答案】AD

【解析】选项B属于"特许权使用费所得"项目，选项C属于"工资、薪金所得"项目。

【例题7·单选题】出租车运营单位将购置的汽车，办好手续，采取单车承包方式承包给李某，则李某取得的收入应该按照（　　）项目缴纳个税。

A．"劳务报酬所得"　　　　　　　B．"经营所得"
C．"工资薪金所得"　　　　　　　D．"财产租赁所得"

【答案】C

【解析】出租车驾驶员从事出租车运营取得的收入，适用的个人所得税项目为：①出租汽车经营单位对出租车驾驶员采取单车承包或承租方式运营，出租车驾驶员从事客货运营取得的收入，按"工资、薪金所得"项目征税；②从事个体出租车运营的出租车驾驶员取得的收入，按"经营所得"项目缴纳个人所得税；③出租车属个人所有，但挂靠出租汽车经营单位或企事业单位，驾驶员向挂靠单位缴纳管理费的，或出租汽车经营单位将出租车所有权转移给驾驶员的，出租车驾驶员从事客货运营取得的收入，比照"经营所得"项目征税。

第四节 个人所得税征收管理

一、自行申报纳税

（一）需办理自行纳税申报的情形

根据《个人所得税法》第十条的规定，有下列情形之一的，纳税人应当依法办理纳税申报：

（1）取得综合所得需要办理汇算清缴；

（2）取得应税所得没有扣缴义务人；

（3）取得应税所得，扣缴义务人未扣缴税款；

（4）取得境外所得；

（5）因移居境外注销中国户籍；

（6）非居民个人在中国境内从两处以上取得工资、薪金所得；

（7）国务院规定的其他情形。

根据《个人所得税法实施条例》第二十五条的规定，取得综合所得需要办理汇算清缴的情形包括：①从两处以上取得综合所得，且综合所得年收入额减除专项扣除的余额超过6万元。②取得劳务报酬所得、稿酬所得、特许权使用费所得中一项或者多项所得，且综合所得年收入额减除专项扣除的余额超过6万元。③纳税年度内预缴税额低于应纳税额。④纳税人申请退税。

纳税人申请退税，应当提供其在中国境内开设的银行账户，并在汇算清缴地就地办理税款退库。

根据《个人所得税法》第十二条的规定，纳税人取得经营所得，按年计算个人所得税，由纳税人在月度或者季度终了后15日内向税务机关报送纳税申报表，并预缴税款；在取得所得的次年3月31日前办理汇算清缴。

（二）纳税申报方式

纳税人可以采用远程办税端、邮寄等方式申报，也可以直接到主管税务机关申报。

（三）基础信息表的报送

纳税人办理自行纳税申报时，应当一并报送税务机关要求报送的其他有关资料。首次申报或者个人基础信息发生变化的，还应报送"个人所得税基础信息表（B表）"。纳税人在办理纳税申报时需要享受税收协定待遇的，按照享受税收协定待遇有关办法办理。

二、全员全额扣缴申报纳税

全员全额扣缴申报纳税的相关规定见表2-8。

表2-8 全员全额扣缴申报明细表

主要内容	需全员申报的应税所得	其他事项	政策依据
扣缴义务人在代扣税款的次月15日内，向主管税务机关报送其支付所得的所有个人的有关信息、支付所得数额、扣除事项和数额、扣缴税款的具体数额和总额以及其他相关涉税信息资料	除经营所得以外的其他各项所得	①扣缴义务人首次向纳税人支付所得时，应当填写"个人所得税基础信息表（A表）"，于次月扣缴申报时报送 ②扣缴义务人对纳税人向其报告的相关基础信息变化情况，应当于次月扣缴申报时报送	《个人所得税法实施条例》第二十六条、《个人所得税扣缴申报管理办法（试行）》（国家税务总局公告2018年第61号）第四条、第五条

三、综合所得汇算清缴的规定

（一）综合所得汇算清缴纳税申报情形

根据《国家税务总局关于个人所得税自行纳税申报有关问题的公告》（国家税务总局公告2018年第62号）第一条的规定，取得综合所得且符合下列情形之一的纳税人，应当依法办理汇算清缴：

（1）从两处以上取得综合所得，且综合所得年收入额减除专项扣除后的余额超过6万元。

（2）取得劳务报酬所得、稿酬所得、特许权使用费所得中一项或者多项所得，且综合所得年收入额减除专项扣除的余额超过6万元。

（3）纳税年度内预缴税额低于应纳税额。

（4）纳税人申请退税。

（二）豁免汇算清缴申报的情形

根据《国家税务总局关于办理2022年度个人所得税综合所得汇算清缴事项的公告》（国家税务总局公告2023年第3号）第二条规定，纳税人在2022年已依法预缴个人所得税且符合下列情形之一的，无需办理汇算：

（1）汇算需补税但综合所得收入全年不超过12万元的；

（2）汇算需补税金额不超过400元的；

（3）已预缴税额与汇算应纳税额一致的；

（4）符合汇算退税条件但不申请退税的。

（三）纳税申报时间

根据《个人所得税法》第十一条的规定，居民个人取得综合所得，按年计算个人所得税；有扣缴义务人的，由扣缴义务人按月或者按次预扣预缴税款；需要办理汇算清缴的，应当在取得所得的次年3月1日至6月30日内办理汇算清缴。预扣预缴办法由国务院税务主管部门制定。

（四）纳税申报地点

根据《国家税务总局关于个人所得税自行纳税申报有关问题的公告》（国家税务总局公告2018年第62号）第一条和《国家税务总局关于办理2020年度个人所得税综合所得汇算清缴事项的公告》（国家税务总局公告2021年第2号）的规定，需要办理综合所得汇算清缴的居民个人，应当在取得所得的次年3月1日至6月30日内，向任职、受雇单位所在地主管税务机关办理纳税申报，并报送"个人所得税年度自行纳税申报表"。纳税人有两处以上任职、受雇单位的，选择向其中一处任职、受雇单位所在地主管税务机关办理纳税申报；纳税人没有任职受雇单位的，向其户籍所在地、经常居住地或者主要收入来源地的主管税务机关申报。主要收入来源地，是指纳税人纳税年度内取得的劳务报酬、稿酬及特许权使用费三项所得累计收入最大的扣缴义务人所在地。

单位为纳税人代办年度汇算的，向单位的主管税务机关申报。

（五）纳税申报材料

纳税人办理综合所得汇算清缴，应当准备与收入、专项扣除、专项附加扣除、依法确定的其他扣除、捐赠、享受税收优惠等相关的资料，并按规定留存备查或报送。

四、专项附加扣除的规定

为了规范个人所得税专项附加扣除行为，切实维护纳税人合法权益，根据《中华人民共和国个人所得税法》及其实施条例、《中华人民共和国税收征收管理法》及其实施细则、《国务院关于印发个人所得税专项附加扣除暂行办法的通知》（国发〔2018〕41号）、《国务院关于设立3岁以下婴幼儿照护个人所得税专项附加扣除的通知》（国发〔2022〕8号）的规定，国家税务总局修订发布了《个人所得税专项附加扣除操作办法（试行）》（国家税务总局公告2022年第7号）及"个人所得税扣缴申报表"，自2022年1月1日起施行。

《个人所得税专项附加扣除操作办法（试行）》第二条规定，纳税人享受子女教育、继续教育、大病医疗、住房贷款利息或者住房租金、赡养老人、3岁以下婴幼儿照护专项附加扣除。

五、反避税的规定

《个人所得税法》第八条的反避税条款，分别从独立交易原则、受控外国企业、一般反避税三个方面作出规定。这是第七次修订新增的条款，首次提出税务机关有权进行个人所得税纳税调整，与《中华人民共和国企业所得税法》中的"特别纳税调整"相对应。

（一）税务机关进行纳税调整的情形

根据《个人所得税法》第八条规定，纳税机关进行纳税调整的情形见表2-9。

表2-9 税务机关进行纳税调整情形表

序号	情形	概念解析
1	个人与其关联方之间的业务往来不符合独立交易原则而减少本人或者其关联方应纳税额，且无正当理由	关联方，指与企业有下列关联关系之一的企业、其他组织或者个人：①在资金、经营、购销等方面存在直接或者间接的控制关系；②直接或间接地同为第三者控制；③在利益上也有相关联的其他关系
		独立交易原则指没有关联关系的交易各方，按照公平成交价格和营业常规进行业务往来遵循的原则
2	居民个人控制的，或者居民个人和居民企业共同控制的设立在实际税负明显偏低的国家（地区）的企业，无合理经营需要，对应当归属于居民个人的利润不作分配或者减少分配	所谓"控制"，包括：①居民企业或者中国居民直接或者间接单一持有外国企业10%以上有表决权股份，且由其共同持有该外国企业50%以上股份；②居民企业，或者居民企业和中国居民持股比例没有达到第①项规定的标准，但在股份、资金、经营、购销等方面对该外国企业构成实质控制
		"实际税负明显偏低"指低于规定税率的50%
3	个人实施其他不具有合理商业目的的安排而获取不当税收利益	"不具有合理商业目的"指以减少、免除或者推迟缴纳税款为主要目的

（二）纳税调整补缴税款加收利息的规定

税务机关依照规定做出纳税调整，需要补征税款的，应当补征税款，并按照表2-10所示方法选择利率和期限来计算利息。

表2-10 利率和期限的选择

项目	确定方法	政策依据
利率	税款所属纳税申报期最后一日中国人民银行公布的与补税期间同期的人民币贷款基准利率	《个人所得税法》第八条、《个人所得税法实施条例》第二十三条
期限	自税款纳税申报期满次日至补缴税款期限届满之日止按日加收。在补缴税款期限届满前补缴税款的，利息加收至补缴税款之日	

六、自然人纳税人识别号的规定

（一）纳税人识别号的概念

纳税人识别号是税务机关根据税法规定的编码规则，编制并且赋予纳税人用来确认其身份的数字代码标识。由于自然人纳税人不办理税务登记，对其赋予全国唯一的纳税人识别号，相当于赋予了"税务登记证号"，是自然人税务管理的基础、前提和重要"抓手"。

自然人纳税人识别号是自然人纳税人办理各类涉税事项的唯一代码标识，也是税务机关开展征管工作的基础。根据《个人所得税法》第九条的规定，纳税人有中国公民身份号码的，以中国公民身份号码为纳税人识别号；纳税人没有中国公民身份证号码的，由税务机关赋予其纳税人识别号。

规定纳税人识别号的必要性有以下几点：一是实施新税制后，自然人纳税人办理年度汇算清缴，必须有全国范围内统一的自然人纳税人识别号归集纳税人来自全国各地的全部收入、成本、费用等涉税信息，便于实现"一人式"信息管理。二是纳税人识别号与居民身份证号、社会保障号有机结合，对实现税收治理乃至国家治理有重要基础作用。三是从国际上看，实行综合税制或综合与分类相结合税制的国家，一般均以纳税人识别号为抓手，管理效果较好。

（二）纳税人识别号的提供

根据《个人所得税法》第九条的规定，扣缴义务人扣缴税款时，纳税人应当向扣缴义务人提供纳税人识别号。

根据《国家税务总局关于自然人纳税人识别号有关事项的公告》（国家税务总局公告2018年第59号）第三、四条的规定，纳税人首次办理涉税事项时，应当向税务机关或者扣缴义务人出示有效身份证件，并报送相关基础信息。税务机关应当在赋予自然人纳税人识别号后告知或者通过扣缴义务人告知纳税人其纳税人识别号，并为自然人纳税人查询本人纳税人识别号提供便利。

扣缴义务人应当按月或按次为纳税人向税务机关预扣预缴或代扣代缴税款，为保证纳税人的所有涉税信息在税务信息系统中准确、有效、统一的归集，纳税人必须将其纳税人识别号提供给扣缴义务人，以便税务机关按照纳税人识别号归集纳税人涉税信息。纳税人提供纳税人识别号后，其办理汇算清缴补退税时，能够准确抵扣其已预扣预缴的税款，准确享受专项附加扣除等政策。此外，税务机关借助纳税人识别号归集的个人所有涉税信息，精准实施后续管理，为纳税人提供办税便利。

（三）纳税人识别号的用途

根据《国家税务总局关于自然人纳税人识别号有关事项的公告》（国家税务总局公告2018年第59号）第五条的规定，自然人纳税人办理纳税申报、税款缴纳、申请退税、开具完税凭证、纳税查询等涉税事项时应当向税务机关或扣缴义务人提供纳税人识别号。

七、纳税记录的规定

自2018年12月5日，国家税务总局决定将个人所得税"税收完税证明"（文书式）调整为"纳税记录"，纳税人开具"纳税记录"相关规定见表2-11。

表2-11 纳税人开具"纳税记录"相关规定

序号		规定		
1	样式	所属期为2018年12月31日（含）以前个人所得税缴（退）税情况证明		开具"税收完税证明"（文书式）
		税款所属期为2019年1月1日（含）以后的个人所得税缴（退）税情况证明		调整为开具"纳税记录"
2	范围	2019年1月1日以后取得应税所得	由扣缴义务人向税务机关办理了全员全额扣缴申报	不论是否实际缴纳税款，均可以申请开具"纳税记录"
			根据税法规定自行向税务机关办理纳税申报的	

（续）

序号	规定			
3	方法	电子税务局、手机APP申请开具本人的个人所得税"纳税记录"		
		办税服务厅申请开具	本人申请	
			委托他人	有效身份证件原件
				委托人及受托人有效身份证件原件
				委托人书面授权资料
4	存在异议	向该项记录中列明的税务机关申请核实		
5	验证服务	税务机关提供个人所得税"纳税记录"的验证服务	自然人电子税务局	输入"纳税记录"右上角查询验证码
			个人所得税手机APP	扫描"纳税记录"右上角二维码

随着经济的发展，个人所得税"纳税记录"在我们的日常生活中越来越重要，购房、出国等都会用到它，常见的用途见表2-12。

表2-12 "纳税记录"常见用途

序号	用途	说明
1	申请贷款	办理个人贷款时，银行要求提供个人收入证明，个人所得税完税证明不是硬性规定，但能为纳税人证明收入状况
2	买房资格	一些城市实行限购政策，非本市户口购房需有连续个税缴纳记录或社保缴纳记录
3	买车资格	一些城市参与购车摇号需要满足持有本市有效暂住证且近五年（含）连续在本市缴纳社会保险和个人所得税
4	出国签证	办理出国签证，有时要求提供个人的完税证明，证明个人的合法收入和收入水平
5	其他用途	信用评价、司法诉讼、事故理赔、应聘就职等

八、个人所得税纳税信用管理机制

根据《国家发展改革委办公厅 国家税务总局办公厅关于加强个人所得税纳税信用建设的通知》（发改办财金规〔2019〕860号）第二条规定，建立个人所得税纳税信用管理机制：

（1）全面实施个人所得税申报信用承诺制。税务部门在个人所得税自行纳税申报表、个人所得税专项附加扣除信息表等表单中设立格式规范、标准统一的信用承诺书，纳税人需对填报信息的真实性、准确性、完整性做出守信承诺。信用承诺的履行情况纳入个人信用记录，提醒和引导纳税人重视自身纳税信用，并视情况予以失信惩戒。

（2）建立健全个人所得税纳税信用记录。税务总局以自然人纳税人识别号为唯一标识，以个人所得税纳税申报记录、专项附加扣除信息报送记录、违反信用承诺和违法违规行为记录为重点，研究制定自然人纳税信用管理的制度办法，全面建立自然人纳税信用信息采集、记录、查询、应用、修复、安全管理和权益维护机制，依法依规采集和评价自然人纳税信用信息，形成全国自然人纳税信用信息库，并与全国信用信息共享平台建立数据共享机制。

（3）建立自然人失信行为认定机制。对于违反《中华人民共和国税收征管法》《中华人民共和国个人所得税法》以及其他法律法规和规范性文件，违背诚实信用原则，存在偷税、骗税、骗抵、冒用他人身份信息、恶意举报、虚假申诉等失信行为的当事人，税务部门将其列入重点关注对象，依法依规采取行政性约束和惩戒措施；对于情节严重、达到重大税收违法失信案件标准的，税务部门将其列为严重失信当事人，依法对外公示，并与全国信用信息共享平台共享。

> **随堂题解**
>
> 【例题8·多选题】纳税信用评价指标包括（　　）。
> A．税务内部信息　　　　　　　　B．外部评价信息
> C．纳税人自评信息　　　　　　　D．社会评价信息
> 【答案】AB
> 【解析】纳税信用评价采取年度评价指标得分和直接判级方式。评价指标包括税务内部信息和外部评价信息。

第五节　个人所得税税率

一、居民个人工资、薪金所得预扣预缴适用税率（见表2-13）

表2-13　个人所得税税率表（居民个人工资、薪金所得预扣预缴适用）

级　数	全年累计预扣预缴应纳税所得额	税　率	速算扣除数（元）
1	不超过36 000元的	3%	0
2	超过36 000元至144 000元的部分	10%	2 520
3	超过144 000元至300 000元的部分	20%	16 920
4	超过300 000元至420 000元的部分	25%	31 920
5	超过420 000元至660 000元的部分	30%	52 920
6	超过660 000元至960 000元的部分	35%	85 920
7	超过960 000元的部分	45%	181 920

二、居民个人劳务报酬所得预扣预缴适用税率（见表2-14）

表2-14　个人所得税税率表（居民个人劳务报酬所得预扣预缴适用）

级　数	单次预扣预缴应纳税所得额	税　率	速算扣除数（元）
1	不超过20 000元的	20%	0
2	超过20 000元至50 000元的部分	30%	2 000
3	超过50 000元的部分	40%	7 000

三、居民个人稿酬所得、特许权使用费所得预扣预缴适用税率

居民个人取得稿酬与特许权使用费所得,支付单位预扣预缴个人所得税适用20%预扣率。

四、居民个人综合所得适用税率(见表2-15)

表2-15 个人所得税税率表(居民个人综合所得适用)

级 数	全年应纳税所得额	税 率	速算扣除数(元)
1	不超过36 000元的	3%	0
2	超过36 000元至144 000元的部分	10%	2 520
3	超过144 000元至300 000元的部分	20%	16 920
4	超过300 000元至420 000元的部分	25%	31 920
5	超过420 000元至660 000元的部分	30%	52 920
6	超过660 000元至960 000元的部分	35%	85 920
7	超过960 000元的部分	45%	181 920

五、非居民个人工资、薪金所得,劳务报酬所得,稿酬所得,特许权使用费所得适用税率(见表2-16)

表2-16 个人所得税税率表

(非居民个人工资、薪金所得,劳务报酬所得,稿酬所得,特许权使用费所得适用)

级 数	全月应纳税所得额	税 率	速算扣除数(元)
1	不超过3 000元的	3%	0
2	超过3 000元至12 000元的部分	10%	210
3	超过12 000元至25 000元的部分	20%	1 410
4	超过25 000元至35 000元的部分	25%	2 660
5	超过35 000元至55 000元的部分	30%	4 410
6	超过55 000元至80 000元的部分	35%	7 160
7	超过80 000元的部分	45%	15 160

六、利息、股息、红利所得,财产租赁所得,财产转让所得,偶然所得适用税率

利息、股息、红利所得,财产租赁所得,财产转让所得和偶然所得适用比例税率,税率为20%(优惠:个人出租住房暂减按10%税率征收)。

七、经营所得适用税率(见表2-17)

表2-17 个人所得税税率表(经营所得适用)

级 数	全年应纳税所得额	税 率	速算扣除数(元)
1	不超过30 000元的	5%	0
2	超过30 000元至90 000元的部分	10%	1 500
3	超过90 000元至300 000元的部分	20%	10 500
4	超过300 000元至500 000元的部分	30%	40 500
5	超过500 000元的部分	35%	65 500

随堂题解

【例题9·单选题】根据个人所得税法律制度的规定，工资、薪金所得预扣预缴适用的预扣率是（ ）。

A．适用3%～45%的超额累进预扣率　　B．适用5%～35%的超额累进预扣率

C．20%的比例预扣率　　　　　　　　D．适用5%～45%的超额累进预扣率

【答案】A

【解析】工资、薪金所得预扣预缴适用3%～45%的超额累进预扣率。

【例题10·单选题】个人终止投资经营收回款项，按照"财产转让所得"项目，适用税率（ ）计算缴纳个人所得税。

A．10%　　　　B．15%　　　　C．20%　　　　D．25%

【答案】C

【解析】个人终止投资经营收回款项，按照"财产转让所得"项目，适用税率20%计算缴纳个人所得税。

【例题11·多选题】根据个人所得税法的相关规定，下列所得中，适用超额累进税率的有（ ）。

A．经营所得　　　　　　　　　　B．非居民个人的劳务报酬所得

C．居民个人的综合所得　　　　　D．偶然所得

【答案】ABC

【解析】选项D：适用20%的比例税率。

第六节　个人所得税费用扣除标准

一、居民个人减除费用扣除的标准及规定

基本费用扣除是指纳税人为维持基本生计而发生的，允许在税前扣除的固定额度。基本减除费用和个人收入无关，一般是按照全社会平均消费支出情况计算确定的，总体上反映了全国各地区经济发展和居民收入平均水平。

根据《个人所得税法》的规定，居民个人取得综合所得，以每一纳税年度的收入额减除费用60 000元、专项扣除、专项附加扣除和依法确定的其他扣除后的余额，为应纳税所得额。

二、居民个人专项扣除的标准及规定

专项扣除包括居民个人按照国家规定的范围和标准缴纳的基本养老保险、基本医疗保

险、失业保险等社会保险费和住房公积金等,以居民个人一个纳税年度的应纳税所得额为限额。一个纳税年度扣除不完的,不结转以后年度扣除(见表2-18和表2-19)。

表2-18 社会保险费的个税处理

扣除项目	缴纳单位	标　准	个税处理	政策依据
基本养老保险费 基本医疗保险费 失业保险费	企事业单位承担部分	① 国家或省(自治区、直辖市)人民政府规定的缴费比例或办法缴纳 ② 企事业单位及个人实际缴付	免征个人所得税	财税〔2006〕10号文件第一条
	个人承担部分		在个人应纳税所得额中扣除	

表2-19 住房公积金的个税处理

扣除项目	缴纳单位	标　准	个税处理	政策依据
住房公积金	企事业单位承担部分	① 不超过职工本人上一年度平均工资12%的幅度内	免征个人所得税	财税〔2006〕10号文件第二条
	个人承担部分	② 月平均工资不超过职工工作地所在设区城市上年月平均工资的3倍 ③ 企事业单位及个人实际缴付	在个人应纳税所得额中扣除	
	企事业单位及个人超过标准缴付的部分		并入个人当期的工资、薪金收入计征个人所得税	

三、居民个人专项附加扣除的标准及规定

个人所得税专项附加扣除是指个人所得税法规定的子女教育、继续教育、大病医疗、住房贷款利息或者住房租金、赡养老人、3岁以下婴幼儿照护七项专项附加扣除,以居民个人一个纳税年度的应纳税所得额为限额。一个纳税年度扣除不完的,不结转以后年度扣除。

(一)子女教育

1. 子女教育专项附加扣除的标准及规定(见表2-20)

表2-20 子女教育专项附加扣除

项　目		具体规定
扣除标准		按照每个子女每月1000元的标准定额扣除
扣除范围	学前教育支出	年满3岁至小学入学前
	学历教育支出	义务教育(小学和初中教育)
		高中阶段教育(普通高中、中等职业、技工教育)
		高等教育(大学专科、大学本科、硕士研究生、博士研究生教育)
扣除方式		可以由父母其中一方按扣除标准的100%扣除,也可以分别按扣除标准的50%扣除。具体扣除方式在一个纳税年度内不能变更
扣除时间		① 学前教育阶段:子女年满3周岁当月至小学入学前一月 ② 学历教育阶段:子女接受全日制学历教育入学的当月至全日制学历教育结束的当月

2. 子女教育专项附加扣除重难点

（1）子女包括婚生子女、非婚生子女、养子女、继子女，也包括未成年但受到本人监护的非子女。

（2）子女在境内学校或境外学校接受教育、在公办学校或民办学校接受教育均可享受。

（3）纳税人子女在中国境外接受教育的，纳税人应当留存境外学校录取通知书、留学签证等相关教育的证明资料备查。

（4）有多子女的父母，可以对不同的子女选择不同的扣除方式，即对子女甲可以选择由一方按照每月1000元的标准扣除，对子女乙可以选择由双方分别按照每月500元的标准扣除。

（5）对于存在离异重组等情况的家庭子女而言，具体扣除方法由父母双方协商决定，一个孩子扣除总额不能超过1000元/月，扣除人不能超过2个。

（6）不是孩子的亲生父母，但是承担了抚养和教育义务，可以依法申报享受子女教育扣除。

（7）大学期间参军、学校保留学籍的学生，可以申报扣除子女教育专项附加扣除。

（8）参加跨校联合培养的学生，原学校保留学生学籍的，父母可以享受子女教育专项附加扣除。

（9）子女博士后教育支出不在扣除范围内。

（10）个人接受本科及以下学历（学位）继续教育，符合《国务院关于印发个人所得税专项附加扣除暂行办法的通知》（国发〔2018〕41号）规定扣除条件的，可以选择由其父母扣除，也可以选择由本人扣除。

（二）继续教育

1. 继续教育专项附加扣除的标准及规定（见表2-21）

表2-21 继续教育专项附加扣除

序 号	扣除范围	扣除标准	扣除年限
1	学历（学位）继续教育	400元/月	同一学历（学位）不能超过48个月
2	职业资格继续教育	3 600元/年	取得相关证书的当年一次扣除

2. 继续教育专项附加扣除重难点

（1）对同时接受多个学历继续教育，或者同时取得多个职业资格证书的，只需填报其中一个即可。但如果同时存在学历继续教育、职业资格继续教育两类继续教育情形，则每一类都要填写。

（2）纳税人接受技能人员职业资格继续教育、专业技术人员职业资格继续教育的，应当留存相关证书等资料备查。

（3）学历（学位）继续教育的扣除期限最长不得超过48个月，48个月包括纳税人因病、因故等休学且学籍继续保留的休学期间，以及施教机构按规定组织实施的寒暑假期连续计算。

（4）在国外进行的学历继续教育，或者拿到了国外颁发的技能证书，由于不符合《个人所得税专项附加扣除暂行办法》中"中国境内"的规定，不能享受专项附加扣除政策。

（5）参加学历（学位）继续教育，按照实际受教育时间，享受每月400元的扣除，不考察最终是否取得证书，最多扣除48个月。

（6）按照《高等教育自学考试暂行条例》的有关规定，高等教育自学考试应考者取得一门课程的单科合格证书后，省考委即应为其建立考籍管理档案，具有考籍管理档案的考生，可以享受继续教育专项附加扣除。

（7）纳税人参加夜大、函授、现代远程教育、广播电视大学等教育，所读学校为其建立学籍档案的，可以享受学历（学位）继续教育扣除。

（三）大病医疗

1. 大病医疗专项附加扣除的标准及规定（见表2-22）

表2-22　大病医疗专项附加扣除

序号	费用发生人	扣除范围	扣除标准	扣除时间	扣除方式
1	纳税人本人	与基本医保相关的医药费用支出，扣除医保报销后个人负担累计超过15 000元的部分	在80 000元限额内据实扣除	办理年度汇算清缴时	选择由本人或者其配偶扣除
2	纳税人配偶				
3	未成年子女				选择由其父母一方扣除

> **提示**
>
> 目前，暂未将纳税人父母纳入大病医疗扣除范围。

2. 大病医疗专项附加扣除重难点

（1）对于纳入医疗保障结算系统的私立医院，只要纳税人看病的支出在医保系统可以提现和归集，则纳税人发生的与基本医保相关的支出可以按照规定享受大病医疗扣除。

（2）大病医疗专项附加扣除，无论纳税人是否住院治疗，只要满足纳税人发生的与基本医保相关的医药费用支出，扣除医保报销后个人负担（指医保目录范围内的自付部分）累计超过15 000元的部分，在80 000元限额内据实扣除的条件均可享受大病医疗专项附加扣除。

（3）自费的进口药物不在医保目录范围内，所以不能在大病医疗中扣除。

（四）住房贷款利息

1. 住房贷款利息专项附加扣除的标准及规定（见图2-2）

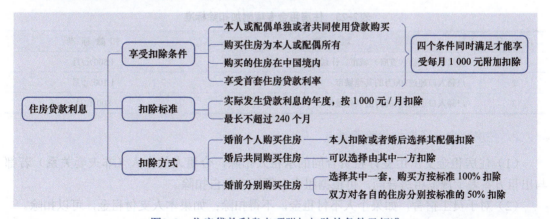

图2-2　住房贷款利息专项附加扣除的条件及标准

2. 住房贷款利息专项附加扣除重难点

（1）纳税人及其配偶在一个纳税年度内不能同时分别享受住房贷款利息和住房租金专项附加扣除。

（2）根据《个人所得税专项附加扣除暂行办法》相关规定，如纳税人此前未享受过住房贷款利息扣除，那么其按照首套住房贷款利率贷款购买的第二套住房，可以享受住房贷款利息扣除。

（3）一套采用组合贷款方式购买的住房，如公积金中心或者商业银行其中之一，是按照首套房屋贷款利率发放的贷款，则可以享受住房贷款利息扣除。

（4）父母和子女共同购买一套房子，不能既由父母扣除又由子女扣除，应该由主贷款人扣除。

（5）只要纳税人申报扣除过一套住房贷款利息，在个人所得税专项附加扣除的信息系统里存有扣除住房贷款利息的记录，无论扣除时间长短，也无论该住房的产权归属情况，纳税人不得再就其他房屋享受住房贷款利息扣除。

（五）住房租金

1. 住房租金专项附加扣除的标准及规定（见图2-3和表2-23）

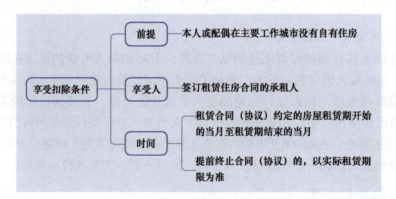

图2-3　住房租金专项附加扣除的条件

表2-23　住房租金专项附加扣除标准

序　号	城　　市	扣　除　标　准
1	直辖市、省会（首府）城市、计划单列市	1 500元/月
2	户籍人口超过100万的其他城市	1 100元/月
3	户籍人口不超过100万的其他城市	800元/月

2. 住房租金专项附加扣除重难点

（1）住房租金支出由签订租赁合同的承租人扣除，合租人的个人（非夫妻关系）若都与出租方签署了规范租房合同，可根据租金定额标准各自扣除。

（2）对于员工宿舍，如果个人不付租金，不得扣除；如果本人支付租金，可以扣除。

（3）年度中间换租造成中间有重叠租赁月份的，则将上次已填报的住房租金的有效期止提前终止，或者新增住房租金信息且租赁期起必须晚于上次已填报的住房租赁期止所属月份。

（六）赡养老人

1. 赡养老人专项附加扣除的标准及规定（见表2-24）

表2-24 赡养老人专项附加扣除

序 号	纳 税 人	被 赡 养 人	扣除标准
1	独生子女	年满60岁的父母以及子女均已去世的年满60岁的祖父母、外祖父母	2 000元/月
2	非独生子女		分摊2 000元/月 每人分摊的金额≤1 000元/月

2. 赡养老人专项附加扣除重难点

（1）赡养老人专项附加扣除的扣除标准是按照每个纳税人有两位赡养老人测算的，只要父母其中一位达到60岁就可以享受扣除，不按照老人人数计算。

（2）实际承担对叔叔伯伯或赡养岳父岳母、公婆的费用不符合专项附加扣除暂行办法的规定，不能享受赡养老人专项附加扣除。

（3）纳税人的其他兄弟姐妹当年均已去世，在第二年其可以按照独生子女赡养老人标准扣除2 000元/月。

（4）两个子女中的一个无赡养父母的能力，根据《个人所得税专项附加扣除暂行办法》规定，纳税人为非独生子女的，在兄弟姐妹之间分摊2 000元/月的扣除额度，每人分摊的额度不能超过1 000元/月，不能由其中一人单独享受全部扣除，所以余下那名子女也不可以享受2 000元/月扣除标准。

（七）3岁以下婴幼儿照护

1. 3岁以下婴幼儿照护专项附加扣除的标准及规定（见表2-25）

表2-25 3岁以下婴幼儿照护专项附加扣除

序 号	项 目	具 体 规 定
1	扣除标准	按照每个婴幼儿每月1 000元的标准定额扣除
2	扣除方式	父母可以选择由其中一方按扣除标准的100%扣除，也可以选择由双方分别按扣除标准的50%扣除 具体扣除方式在一个纳税年度内不能变更
3	扣除时间	为婴幼儿出生的当月至年满3周岁的前一个月

2. 3岁以下婴幼儿照护专项附加扣除重难点

（1）3岁以下婴幼儿照护个人所得税专项附加扣除自2022年1月1日起实施。

（2）3岁以下婴幼儿照护专项附加扣除的扣除主体为婴幼儿父母，包括生父母、继父母、养父母；父母之外的其他人担任未成年人的法定监护人的，可以比照执行。

（3）纳税人暂未取得婴幼儿的出生医学证明和居民身份证号，可选择"其他个人证件"，并在备注中如实填写相关情况，不影响纳税人享受扣除。后续纳税人取得婴幼儿的出生医学证明或者居民身份证号的，及时补充更新即可。如果婴幼儿名下是中国护照、外国护照、港澳居民来往内地通行证、台湾居民来往大陆通行证等身份证件信息，也可以作为填报证件。

四、居民个人其他扣除的标准及规定

其他扣除包括个人缴付符合国家规定的企业年金、职业年金，个人购买符合国家规定的商业健康保险、税收递延型商业养老保险的支出，以及国务院规定可以扣除的其他项目。以居民个人一个纳税年度的应纳税所得额为限额，一个纳税年度扣除不完的，不结转以后年度扣除。

（一）年金缴费

年金缴费的扣除标准及规定如下：

（1）企业和事业单位（以下统称单位）根据国家有关政策规定的办法和标准，为在本单位任职或者受雇的全体职工缴付的企业年金或职业年金（以下统称年金）单位缴费部分，在计入个人账户时，个人暂不缴纳个人所得税。

（2）个人根据国家有关政策规定缴付的年金个人缴费部分，在不超过本人缴费工资计税基数的4%标准内的部分，暂从个人当期的应纳税所得额中扣除。超过规定标准缴付的年金中单位缴费部分，应并入个人当期的"工资、薪金所得"项目，依法计征个人所得税。税款由建立年金的单位代扣代缴，并向主管税务机关申报解缴。个人超过规定标准缴付的年金中个人缴费部分，不得在综合所得个人所得税税前扣除。

（3）企业年金个人缴费工资计税基数为本人上一年度月平均工资。月平均工资按国家统计局规定列入工资总额统计的项目计算。月平均工资超过职工工作地所在设区城市上一年度职工月平均工资3倍以上的部分，不计入个人缴费工资计税基数。

职业年金个人缴费工资计税基数为职工岗位工资和薪级工资之和。职工岗位工资和薪级之和超过职工工作地所在设区城市上一年度职工月平均工资3倍以上的部分，不计入个人缴费工资计税基数。

综上所述，在年金缴费环节，对单位根据国家有关政策规定为职工缴付的年金单位缴费部分，在计入个人账户时，个人暂不缴纳个人所得税；个人根据国家有关政策规定缴付的年金个人缴费部分，在不超过本人缴费工资计税基数的4%标准内的部分，暂从个人当期的应纳税所得额中扣除。

（二）商业健康保险

商业健康保险的扣除标准及规定见表2-26。

表2-26　商业健康保险的扣除标准及规定

要　素		内　容　规　定	
购买方式	个人购买	允许在当年（月）计算应纳税所得额时予以税前扣除2 400元/年（200元/月）	
	单位统一为员工购买，视同个人购买		
适用对象	取得工资、薪金所得的个人		
	取得连续性劳务报酬所得的个人（连续3个月及以上为同一单位提供劳务的所得）		
	取得个体工商户生产经营所得、对企事业单位的承包承租经营所得的个体工商户业主		
	个人独资企业投资者、合伙企业合伙人和承包承租经营者		
商业健康保险产品的规范和条件	保险责任	健康保险产品采取具有保障功能并设立有最低保证收益账户的万能险方式，包含医疗保险和个人账户积累两项责任。被保险人个人账户由其所投保的保险公司负责管理维护	保险公司参照个人税收优惠型健康保险产品指引框架及示范条款开发
	被保险人条件	被保险人为16周岁以上、未满法定退休年龄的纳税人群；保险公司不得因被保险人既往病史拒保，并保证续保	
	医疗保险保障责任范围	包括被保险人医保所在地基本医疗保险基金支付范围内的自付费用及部分基本医疗保险基金支付范围外的费用，费用的报销范围、比例和额度由各保险公司根据具体产品特点自行确定	
	保险金额	同一款健康保险产品，可依据被保险人的不同情况，设置不同的保险金额，具体保险金额下限由保监会规定	
	保本微利原则	对医疗保险部分的简单赔付率低于规定比例的，保险公司要将实际赔付率与规定比例之间的差额部分返还到被保险人的个人账户	
纳税申报	纳税人	个人从中国境内两处或者两处以上取得工资、薪金所得，且自行购买商业健康保险的，只能选择在其中一处扣除	
	扣缴义务人	个人自行购买符合规定的商业健康保险产品的，应及时向扣缴义务人提供保单凭证；扣缴义务人应当依法为其税前扣除，不得拒绝	
	实行核定征收的纳税人	应向主管税务机关报送"商业健康保险税前扣除情况明细表"，主管税务机关按程序相应调减其应纳税所得额或应纳税额。纳税人未续保或退保的，应当及时告知主管税务机关，终止商业健康保险税前扣除	
税优识别码		个人购买商业健康保险未获得税优识别码的，其支出金额不得税前扣除。保险公司销售符合规定的商业健康保险产品，及时为购买保险的个人开具发票和保单凭证，并在保单凭证上注明税优识别码	

五、居民个人公益捐赠扣除的标准及规定

（一）扣除捐赠支出的所得项目

根据《财政部 税务总局关于公益慈善事业捐赠个人所得税政策的公告》（财政部 税务总局公告2019年第99号）第三条第一项的规定，居民个人发生的公益捐赠支出可以在财产租赁所得，财产转让所得，利息、股息、红利所得，偶然所得，综合所得或者经营所得中扣除。在当期一个所得项目扣除不完的公益捐赠支出，可以按规定在其他所得项目中继续扣除。

居民个人捐赠当月有多项多次其他分类所得的,应先在其中一项一次分类所得中扣除;已经在其他分类所得中扣除的公益捐赠支出,不再调整到其他所得中扣除(见表2-27)。

表2-27 公益捐赠扣除的标准及规定

要素		内容规定		
捐赠金额确定	货币性资产	实际捐赠金额确定		
	股权、房产	个人持有股权、房产的财产原值		
	除股权、房产以外的其他非货币性资产	非货币性资产的市场价格		
扣除限额	综合所得	当年应纳税所得额×30% 国务院规定对公益慈善事业捐赠实行全额税前扣除的从其规定		
	经营所得			
	分类所得			
扣除方式	扣除顺序	自行决定在综合所得、分类所得、经营所得中扣除的公益捐赠支出的顺序;在当期一个所得项目扣除不完的公益捐赠支出,可以按规定在其他所得项目中继续扣除		
扣除规定	工资、薪金所得	预扣预缴时扣除	累计预扣法计算扣除限额	从两处以上取得工资、薪金所得,选择其中一处扣除,选择后当年不得变更
		年度汇算清缴时扣除	全年应纳税所得额	
	劳务报酬所得、稿酬所得、特许权使用费所得	预扣预缴时不扣除公益捐赠支出,统一在汇算清缴时扣除		
	居民个人取得全年一次性奖金、股权激励等所得,且按规定采取不并入综合所得而单独计税方式处理的	比照分类所得的扣除规定处理		
捐赠票据	公益性社会组织、国家机关在接受个人捐赠时	按照规定开具捐赠票据;个人索取捐赠票据的,应予以开具		
	个人发生公益捐赠时不能及时取得捐赠票据的	可以暂时凭公益捐赠银行支付凭证扣除,并向扣缴义务人提供公益捐赠银行支付凭证复印件		
		个人应在捐赠之日起90日内向扣缴义务人补充提供捐赠票据,如果个人未按规定提供捐赠票据的,扣缴义务人应在30日内向主管税务机关报告		
	机关、企事业单位统一组织员工开展公益捐赠	纳税人可以凭汇总开具的捐赠票据和员工明细单扣除		

(二)限额扣除与全额扣除的扣除次序

根据《财政部 税务总局关于公益慈善事业捐赠个人所得税政策的公告》(财政部 税务总局公告2019年第99号)第八条的规定,国务院规定对公益捐赠全额税前扣除的,按照规定执行。个人同时发生按30%扣除和全额扣除的公益捐赠支出,自行选择扣除次序。

(三)全额扣除的公益捐赠支出项目(见表2-28)

表2-28 全额扣除的公益捐赠支出项目

方式		支出项目	政策依据
全额扣除	特定用途	①捐赠用于应对新型冠状病毒感染的肺炎疫情的现金和物品	财政部 税务总局公告2020年第9号
		②捐赠北京2022年冬奥会、冬残奥会、测试赛的资金和物资支出	财税〔2017〕60号
		③向教育事业的捐赠	财税〔2004〕39号
		④向中华健康快车基金会和孙冶方经济科学基金会、中华慈善总会、中国法律援助基金会和中华见义勇为基金会的捐赠	财税〔2003〕204号
		⑤向农村义务教育的捐赠	财税〔2001〕103
		⑥向慈善机构、基金会等非营利机构的公益、救济性捐赠	财税〔2001〕9号
		⑦向福利性、非营利性的老年服务机构的捐赠	财税〔2000〕97号
		⑧对公益性青少年活动场所(其中包括新建)的捐赠	财税〔2000〕21号
		⑨向红十字事业的捐赠	财税〔2000〕30号 财税〔2001〕28号
	通过指定基金会	①通过宋庆龄基金会、中国福利会、中国残疾人福利基金会、中国扶贫基金会、中国煤矿尘肺病治疗基金会、中华环境保护基金会用于公益救济性的捐赠	财税〔2004〕172号
		②通过中国老龄事业发展基金会、中国华文教育基金会、中国绿化基金会、中国妇女发展基金会、中国关心下一代健康体育基金会、中国生物多样性保护基金会、中国儿童少年基金会和中国光彩事业基金会用于公益救济性的捐赠	财税〔2006〕66号
		③通过中国医药卫生事业发展基金会用于公益救济性的捐赠	财税〔2006〕67号
		④通过中国教育发展基金会用于公益救济性的捐赠	财税〔2006〕68号

随堂题解

【例题12·多选题】根据个人所得税法的相关规定,下列关于住房租金专项附加扣除的表述中,正确的有(　　)。

A．纳税人及其配偶主要工作城市相同且在主要工作城市均没有自有住房而发生的住房租金支出,经双方约定,可以选择由双方分别按扣除标准的50%扣除住房租金支出

B．纳税人应当留存住房租赁合同、协议等有关资料备查

C．住房租金支出由签订租赁住房合同的承租人扣除

D．纳税人及其配偶在一个纳税年度内不能同时分别享受住房贷款利息和住房租金专项附加扣除

【答案】BCD

【解析】选项A,夫妻双方主要工作城市相同的,只能由一方扣除住房租金支出。

【例题13·单选题】下列专项附加扣除项目中,纳税人不可以选择在预扣预缴环节享受的是(　　)。

A．子女教育　　B．住房贷款利息　　C．赡养老人　　D．大病医疗

【答案】D

【解析】享受子女教育、继续教育、住房贷款利息或者住房租金、赡养老人、3岁以下婴幼儿照护专项附加扣除的纳税人，自符合条件开始，可以向支付工资、薪金所得的扣缴义务人提供上述专项附加扣除有关信息，由扣缴义务人在预扣预缴税款时，按其在本单位本年可享受的累计扣除额办理扣除；也可以在次年3月1日至6月30日内，向汇缴地主管税务机关办理汇算清缴申报时扣除。选项D，享受大病医疗专项附加扣除的纳税人，由其在次年3月1日至6月30日内，自行向汇缴地主管税务机关办理汇算清缴申报时扣除。

【例题14·多选题】商业健康保险税前扣除适用对象是（　　）。
A．取得工资、薪金所得的个人
B．取得连续性劳务报酬所得的个人（连续3个月及以上为同一单位提供劳务的所得）
C．取得个体工商户生产经营所得、对企事业单位的承包承租经营所得的个体工商户业主
D．个人独资企业投资者、合伙企业合伙人和承包承租经营者

【答案】ABCD

【解析】根据《财政部 国家税务总局 保监会关于将商业健康保险个人所得税试点政策推广到全国范围实施的通知》（财税〔2017〕39号）第二条关于适用对象的规定如下：适用商业健康保险税收优惠政策的纳税人，是指取得工资、薪金所得，连续性劳务报酬所得的个人，以及取得个体工商户生产经营所得、对企事业单位的承包承租经营所得的个体工商户业主、个人独资企业投资者、合伙企业合伙人和承包承租经营者。

第七节 居民个人收入额及应纳税所得额的确定

一、每次收入的确定

《个人所得税法》对纳税义务人的征税方法有三种：一是按年计征，如经营所得、居民个人取得的综合所得；二是按月计征，如非居民个人取得的工资、薪金所得；三是按次计征，如利息、股息、红利所得，财产租赁所得，偶然所得，劳务报酬所得，稿酬所得，特许权使用费所得等6项所得。在按次征收的情况下，由于扣除费用依据每次应纳税所得额的大小，分别规定了定额和定率两种标准。因此，无论是从正确贯彻税法的立法精神、维护纳税义务人的合法权益方面来看，还是从避免税收漏洞、防止税款流失、保证国家税收收入方面来看，如何准确划分"次"，都是十分重要的。《个人所得税法实施条例》中对前述6项所得的"次"做出的明确规定见表2-29。

表2-29 "每次"收入的界定

序 号	征收项目	界　定		政策依据
		基本规定	特殊规定	
1	劳务报酬所得	属于一次性收入的，以取得该项收入为一次；属于同一项目连续性收入的，以一个月内取得的收入为一次	属于同一项目连续收入的，以县（含县级市、区）为一地，其管辖内的一个月内的劳务服务为一次；当月跨县地域的，则应分别计算	《个人所得税法实施条例》第十四条、国税函〔1996〕602号文件第四条、国税发〔1994〕89号文件第四条
2	稿酬所得		同一作品，预付或分笔支付稿酬，或加印后再付稿酬，均合并为一次计征	
			不同处取得的所得或再版所得分次计征	
			同一作品连载，合并所有稿酬一次计征	
			连载后又出书取得稿酬，或先出书后连载取得稿酬，视同再版稿酬分次计征	
3	特许权使用费所得	属于一次性收入的，以取得该项收入为一次；属于同一项目连续性收入的，以一个月内取得的收入为一次		
4	财产租赁所得	以一个月内取得的收入为一次		
5	利息、股息、红利所得	以支付时取得的收入为一次		
6	偶然所得	以每次取得该项收入为一次		

二、各类所得收入额及应纳税所得额的确定

根据《个人所得税法》第六条的规定，居民个人各类所得收入额及应纳税所得额的确定见表2-30。

表2-30 居民个人各类所得收入额及应纳税所得额的确定

序 号	征收项目		收入额及应纳税所得额的确定
1	综合所得	工资、薪金所得	以每一纳税年度的收入额减除费用60 000元以及专项扣除、专项附加扣除和依法确定的其他扣除后的余额，为应纳税所得额（劳务报酬所得、稿酬所得、特许权使用费所得以收入减除20%的费用后的余额为收入额。稿酬所得的收入额减按70%计算）
		劳务报酬所得	
		稿酬所得	
		特许权使用费所得	
2	经营所得		以每一纳税年度的收入总额减除成本、费用以及损失后的余额，为应纳税所得额
3	财产租赁所得		每次收入不超过4 000元的，减除费用800元；4 000元以上的，减除20%的费用，其余额为应纳税所得额
4	财产转让所得		以转让财产的收入额减除财产原值和合理费用后的余额，为应纳税所得额
5	利息、股息、红利所得		以每次收入额为应纳税所得额
6	偶然所得		以每次收入额为应纳税所得额

随堂题解

【例题15·单选题】 根据个人所得税法的相关规定,下列关于"每次收入"的确定,说法不正确的是( )。

A. 劳务报酬所得,属于同一项目连续性收入的,以一个月内取得的收入为一次
B. 财产租赁所得,以一个月内取得的收入为一次
C. 利息、股息、红利所得,以支付利息、股息、红利时取得的收入为一次
D. 偶然所得,以每月取得的收入为一次

【答案】D

【解析】偶然所得,以每次取得该项收入为一次。

【例题16·单选题】 居民纳税人方某一次性取得稿酬收入20 000元,按现行个人所得税的相关规定,其预扣预缴个人所得税的应纳税所得额是( )元。

A. 10 000　　　B. 11 200　　　C. 16 000　　　D. 20 000

【答案】B

【解析】(1)居民个人取得稿酬所得,以收入减除费用后的余额为收入额,稿酬所得的收入额减按70%计算,以每次收入额为预扣预缴应纳税所得额。(2)每次收入4 000元以上的,减除费用按照20%计算。(3)预扣预缴的应纳税所得额=20 000×(1-20%)×70%=11 200(元)。

【例题17·单选题】 依据个人所得税的相关规定,计算财产转让所得的个人所得税应纳税所得额时,下列各项准予扣除的是( )。

A. 定额800元　　　　　　　B. 定率20%
C. 财产净值　　　　　　　　D. 财产原值和合理费用

【答案】D

【解析】财产转让所得以个人每次转让财产取得的收入额减去财产原值和合理费用后的余额为应纳税所得额。

第八节 非居民个人收入额及应纳税所得额的确定

一、应税项目

根据《个人所得税法》第二条规定,非居民个人应税项目包括:工资、薪金所得,劳务报酬所得,稿酬所得,特许权使用费所得,经营所得,利息、股息、红利所得,财产租赁所得,财产转让所得和偶然所得。

二、各类所得收入额及应纳税所得额的确定

根据《个人所得税法》第六条的规定，非居民个人各类所得收入额及应纳税所得额的确定见表2-31。

表2-31 非居民个人各类所得收入额及应纳税所得额的确定

序 号	征 收 项 目	收入额及应纳税所得额的确定
1	工资、薪金所得	以每月收入额减除费用5 000元后的余额为应纳税所得额
2	劳务报酬所得	与居民个人的确定方法一致
3	稿酬所得	
4	特许权使用费所得	
5	经营所得	
6	财产租赁所得	
7	财产转让所得	
8	利息、股息、红利所得	
9	偶然所得	

三、工资、薪金所得收入额的计算

（一）非居民个人为普通员工

1. 一个纳税年度内境内居住累计不超过90天的情形

根据《财政部 税务总局关于非居民个人和无住所居民个人有关个人所得税政策的公告》（财政部 税务总局公告2019年第35号）第二条的规定，在一个纳税年度内，在境内累计居住不超过90天的非居民个人，仅就归属于境内工作期间并由境内雇主支付或者负担的工资、薪金所得计算缴纳个人所得税。当月工资、薪金收入额的计算公式如下：

$$当月工资、薪金收入额 = 当月境内外工资、薪金总额 \times \frac{当月境内支付工资、薪金数额}{当月境内外工资、薪金总额} \times \frac{当月工资、薪金所属工作期间境内工作天数}{当月工资、薪金所属工作期间公历天数}$$

公式中，当月境内外工资、薪金包含归属于不同期间的多笔工资、薪金的，应当先分别按照规定计算不同归属期间工资、薪金收入额，然后再加总计算当月工资、薪金收入额。

2. 一个纳税年度内境内居住累计超过90天但不满183天的情形

根据《财政部 税务总局关于非居民个人和无住所居民个人有关个人所得税政策的公告》（财政部 税务总局公告2019年第35号）第二条的规定，在一个纳税年度内，在境内累计居住超过90天但不满183天的非居民个人，取得归属于境内工作期间的工资、薪金所得，均应当计算缴纳个人所得税；其取得归属于境外工作期间的工资、薪金所得，不征收个人所得税。当月工资、薪金收入额的计算公式如下：

当月工资、薪金收入额＝当月境内外工资、薪金总额×当月工资、薪金所属工作期间境内工作天数/当月工资、薪金所属工作期间公历天数

（二）非居民个人为高管

1. 高管人员在境内居住时间累计不超过90天的情形

在一个纳税年度内，在境内累计居住不超过90天的高管人员，其取得由境内雇主支付或者负担的工资、薪金所得应当计算缴纳个人所得税；不是由境内雇主支付或者负担的工资、薪金所得，不缴纳个人所得税。当月工资、薪金收入额为当月境内支付或者负担的工资、薪金收入额。

2. 高管人员在境内居住时间累计超过90天但不满183天的情形

在一个纳税年度内，在境内居住累计超过90天但不满183天的高管人员，其取得的工资、薪金所得，除归属于境外工作期间且不是由境内雇主支付或负担的部分外，应当计算缴纳个人所得税，当月工资、薪金收入额按照下列公式计算：

$$当月工资、薪金收入额 = 当月境内外工资、薪金总额 \times \left[1 - \frac{当月境外支付工资、薪金数额}{当月境内外工资、薪金总额} \times \frac{当月工资、薪金所属工作期间境外工作天数}{当月工资、薪金所属工作期间公历天数}\right]$$

四、工资、薪金所得中特征项目的征税规定

（一）非居民个人取得数月奖金收入

根据《财政部 税务总局关于非居民个人和无住所居民个人有关个人所得税政策的公告》（财政部 税务总局公告2019年第35号）第三条的规定，非居民个人一个月内取得数月奖金，单独按照规定计算当月收入额，不与当月其他工资、薪金合并，按6个月分摊计税，不减除费用，适用月度税率表计算应纳税额，在一个公历年度内，对每一个非居民个人，该计税办法只允许适用一次。计算公式如下：

$$当月数月奖金应纳税额 =[（数月奖金收入额÷6）\times 适用税率 - 速算扣除数]\times 6$$

（二）非居民个人取得股权激励所得

根据《财政部 税务总局关于非居民个人和无住所居民个人有关个人所得税政策的公告》（财政部 税务总局公告2019年第35号）第三条的规定，非居民个人一个月内取得股权激励所得，单独按照该公告第2条规定计算当月收入额，不与当月其他工资、薪金合并，按6个月分摊计税（一个公历年度内的股权激励所得应合并计算），不减除费用，适用月度税率表计算应纳税额，计算公式如下：

$$当月股权激励所得应纳税额 =[（本公历年度内股权激励所得合计额÷6）\times 适用税率 - 速算扣除数]\times 6 - 本公历年度内股权激励所得已纳税额$$

随堂题解

【例题18·单选题】 韩国居民崔先生2023年3月15日受其任职的境外公司委派，来华从事设备安装调试工作，在华停留60天。2023年4月取得境外公司支付的工资折合人民币40 000元，当月取得中国体育彩票中奖收入20 000元。崔先生2023年4月应在中国缴纳个人所得税（　　）元。

A．4 000　　　B．5 650　　　C．9 650　　　D．10 250

【答案】A

【解析】在我国境内无住所而一个纳税年度内在我国境内居住累计不满183天的个人，为非居民个人，就境内所得在我国纳税。同时税法规定，在一个纳税年度内在我国境内居住累计不超过90天的，其来源于中国境内的所得，由境外雇主支付并且不由该雇主在中国境内的机构、场所负担的部分，免予缴纳个人所得税，所以崔先生只就彩票中奖收入在我国缴纳个人所得税，应纳税额=20 000×20%=4 000（元）。

【例题19·单选题】 约翰为外籍个人，在中国境内无住所，同时在中国境内、境外机构担任职务，2023年3月6日来华，12月20日离开。期间约翰因工作原因，曾于6月8日离境，6月14日返回。在计算个人所得税时，约翰在中国境内工作天数为（　　）天。

A．282　　　B．283　　　C．284　　　D．285

【答案】B

【解析】3月6日、6月8日、6月14日和12月20日，均按半天计算在华工作天数。

第九节　特殊业务处理及应纳税额的计算

一、个人领取税收递延型商业养老金收入

根据《财政部 税务总局关于个人取得有关收入适用个人所得税应税所得项目的公告》（财政部 税务总局公告2019年第74号）第四条规定，个人按照《财政部 税务总局 人力资源社会保障部 中国银行保险监督管理委员会 证监会关于开展个人税收递延型商业养老保险试点的通知》（财税〔2018〕22号）的规定，领取的税收递延型商业养老保险的养老金收入，其中25%部分予以免税，其余75%部分按照10%的比例税率计算缴纳个人所得税，税款计入"工资、薪金所得"项目，由保险机构代扣代缴后，在个人购买税延养老保险的机构所在地办理全员全额扣缴申报。

二、单位为个人办理的补充养老保险

根据《财政部 国家税务总局关于个人所得税有关问题的批复》（财税〔2005〕94号）

的规定,单位为职工个人购买商业性补充养老保险等,在办理投保手续时应作为个人所得税的"工资、薪金所得"项目,按税法规定缴纳个人所得税;因各种原因退保,个人未取得实际收入的,已缴纳的个人所得税应予以退回。

三、个人领取企业年金、职业年金

根据《财政部 税务总局关于个人所得税法修改后有关优惠政策衔接问题的通知》(财税〔2018〕164号)第四条的规定,个人达到国家规定的退休年龄,领取的企业年金、职业年金,符合《财政部 人力资源社会保障部 国家税务总局关于企业年金 职业年金个人所得税有关问题的通知》(财税〔2013〕103号)规定的,不并入综合所得,全额单独计算应纳税款。其中按月领取的,适用月度税率表计算纳税;按季领取的,平均分摊计入各月,按每月领取额适用月度税率表计算纳税;按年领取的,适用综合所得税率表计算纳税。

个人因出境定居而一次性领取的年金个人账户资金,或个人死亡后,其指定的受益人或法定继承人一次性领取的年金个人账户余额,适用综合所得税率表计算纳税。对个人除上述特殊原因外一次性领取年金个人账户资金或余额的,适用月度税率表计算纳税。

四、居民个人取得全年一次性奖金

全年一次性奖金是指行政机关、企事业单位等扣缴义务人根据其全年经济效益和对雇员全年工作业绩的综合考核情况,向雇员发放的一次性奖金,包括年终加薪、实行年薪制和绩效工资办法的单位根据考核情况兑现的年薪和绩效工资。

根据《财政部 税务总局关于个人所得税法修改后有关优惠政策衔接问题的通知》(财税〔2018〕164号)及《关于延续实施全年一次性奖金等个人所得税优惠政策的公告》(财政部 税务总局公告2021年第42号)规定,在2023年12月31日前,居民个人取得全年一次性奖金,可以选择单独计税或并入当年综合所得计税两种方式。

(1)单独计税:即不并入当年综合所得,以全年一次性奖金收入除以12个月得到的数额,按照按月换算后的综合所得税率表(月度税率表),确定适用税率和速算扣除数,单独计算纳税。计算公式为:

> 应纳税额=全年一次性奖金收入×适用税率-速算扣除数

(2)合并计税:居民个人取得全年一次性奖金,选择并入当年综合所得计算纳税。

五、单位低价向职工售房

根据财税〔2018〕164号文件第六条的规定,单位按低于购置或建造成本价格出售住房给职工,职工因此而少支出的差价部分,符合《财政部 国家税务总局关于单位低价向职工售房有关个人所得税问题的通知》(财税〔2007〕13号)第二条规定的,不并入当年综合所得,以差价收入除以12个月得到的数额,按照月度税率表确定适用税率和速算扣除数,单独计算纳税。计算公式为:

$$应纳税额 = \frac{职工实际支付的购房价款低于该房屋的购置或建造成本价格的差额}{} \times 适用税率 - 速算扣除数$$

需要说明的是，根据财税〔2018〕164号文件第六条的规定，单位低价向职工售房职工少支出的差价部分，单独计税，而不并入当年的综合所得计税，也不受职工当年是否已适用过全年一次性奖金优惠计税方法单独计提的影响。

六、解除劳动关系取得一次性补偿收入

根据财税〔2018〕164号文件第五条规定，个人与用人单位解除劳动关系取得一次性补偿收入（包括用人单位发放的经济补偿金、生活补助费和其他补助费），在当地上年职工平均工资3倍数额以内的部分，免征个人所得税；超过3倍数额的部分，不并入当年综合所得，单独适用综合所得税率表，计算纳税。

七、提前退休取得一次性补贴收入

根据《国家税务总局关于个人提前退休取得补贴收入个人所得税问题的公告》（国家税务总局公告2011年第6号）第一条规定，机关、企事业单位对未达到法定退休年龄、正式办理提前退休手续的个人，按照统一标准向提前退休工作人员支付一次性补贴，不属于免税的离退休工资收入，应按照"工资、薪金所得"项目征收个人所得税。

根据财税〔2018〕164号文件第五条规定，个人办理提前退休手续而取得的一次性补贴收入，应按照办理提前退休手续至法定离退休年龄之间实际年度数平均分摊，确定适用税率和速算扣除数，单独适用综合所得税率表，计算纳税。计算公式为：

$$应纳税额 = \left[\left(\frac{一次性补贴收入}{办理提前退休手续至法定退休年龄的实际年度数} - 费用扣除标准 \right) \times 适用税率 - 速算扣除数 \right] \times 办理提前退休手续至法定退休年龄的实际年度数$$

八、内部退养取得一次性补贴收入

内部退养是指职工退出工作岗位休养，休养期间，由企业发放工资（属工资、薪金所得），职工退出工作岗位休养期间达到国家规定的退休年龄时，再按照规定办理退休手续。

根据《国家税务总局关于个人所得税有关政策问题的通知》（国税发〔1999〕58号）规定，个人在办理内部退养手续后从原任职单位取得的一次性收入，应按办理内部退养手续后至法定离退休年龄之间的所属月份进行平均，并与领取当月的工资、薪金所得合并后减除当月费用扣除标准，以余额为基数确定适用税率；再将当月工资、薪金加上取得的一次性收入，减去费用扣除标准，按适用税率计征个人所得税。

内部退养取得一次性补贴收入应纳税额计算公式如下：

应纳税额 =[（一次性补偿收入＋本期工资收入－免税收入－其他－准予扣除的捐赠额－减除费用）×税率一－速算扣除数]–[（本期工资收入－减除费用）×税率二－速算扣除数]

式中，税率一为本期工资收入与一次性补贴月分摊收入合并后减除当月费用扣除标准5 000元后的余额为基数确定的月度税率和速算扣除数；税率二为模拟当月工资扣除减除费用标准后的余额为基数确定的月度税率。

个人在办理内部退养手续后至法定离退休年龄之间重新就业取得的工资、薪金所得，应与其从原任职单位取得的同一月份的工资、薪金所得合并，并依法自行向主管税务机关申报缴纳个人所得税。

九、保险营销员、证券经纪人佣金收入

根据财税〔2018〕164号文件第三条规定，保险营销员、证券经纪人取得的佣金收入，属于劳务报酬所得，以不含增值税的收入减除20%的费用后的余额为收入额，收入额减去展业成本以及附加税费后，并入当年综合所得，计算缴纳个人所得税。保险营销员、证券经纪人展业成本按照收入额的25%计算。

扣缴义务人向保险营销员、证券经纪人支付佣金收入时，应按照《个人所得税扣缴申报管理办法（试行）》（国家税务总局公告2018年第61号）规定的累计预扣法计算预扣税款。

十、股权激励所得

《财政部 国家税务总局关于个人股票期权所得征收个人所得税问题的通知》（财税〔2005〕35号）对企业员工取得股权激励所得征收个人所得税做了如下规定：

（一）上市公司股权激励

1. 股票期权

（1）非可公开交易的股票期权：

员工接受实施股票期权计划企业授予的股票期权时，一般不作为应税所得征税；员工行权时，其从企业取得股票的实际购买价（施权价）低于购买日公平市场价（指该股票当日的收盘价）的差额，应按"工资、薪金所得"适用的规定计算缴纳个人所得税。

股票期权形式的工资、薪金应纳税所得额 = (行权股票的每股市场价 － 员工取得该股票期权支付的每股施权价) × 股票数量

员工将行权后的股票再转让时获得的高于购买日公平市场价的差额，应按照"财产转让所得"适用的免征规定；员工因拥有股权而参与企业税后利润分配取得的所得，应按照"利息、股息、红利所得"适用的规定计算缴纳个人所得税。

（2）可公开交易的股票期权：

员工取得可公开交易的股票期权，属于员工已实际取得有确定价值的财产，应按授权日股票期权的市场价格，作为员工授权日所在月份的工资、薪金所得计算缴纳个人所得税。

如果员工以折价购入方式取得股票期权的，可以授权日股票期权的市场价格扣除折价购入股票期权时实际支付的价款后的余额，作为授权日所在月份的工资、薪金所得。

员工取得上述可公开交易的股票期权后，转让该股票期权所取得的所得，属于财产转让所得，按财税（2005）35号文件第四条第二项规定进行税务处理。实际行使该股票期权购买股票时，不再计算缴纳个人所得税。

2. 限制性股票

限制性股票是指事先授予激励对象一定数量的公司股票，但对股票的来源、抛售等有一些特殊限制，一般只有当激励对象完成特定目标（如扭亏为盈）后，激励对象才可抛售限制性股票并从中获益。

$$应纳税所得额 = \left(\frac{股票登记日股票市价 + 本批次解禁股票当日市价}{2}\right) \times 本批次解禁股票份数 - 被激励对象实际支付的资金总额 \times \frac{本批次解禁股票份数}{被激励对象获取的限制性股票总份数}$$

员工将行权后的股票再转让时获得的高于购买日公平市场价的差额，应按照"财产转让所得"适用的免征规定。员工因拥有股权而参与企业税后利润分配取得的所得，应按照"利息、股息、红利所得"适用的规定计算缴纳个人所得税。

3. 股票增值权

股票增值权是指上市公司授予公司员工在未来一定时期和约定条件下，获得规定数量的股票价格上升所带来收益的权利。被授权人在约定条件下行权，上市公司按照行权日与授权日二级市场股票差价乘以授权股票数量，发放给被授权人现金。

上市公司应于向股票增值权被授权人兑现时依法扣缴其个人所得税。被授权人股票增值权应纳税所得额计算公式为：

$$股票增值权某次行权应纳税所得额 = （行权日股票价格 - 授权日股票价格） \times 行权股票份数$$

4. 股权奖励

股权奖励是指企业无偿授予激励对象一定份额的股权或一定数量的股份。股权奖励的计税价格参照获得股权时的公平市场价格确定，具体方法如下：

（1）上市公司股票的公平市场价格，按照取得股票当日的收盘价确定；取得股票当日为非交易时间的，按照上一个交易日收盘价确定。

（2）非上市公司股权的公平市场价格，依次按照净资产法、类比法和其他合理方法确定。

计算股权奖励应纳税额时，规定月份数按员工在企业的实际工作月份数确定。员工在企业工作月份数超过12个月的，按12个月计算。

（二）非上市公司股权激励

非上市公司授予本公司员工的股票期权、股权期权、限制性股票和股权奖励，符合规定条件的，经向主管税务机关备案，可实行递延纳税政策，即员工在取得股权激励时可暂不纳税，递延至转让该股权时纳税；股权转让时，按照股权转让收入减除股权取得成本以及合理税费后的差额，适用"财产转让所得"项目，按照20%的税率计算缴纳个人所得税。

股权转让时，股票（权）期权取得成本按行权价确定，限制性股票取得成本按实际出资额确定，股权奖励取得成本为零。

十一、限售股转让所得

根据《财政部 国家税务总局 中国证券监督管理委员会关于个人转让上市公司限售股所得征收个人所得税有关问题的通知》（财税〔2009〕167号）：自2010年1月1日起，对个人转让限售股取得的所得，按照"财产转让所得"，适用20%的比例税率征收个人所得税；纳税人同时持有限售股及该股流通股的，转让股票视同为先转让限售股。以个人股东开户的证券机构为扣缴义务人。

限售股转让所得应纳税额计算公式如下：

应纳税额 =[限售股转让收入 −（限售股原值 + 合理税费）]×20%

限售股转让收入，是指转让限售股股票实际取得的收入。限售股原值，是指限售股买入时的买入价及按照规定缴纳的有关费用。合理税费，是指转让限售股过程中发生的印花税、佣金、过户费等与交易相关的税费。

如果纳税人未能提供完整、真实的限售股原值凭证的，不能准确计算限售股原值的，主管税务机关一律按限售股转让收入的15%核定限售股原值及合理税费。

根据《个人所得税法实施条例》第八条、第十条的规定，个人转让限售股或发生具有转让限售股实质的其他交易，取得现金、实物、有价证券和其他形式的经济利益均应缴纳个人所得税。限售股在解禁前被多次转让的，转让方对每一次转让所得均应按规定缴纳个人所得税。

另外，个人因股权激励、技术成果投资入股取得股权后，非上市公司在境内上市的，处置递延纳税的股权时，按照现行限售股有关征税规定执行。

十二、科技成果转化现金奖励

根据《财政部 税务总局 科技部关于科技人员取得职务科技成果转化现金奖励有关个人所得税政策的通知》（财税〔2018〕58号）规定，从职务科技成果转化收入中给予科技人员的现金奖励，可减按50%计入科技人员当月"工资、薪金所得"，依法缴纳个人所得税。

十三、当年首次入职居民个人取得的工资、薪金所得减除费用扣除确认

根据《国家税务总局关于完善调整部分纳税人个人所得税预扣预缴方法的公告》（国家税务总局公告2020年第13号）第一条规定，对一个纳税年度内首次取得工资、薪金所得的居民个人，扣缴义务人在预扣预缴个人所得税时，可按照5 000元/月乘以纳税人当年截至本月月份数计算累计减除费用。

第三条规定，符合本公告规定并可按上述条款预扣预缴个人所得税的纳税人，应当及时向扣缴义务人申明并如实提供相关佐证资料或承诺书，并对相关资料及承诺书的真实性、准确性、完整性负责。相关资料或承诺书，纳税人及扣缴义务人需留存备查。

首次取得工资、薪金所得的居民个人，是指自纳税年度首月起至新入职时，未取得工资、薪金所得或者未按照累计预扣法预扣预缴过连续性劳务报酬所得个人所得税的居民个人。

随堂题解

【例题20·多选题】个人通过下列方式领取的年金，适用综合所得税率表的有（　　）。

A．年金按月领取的　　B．年金按季领取的
C．年金按年领取的　　D．因出国定居一次性领取年金的

【答案】CD

【解析】选项AB适用月度税率表。

【例题21·多选题】关于解除劳动关系取得一次性补偿收入的个人所得税处理，下列表述中正确的有（　　）。

A．个人与用人单位解除劳动关系取得一次性补偿收入，全额单独缴纳个人所得税
B．个人与用人单位解除劳动关系取得一次性补偿收入，全额并入当年综合所得
C．个人与用人单位解除劳动关系取得一次性补偿收入，在当地上年职工平均工资3倍数额以内的部分，免征个人所得税
D．个人与用人单位解除劳动关系取得一次性补偿收入，包括用人单位发放的经济补偿金和生活补助费等

【答案】CD

【解析】个人与用人单位解除劳动关系取得一次性补偿收入（包括用人单位发放的经济补偿金、生活补助费和其他补助费），在当地上年职工平均工资3倍数额以内的部分，免征个人所得税；超过3倍数额的部分，不并入当年综合所得，单独适用综合所得税率表，计算纳税。

【例题22·单选题】李某2023年5月还有2年至法定离退休年龄，办理内部退养手续后从原任职单位取得一次性收入48 000元。李某月工资为4 000元。李某应缴纳的个人所得税为（　　）元。

A．1 625　　B．1 425　　C．1 410　　D．1 635

【答案】C

【解析】内部退养取得的一次性收入，应按办理内部退养手续后至法定离退休年龄之间的所属月份进行平均，并与领取当月的"工资、薪金"所得合并后减除当月费用扣除标准，以余额为基数确定适用税率；再将当月工资、薪金加上取得的一次性收入，减去费用扣除标准，按适用税率计征个人所得税。确定适用税率：48 000÷（2×12）+4 000−5 000=1 000（元），适用税率为3%。应缴纳个人所得税=（48 000+4 000−5 000）×3%=1 410（元）。

第十节 个人所得税的减免税项目

一、个人所得税的免税项目

《个人所得税法》第四条规定的免税情形见表2-32。

表2-32 法定免税情形汇总

序 号	法定免税的情形	
1	省级人民政府、国务院部委和中国人民解放军军以上单位,以及外国组织、国际组织颁发的科学、教育、技术、文化、卫生、体育、环境保护等方面的奖金	
2	①国债利息	个人持有财政部发行的债券而取得的利息
	②国家发行的金融债券利息	个人持有经国务院批准发行的金融债券而取得的利息
3	按照国家统一规定发给的补贴、津贴	按照国务院规定发给的政府特殊津贴、院士津贴,以及国务院规定免予缴纳个人所得税的其他补贴、津贴
4	①抚恤金	
	②福利费	根据国家有关规定,从企业、事业单位、国家机关、社会组织提留的福利费或者工会经费中支付给个人的生活补助费
	③救济金	各级人民政府民政部门支付给个人的生活困难补助费
5	保险赔款	
6	军人的转业费、复员费、退役金	
7	按照国家统一规定发给干部、职工的安家费、退职费、基本养老金或者退休费、离休费、离休生活补助费	
8	依照有关法律规定应予免税的各国驻华使馆、领事馆的外交代表、领事官员和其他人员的所得	
9	中国政府参加的国际公约、签订的协议中规定免税的所得	
10	国务院规定的其他免税所得(需由国务院报全国人民代表大会常务委员会备案)	

二、个人所得税的减税项目

根据《个人所得税法》第五条规定的减征个税的情形见表2-33。

表2-33 法定减征个税情形汇总

序 号	减征情形	减征幅度和期限
1	残疾、孤老人员和烈属的所得	由省、自治区、直辖市人民政府规定,并报同级人民代表大会常务委员会备案
2	因自然灾害遭受重大损失的	

随堂题解

【例题 23·多选题】 下列各项所得,免征个人所得税的是(   )。

A. 国债利息收入

B. 军人的转业费

C. 基本养老金

D. 个人因任职从上市公司取得的股票增值权所得

【答案】ABC

【解析】选项 ABC 正确。

【例 24·多选题】 小王取得的下列收入不属于免税的范围的有(   )。

A. 单位为其购买的汽车   B. 人人有份的福利费 500 元

C. 单位为其购买的住房   D. 临时性生活困难补助

【答案】ABC

【解析】根据《国家税务总局关于生活补助费范围确定问题的通知》(国税发〔1998〕155号)对《个人所得税实施条例》第十四条所说的从福利费或者工会经费中支付给个人的生活补助费进行了明确的范围界定,并明确下列收入不属于免税的福利费范围,应当并入纳税人的工资、薪金收入计征个人所得税:

(1) 从超出国家法规的比例或基数计提的福利费、工会经费中支付给个人的各种补贴、补助;

(2) 从福利费和工会经费中支付给本单位职工的人人有份的补贴、补助;

(3) 单位为个人购买汽车、住房、电子计算机等不属于临时性生活困难补助性质的支出。

第三章

综合所得汇算清缴基础知识

> **导读**
>
> 本章主要介绍综合所得汇算清缴的概念、纳税人、计算公式以及综合所得汇算清缴的纳税申报等。本章简易思维导图如图3-1所示。

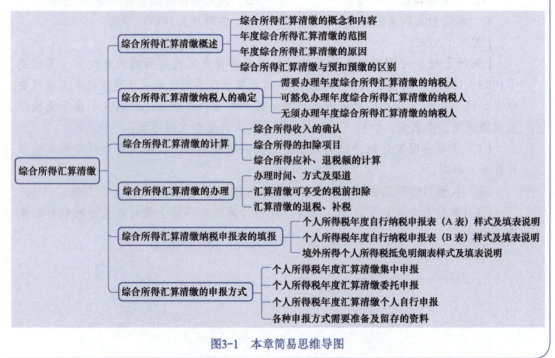

图3-1 本章简易思维导图

01 第一节 综合所得汇算清缴概述

一、综合所得汇算清缴的概念和内容

（一）综合所得汇算清缴的概念

综合税制，通俗讲就是"合并全年收入，按年计算税款"，与我国原先一直实行的分

类税制相比，个人所得税的计算方法发生了改变，即将居民个人取得的工资薪金、劳务报酬、稿酬、特许权使用费四项所得合并为"综合所得"，以"年"为一个周期计算应该缴纳的个人所得税。平时取得这四项收入时，先由支付方（即扣缴义务人）依税法规定按月或者按次扣预缴税款。年度终了，纳税人需要将上述四项所得的全年收入额，减去费用和扣除后，计算最终应纳税额，再减去已预缴税额，得出应退或应补税额，向税务机关申报并办理退税或补税，这个过程就是汇算清缴。简言之，就是纳税人在平时已预缴税款的基础上"查遗补漏、汇总收支、按年算账、多退少补"（见图3-2）。

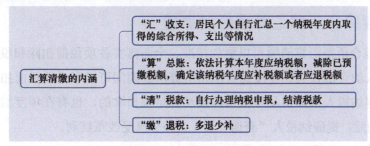

图3-2　汇算清缴的内涵

（二）综合所得汇算清缴的内容

依据《个人所得税法》及其实施条例的规定，纳税年度终了后，居民个人需要汇总汇缴年度（如2023年1月1日至2023年12月31日）取得的工资薪金、劳务报酬、稿酬、特许权使用费等四项"综合所得"的收入额，减除费用60 000元以及专项扣除、专项附加扣除、依法确定的其他扣除和符合条件的公益慈善事业捐赠后，适用综合所得个人所得税税率并减去速算扣除数，计算本年度最终应纳税额；再减去汇缴年度可以享受的税收优惠和已预缴税额，得出本年度应退或应补税额，向税务机关申报并办理退税或补税。具体计算公式如下：

综合所得汇算清缴应退或应补税额＝[（综合所得收入额－60 000元－专项扣除－专项附加扣除－依法确定的其他扣除－捐赠支出）×适用税率－速算扣除数]－减免税额－年度已预缴税额

二、年度综合所得汇算清缴的范围

依据《个人所得税法》及其实施条例的规定，年度综合所得汇算清缴的范围仅指工资薪金、劳务报酬、稿酬、特许权使用费等四项综合所得（见图3-3）。

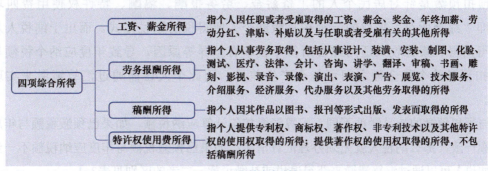

图3-3　四项综合所得

依据《个人所得税法》及其实施条例的规定，年度（如2023年度）综合所得汇算清缴仅计算并结清本年度（如2023年度）综合所得的应退应补税款，不涉及以前或往后年度，也不涉及经营所得、利息、股息、红利所得，财产租赁所得，财产转让所得和偶然所得等分类所得。同时居民个人取得的可以不并入综合所得计算纳税的收入，也不在年度汇算范围内，如解除劳动关系、提前退休、内部退养取得的一次性补偿收入等。

三、年度综合所得汇算清缴的原因

（1）年度综合所得汇算清缴可以更加精准、全面落实各项税前扣除和税收优惠政策，更好保障纳税人的合法权益。年度综合所得汇算清缴期间可以享受的税前扣除项目，既有平时可以扣除但纳税人未来得及申报扣除或没有足额扣除的，也有在年度综合所得汇算清缴期间办理的扣除，提醒纳税人"查遗补漏"，充分享受改革红利。

下列未申报或未足额税前扣除项目，可通过年度汇算扣除：

情形一：纳税人及其配偶、未成年子女符合条件的大病医疗支出；

情形二：符合条件的专项附加扣除，以及减除费用、专项扣除、依法确定的其他扣除；

情形三：符合条件的捐赠支出。

（2）通过年度综合所得汇算清缴，准确计算纳税人综合所得全年应该缴纳的个人所得税，如果预缴税额大于全年应纳税额，应当退还给纳税人。

纳税人平时取得综合所得的情形十分复杂，无论采取怎样的预扣预缴方法，都不可能使所有纳税人平时已预缴税额与年度应纳税额完全一致，此时两者之间就会产生"差额"，就需要通过年度汇算进行调整。比如，2023年纳税人为教育事业进行了捐赠，未能及时在预扣预缴阶段申报扣除，可以通过年度汇算申报享受扣除，也会涉及应纳税额的调整以消除"差额"。

四、综合所得汇算清缴与预扣预缴的区别

预扣预缴是针对居民个人的工资薪金、劳务报酬、稿酬、特许权使用费四项所得，即"综合所得"采取的一种按月缴纳个人所得税的缴税方式。而出于纳税人从多处取得所得、累计收入适用综合所得年税率有差异等原因，导致年度应纳个税额与实际预扣预缴的个税金额之间可能会产生差异，因此个人还需通过汇算清缴来实现退补税。

与预扣预缴的按月缴纳不同，汇算清缴按年计算应纳税额，如果已预缴税额与年度应纳税额一致，那么纳税人就无须办理汇算清缴；如果已预缴税额与年度应纳税额不一致，那么纳税人可以通过汇算清缴来获得退税或补缴税款。二者的区别见表3-1。

综合所得汇算清缴基础知识 第三章

表3-1 综合所得汇算清缴与预扣预缴的区别

区别点	预扣预缴	综合所得汇算清缴
计算方式不同	工资薪金所得： 单独分类计算：按照累计预扣法进行计算，不与其他收入类型合并计算，适用综合所得税率（采取累计预扣的方式是使预扣的税款最大趋同于年终的汇算清缴税款，最大限度地减少退补税的情况发生） 劳务报酬所得、稿酬所得、特许权使用费所得： ① 单独分类计算：单独按照适用税率计算税额，不与其他收入类型合并计算 ② 收入额的计算方法不同：劳务报酬、稿酬、特许权使用费所得收入额为每次收入减除费用后的余额，其中，每次收入不超过4 000元的，减除费用按800元计算；每次收入4 000元以上的，减除费用按收入的20%计算。稿酬所得的收入额减按70%计算 ③ 适用税率、预扣率不同：稿酬所得、特许权使用费所得适用20%的比例预扣率，劳务报酬所得适用20%~40%三级超额累进税率 ④ 公益性捐赠的扣除时点不同：居民个人取得劳务报酬、稿酬、特许权使用费所得的，预扣预缴时不扣除公益性捐赠支出，统一在汇算清缴时扣除	① 收入额的计算方法：劳务报酬所得、稿酬所得、特许权使用费所得收入额为收入减除20%的费用后的余额，稿酬所得的收入额减按70%计算 ② 适用税率：劳务报酬所得、稿酬所得、特许权使用费所得并入综合所得适用3%~45%的超额累进税率 ③ 可扣除的项目：减除费用60 000元以及专项扣除、专项附加扣除、依法确定的其他扣除和捐赠支出 ④ 汇总计算：将工资、薪金所得，劳务报酬所得，稿酬所得和特许权使用费所得四项所得汇总，减除可扣除的项目后，按综合所得税率表计算
适用人群	① 一个纳税年度内首次取得工资、薪金所得的居民个人 ② 正在接受全日制学历教育的学生因实习取得劳务报酬所得的	主要适用需要退补税的人群（存在免汇缴义务的特许情形）
计算区间	按月、按次计算	按年计算

随堂题解

【例题1·多选题】 个人所得税综合所得汇算包括（   ）。

A．工资、薪金所得　　　　　　　　B．劳务报酬所得
C．稿酬所得　　　　　　　　　　　D．特许权使用费所得

【答案】ABCD

【解析】依据《个人所得税法》及其实施条例的规定，年度综合所得汇算清缴的范围仅指工资薪金、劳务报酬、稿酬、特许权使用费等四项综合所得。

【例题2·多选题】 根据规定，居民个人办理年度综合所得汇算清缴时，应当依法计算（   ）的收入额，并入年度综合所得计算应纳税款，税款多退少补。

A．经营所得　　　　　　　　　　　B．劳务报酬所得
C．稿酬所得　　　　　　　　　　　D．特许权使用费所得

【答案】BCD

【解析】居民个人办理年度综合所得汇算清缴时，应当依法计算劳务报酬所得、稿酬所得、特许权使用费所得的收入额，并入年度综合所得计算应纳税款，税款多退少补。

> 【例题3·单选题】下列不属于个人所得税综合所得项目的是（　　）。
> A．"利息、股息、红利所得"　　　B．"劳务报酬所得"
> C．"特许权使用费所得"　　　　　D．"工资薪金所得"
> 【答案】A
> 【解析】依据《个人所得税法》及其实施条例的规定，年度综合所得汇算清缴的范围仅指工资薪金、劳务报酬、稿酬、特许权使用费等四项综合所得。

第二节　综合所得汇算清缴纳税人的确定

一、需要办理年度综合所得汇算清缴的纳税人

符合下列情形之一的，居民个人需要办理年度综合所得汇算清缴：

（一）年度已预缴税额大于年度应纳税额且申请退税的

依法申请退税是纳税人的权利。从充分保障纳税人权益的角度出发，只要纳税人因为平时扣除不足或未申报扣除等原因导致多预缴了税款，无论收入高低、退税额有多少，纳税人都可以申请退税。可能的情形有：

（1）年度综合所得收入额不超过60 000元但已预缴个人所得税。

例如，居民个人肖某2023年1月领取工资10 000元、个人缴付"三险一金"2 000元，假设没有专项附加扣除，已预缴个人所得税90元；2023年其他月份每月工资4 000元，无须预缴个人所得税。

从全年看，因肖某2023年年收入额不足60 000元无须缴税，因此预缴的90元税款可以申请退还。

（2）年度中间劳务报酬、稿酬、特许权使用费所得适用的预扣预缴率高于综合所得年适用税率。

例如，居民个人肖某2023年度每月固定一处取得劳务报酬10 000元，适用20%预扣率后预缴个人所得税1 600元，全年19 200元；从全年看，全年劳务报酬120 000元，减除60 000元费用（不考虑其他扣除）后，适用3%的综合所得税率，全年应纳税款1 080元。因此，可申请18 120元退税。

（3）预缴税款时，未扣除或未足额扣除减除费用、专项扣除、专项附加扣除、依法确定的其他扣除或公益捐赠。

例如，2023年居民个人肖某每月工资10 000元、个人缴付"三险一金"2 000元，有两个上小学的子女，按规定可以每月享受2 000元（全年24 000元）的子女教育专项附加扣除。但因其在预缴环节未填报专项附加扣除信息表，使得计算个人所得税时未减除子女教育专项附加扣除，全年预缴个人所得税1 080元。其在年度汇算时填报了相关信息后，可补

充扣除24 000元，扣除后全年应纳个税360元，按规定其可以申请退税720元。

（4）因年中就业、退职或者部分月份没有收入等原因，减除费用60 000元、"三险一金"等专项扣除、子女教育等专项附加扣除、企业（职业）年金以及商业健康保险、税收递延型养老保险等扣除不充分。

例如，居民个人周某于2023年8月底退休，退休前每月工资10 000元、个人缴付"三险一金"2 000元，退休后领取基本养老金。假设没有专项附加扣除，1~8月预缴个人所得税720元；后4个月基本养老金按规定免征个人所得税。从全年看，该纳税人仅扣除了40 000元减除费用（8×5 000元/月），未充分扣除60 000元减除费用。年度综合所得汇算清缴足额扣除后，该纳税人可申请退税600元。

（5）没有任职受雇单位，仅取得劳务报酬、稿酬、特许权使用费所得，需要通过年度汇算办理各种税前扣除。

（6）预缴税款时，未申报享受或者未足额享受综合所得税收优惠的，如残疾人减征个人所得税优惠。

（7）有符合条件的公益慈善事业捐赠支出，但预缴税款时未办理扣除的。

（8）有符合享受条件的大病医疗支出等。

（二）年度已预缴税额小于年度应纳税额且应当补税的

依法补税是纳税人的义务。2023年度汇算补税有例外性规定，即只有综合所得年收入超过12万元且年度汇算补税金额在400元以上的纳税人，才需要办理年度汇算并补税。有一些常见情形，将导致年度汇算时需要或可能需要补税。

（1）在两个以上单位任职受雇并领取工资薪金，预缴税款时重复扣除了基本减除费用（5 000元/月）。

例如，居民个人苏某2023年度在A公司取得收入70 000元，预缴个人所得税300元；在B公司取得收入60 000元，无其他扣除项目，无预缴个人所得税。由于两家公司的年收入加总等于130 000元，超过120 000元，且重复扣除了基本减除费用（5 000元/月），按规定应办理年度汇算并补税。

（2）除工资薪金外，纳税人还有劳务报酬、稿酬、特许权使用费所得，各项综合所得的收入加总后，导致适用综合所得年税率高于预扣率等。

（3）预扣预缴时扣除了不该扣除的项目，或者扣除金额超过规定标准，年度合并计税时因调减扣除额导致应纳税所得额增加。

（4）纳税人取得综合所得，因扣缴义务人未依法申报收入并预扣预缴税款，需补充申报收入等。

（5）年度内更换任职受雇单位，全年综合所得收入加总后，导致适用综合所得年税率高于预扣率。

二、可豁免办理年度综合所得汇算清缴的纳税人

根据《国家税务总局关于办理2022年度个人所得税综合所得汇算清缴事项的公告》（国家税务总局公告2023年第3号）的有关规定，其中四类纳税人可以免于办理汇算清缴：

（1）虽然需要补缴税款，但全年收入不超过12万元的，可以免于办理年度汇算清缴。

居民个人每月都已预扣预缴个人所得税，在全年工资薪金、劳务报酬等综合收入不超过12万元的情况下，即使需要补缴税款也可不缴。如果有扣缴义务人未依法预扣预缴个人所得税的则需要补缴税款，前提是全年12个月都已预缴个人所得税，则可以免于办理汇算清缴。

（2）年度汇算清缴需要补缴税款不超过400元的，可以免于办理。

对于年综合所得收入超过12万元，但年度综合所得汇算清缴时需补缴税款不超过400元的，也免于办理汇算清缴。

（3）预缴税款与全年应纳税额一致的可以免于办理汇算清缴。

在正常情况下，每月依法已预扣预缴个人所得税的，往往是会与全年应纳个人所得税是一致的，如果预缴与应缴数相等，则不需要补交或退税，因此免于办理汇算清缴。

（4）多缴了税款，不申请退税的免于办理汇算清缴。

如果出现专项扣除、专项附加扣除少算或遗漏，导致多缴纳个人所得税，在不申请退税的情况下，可以免于办理汇算清缴。

三、无须办理年度综合所得汇算清缴的纳税人

（一）无须办理年度综合所得汇算清缴的情形

根据《国家税务总局关于办理2022年度个人所得税综合所得汇算清缴事项的公告》（国家税务总局公告2023年第3号）的有关规定，纳税人在2022年度已依法预缴个人所得税且符合下列情形之一的，无须办理年度综合所得汇算清缴。

（1）居民个人年度综合所得汇算清缴需补税但年度综合所得收入不超过120 000元的（纳税人只要综合所得年收入不超过120 000元，则不论补税金额多少，均不需办理年度汇算）。

例如，居民个人齐某2023年度在A公司取得收入36 000元，在B公司取得收入36 000元，无其他扣除项目，齐某在两家公司每月都无须预缴个人所得税。由于两家公司的总收入加总不超过120 000元，故齐某可以不用办理年度汇算清缴。

（2）居民个人年度综合所得汇算清缴需补缴税额不超过400元的（纳税人只要补税金额不超过400元，则不论综合所得年收入的高低，均不需办理年度汇算）。

例如，居民个人姚某2023年度在A公司取得收入120 000元，每月均取得10 000元，每月个人专项扣除1 000元，无其他扣除项目。A公司2023年已为姚某预扣预缴个人所得税合计：（120 000-1 000×12-60 000）×10%-2 520=2 280（元）；姚某在B公司取得收入800元，无其他扣除项目，不需要预缴个人所得税。姚某全年收入汇总：120 000+800=120 800（元），计算全年应纳所得额：120 800-1 000×12-60 000=48 800（元），应补缴税款48 800×10%-2 520-2 280=80（元），根据豁免规定可以不用办理年度汇算清缴。

（3）居民个人年度已预缴个人所得税与年度应纳个人所得税一致的。

例如，居民个人李某2023年度在A公司取得工资薪金72 000元，其中每月均取得6 000元，无其他扣除项目，公司每月均按时履行了个税代扣代缴义务，则李某已预缴个人所得税与年度应纳个人所得税一致，故可以不用办理年度汇算清缴。

(4) 居民个人已预缴税额大于年度应纳税额，但不申请年度综合所得汇算清缴退税的。

（二）不确定是否需要办理年度综合所得汇算清缴的解决方式

如果纳税人未能清楚记得个人全年收入额，或者不知晓怎样计算出个人应该补税还是退税以及具体补多少或者退多少，或是无法确定是否符合免予办理的条件，可以采取以下途径解决：

（1）纳税人可以向扣缴单位提出要求，按照税法规定，单位有责任将已发放的收入和已预缴税额等情况告知纳税人。

（2）纳税人可以登录自然人电子税务局（包括手机"个人所得税"APP），查询本人汇算清缴年度的收入和纳税申报明细记录。

（3）办理年度综合所得汇算清缴时，税务机关会通过自然人电子税务局，根据一定规则为纳税人提供申报表预填服务，系统将自动归集纳税年度的收入纳税数据（普通劳务报酬与稿酬所得需手动选填）。如果纳税人对预填信息没有异议，系统就会自动计算出应补或应退税款，纳税人就可以知道自己是否符合豁免政策要求了。

📖 随堂题解

【例题4·多选题】根据个人所得税法律制度的规定，取得综合所得需要办理汇算清缴的情形是（　　）。

A．只取得劳务报酬一项所得

B．在两处或者两处以上取得综合所得，且综合所得年收入额减去专项扣除的余额不超过6万元

C．纳税年度内应纳税额高于预缴税额的

D．纳税年度内应纳税额低于预缴税额，且申请退税的

【答案】CD

【解析】根据《中华人民共和国个人所得税法实施条例》第二十五条规定需要办理汇算清缴的情形包括：①在两处或者两处以上取得综合所得，且综合所得年收入额减去专项扣除的余额超过6万元；②取得劳务报酬所得、稿酬所得、特许权使用费所得中一项或者多项所得，且综合所得年收入额减去专项扣除的余额超过6万元；③纳税年度内预缴税额低于应纳税额的；④纳税人申请退税。纳税人申请退税，应当提供其在中国境内开设的银行账户，并在汇算清缴地就地办理税款退库。

【例题5·多选题】纳税人在2022年度已依法预缴个人所得税且符合下列情形之一的无须办理年度汇算（　　）。

A．纳税人年度汇算需补税但年度综合所得收入不超过12万元的

B．纳税人已预缴税额与年度应纳税额一致

C．纳税人年度汇算需补税金额不超过500元的

D．不申请年度汇算退税的

【答案】ABD

【解析】本题考察汇算清缴知识点的掌握情况，根据《国家税务总局关于办理2022年度个人所得税综合所得汇算清缴事项的公告》（国家税务总局公告2023年第3号）第二条规定，纳税人在2022年已依法预缴个人所得税且符合下列情形之一的，无须办理汇算：①汇算需补税但综合所得收入全年不超过12万元的；②汇算需补税金额不超过400元的；③已预缴税额与汇算应纳税额一致的；⑤符合汇算退税条件但不申请退税的。

【例题6·多选题】依据税法规定，符合下列情形之一的，纳税人需要办理年度汇算的有（　　）。

A．不需要补税或退税
B．年度已预缴税额大于年度应纳税额且申请退税的
C．年度综合所得收入超过12万元且需要补税金额超过400元的
D．年度综合所得小于12万元

【答案】BC

【解析】根据《国家税务总局关于办理2022年度个人所得税综合所得汇算清缴事项的公告》（国家税务总局公告2023年第3号）第三条规定，符合下列情形之一的，纳税人需办理汇算：①已预缴税额大于汇算应纳税额且申请退税的；②2022年取得的综合所得收入超过12万元且汇算需要补税金额超过400元的。因适用所得项目错误或者扣缴义务人未依法履行扣缴义务，造成2022年少申报或者未申报综合所得的，纳税人应当依法据实办理汇算。

第三节　综合所得汇算清缴的计算

一、综合所得收入的确认

根据《国家税务总局关于办理2022年度个人所得税综合所得汇算清缴事项的公告》（国家税务总局公告2023年第3号）第一条规定，2022年度终了后，居民个人需要汇总2022年1月1日至12月31日取得的工资、薪金，劳务报酬，稿酬，特许权使用费等四项综合所得的收入额，减除费用6万元以及专项扣除、专项附加扣除、依法确定的其他扣除和符合条件的公益慈善事业捐赠后，适用综合所得个人所得税税率并减去速算扣除数，计算最终应纳税额，再减去2022年已预缴税额，得出应退或应补税额，向税务机关申报并办理退税或补税。具体计算公式如下：

应退或应补税额=[（综合所得收入额-60 000元-专项扣除-专项附加扣除-依法确定的其他扣除-符合条件的公益慈善事业捐赠）×适用税率-速算扣除数]-已预缴税额

汇算不涉及纳税人的财产租赁等分类所得，以及按规定不并入综合所得计算纳税的所得。需要说明的是，公告第二条第一项"汇算需补税但综合所得收入全年不超过12万元的"中的"综合所得收入"与上述所称"收入额"不同，此处的"综合所得收入"指毛收入，就是税前的工资、薪金，劳务报酬，特许权使用费和稿酬。

依据《个人所得税法》及其实施条例的规定，工资、薪金所得以全部收入为收入额，劳务报酬所得、稿酬所得、特许权使用费所得以收入减除20%的费用后的余额为收入额。稿酬所得的收入额再减按70%计算（见表3-2）。

表3-2　综合所得四项收入中收入额的计算归纳

综合所得类型	收入额的计算
工资、薪金所得	全部工资薪金税前收入
劳务报酬所得	全部劳务报酬税前收入×（1−20%）
特许权使用费所得	全部特许权使用费税前收入×（1−20%）
稿酬所得	全部稿酬税前收入×（1−20%）×70%

二、综合所得的扣除项目

综合所得的扣除项目目前有五种，如图3-4所示。

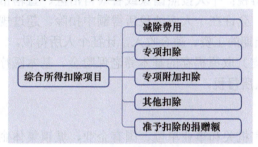

图3-4　综合所得扣除项目

（一）减除费用

居民个人取得综合所得，每一纳税年度的减除费用扣除标准为60 000元。

【补充解释】非居民个人的工资、薪金所得，每月减除费用为5 000元。对个体工商户业主、个人独资企业和合伙企业自然人投资者、企事业单位承包承租经营者取得的生产经营所得，减除费用按照5 000元/月执行。

（二）专项扣除

专项扣除包括居民个人按照国家规定的范围和标准缴纳的基本养老保险、基本医疗保险、失业保险等社会保险费和住房公积金。

【补充解释】个人社保、公积金包含单位缴纳部分和个人缴纳部分。专项扣除项目仅指企业从个人应发工资中代扣的部分，即社保、公积金个人缴纳部分，包括养老、医疗、失业保险和住房公积金（见图3-5）。

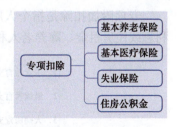

图3-5　专项扣除

1. 基本养老保险

职工基本养老保险是社会保险中的一个险种,是国家和社会根据一定的法律和法规,为解决劳动者在达到国家规定的解除劳动义务的劳动年龄界限,或因年老丧失劳动能力退出劳动岗位后的基本生活而建立的一种社会保险制度。

2. 基本医疗保险

城镇职工基本医疗保险是为补偿劳动者因疾病风险遭受经济损失而建立的一项社会保险制度。通过用人单位和个人缴费,建立医疗保险基金,参保人员患病就诊发生医疗费用后,医疗保险经办机构给予一定的经济补偿,以避免或减轻劳动者因患病、治疗等所承受的经济风险。

3. 失业保险

失业保险是指国家通过立法强制实行的,由用人单位、职工个人缴费及国家财政补贴等渠道筹集资金建立失业保险基金,对因失业而暂时中断生活来源的劳动者提供物质帮助以保障其基本生活,并通过专业训练、职业介绍等手段为其再就业创造条件的制度。

【补充解释】基本养老保险、基本医疗保险和失业保险个税规范:

(1)企事业单位按照国家或省(自治区、直辖市)人民政府规定的缴费比例或办法实际缴付的,免征个人所得税;个人按照国家或省(自治区、直辖市)人民政府规定的缴费比例或办法实际缴付的,允许在个人应纳税所得额中扣除。超过规定的比例和标准缴付,应将超过部分并入个人当期的工资、薪金收入,计征个人所得税。

(2)个人实际领(支)取原提存的基本养老保险金、基本医疗保险金、失业保险金和住房公积金时,免征个人所得税。

4. 住房公积金

住房公积金是指国家机关和事业单位、国有企业、城镇集体企业、外商投资企业、城镇私营企业及其他城镇企业和事业单位、民办非企业单位、社会团体及其在职职工缴存的长期住房储蓄。

单位和个人分别在不超过职工本人上一年度月平均工资12%的幅度内,其实际缴存的住房公积金,允许在个人应纳税所得额中扣除;单位和职工个人缴存住房公积金的月平均工资不得超过职工工作地所在设区城市上一年度职工月平均工资的3倍,具体标准按照各地有关规定执行;单位和个人超过上述规定比例和标准缴付的住房公积金,应将超过部分并入个人当期的工资、薪金收入,计征个人所得税。

(三)专项附加扣除

专项附加扣除是指个人所得税法中规定的子女教育、继续教育、大病医疗、住房贷款利息或住房租金、赡养老人和3岁以下婴幼儿照护支出七项专项附加扣除(见图3-6)。

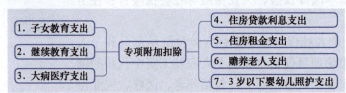

图3-6 专项附加扣除

1. 子女教育支出

纳税人的子女接受全日制学历教育的相关支出，按照每个子女每月1 000元的标准定额扣除。

2. 继续教育支出

纳税人在中国境内接受学历（学位）继续教育的支出，在学历（学位）教育期间按照每月400元定额扣除。同一学历（学位）继续教育的扣除期限不能超过48个月。纳税人接受技能人员职业资格继续教育、专业技术人员职业资格继续教育的支出，在取得相关证书的当年，按照3 600元定额扣除。

3. 大病医疗支出

在一个纳税年度内，纳税人发生的与基本医保相关的医药费用支出，扣除医保报销后个人负担（指医保目录范围内的自付部分）累计超过15 000元的部分，由纳税人在办理年度汇算清缴时，在80 000元限额内据实扣除。

大病医疗支出并不只局限于重大疾病支出，而是只要当年在医疗保障管理信息系统记录的个人实际负担的医药费用，每人分别累计超过15 000元且在80 000元限额内的部分，就属于可以扣除的大病医疗支出。

4. 住房贷款利息支出

纳税人本人或者配偶单独或者共同使用商业银行或者住房公积金个人住房贷款为本人或者其配偶购买中国境内住房，发生的首套住房贷款利息支出，在实际发生贷款利息的年度，按照每月1 000元的标准定额扣除，扣除期限最长不超过240个月。

5. 住房租金支出

纳税人在主要工作城市没有自有住房而发生的住房租金支出。

6. 赡养老人支出

纳税人赡养一位及以上被赡养人发生的支出。

7. 3岁以下婴幼儿照护支出

自2022年1月1日起，纳税人照护3岁以下婴幼儿子女的相关支出，在计算缴纳个人所得税前按照每名婴幼儿每月1 000元的标准定额扣除。

（四）其他扣除

其他扣除包括个人缴付符合国家规定的企业年金、职业年金，个人购买符合国家规定的商业健康保险、个人养老金以及国务院规定可以扣除的其他项目（见图3-7）。

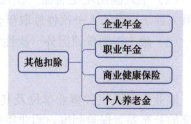

图3-7　其他扣除

1. 企业年金

企业年金是一种补充性养老金制度,是指企业及其职工在依法参加基本养老保险的基础上,自愿建立的补充养老保险制度。企业年金个税处理具体规定见表3-3。

表3-3 企业年金个税处理具体规定

项 目	内 容
组成部分	① 企业缴费部分 ② 职工个人缴费 ③ 企业年金基金投资运营收益
参加人员	全员参加
缴费方式	由企业和职工按照一定比例共同承担,企业和职工个人缴费比例合计不超过本企业职工工资总额的12%,其中企业缴费比例每年不得超过本企业职工工资总额的8%
缴费基数	企业年金个人缴费工资计税基数为本人上一年度月平均工资。月平均工资按国家统计局规定列入工资总额统计的项目计算。月平均工资超过职工工作地所在设区城市上一年度职工月平均工资3倍以上的部分,不计入个人缴费工资计税基数
个税税前扣除标准	① 企业年金单位缴费部分,在计入个人账户时,个人暂不缴纳个人所得税 ② 企业年金个人缴费部分,在不超过本人缴费工资计税基数的4%标准内的部分,暂从个人当期的应纳税所得额中扣除 ③ 超过上述规定的标准缴付的年金单位缴费和个人缴费部分,应并入个人当期的工资、薪金所得,依法计征个人所得税
年金收益税务处理	年金基金投资运营收益分配计入个人账户时,个人暂不缴纳个人所得税

根据《财政部 税务总局关于个人所得税法修改后有关优惠政策衔接问题的通知》(财税〔2018〕164号)第四条规定:自2019年1月1日起,个人满足条件需要领取企业年金时,应当按以下要求计算纳税:

(1) 对于个人达到国家规定的退休年龄,按规定领取的企业年金、职业年金,属于工资、薪金所得,但不需计入综合所得,单独计算纳税即可,且无须办理汇算清缴,具体计税方式见表3-4:

表3-4 领取企业年金的计税方式

领取方式	计税方式
按月	适用月度税率表计算纳税
按季	平均分摊计入各月,按每月领取额适用月度税率表计算纳税
按年	适用综合所得税率表计算纳税

(2) 个人因出境定居而一次性领取的年金个人账户资金,或因个人死亡后,由其指定受益人或法定继承人一次性领取年金个人账户余额,适用综合所得税率表计算纳税。

(3) 除上述特殊原因外一次性领取的年金个人账户余额,适用月度税率表计算纳税。

2. 职业年金

职业年金是机关事业单位及其工作人员在参加机关事业单位基本养老保险的基础上,建立的补充养老保险制度。职业年金个税处理具体规定见表3-5。

表3-5 职业年金个税处理具体规定

项 目	内 容
组成部分	① 单位缴费部分 ② 个人缴费部分 ③ 职业年金基金投资运营收益 ④ 国家规定的其他收入
参加人员	全员参加
缴费方式	由单位和职工个人共同承担。单位缴纳职业年金费用的比例为本单位工资总额的8%，个人缴费比例为本人缴费工资的4%，由单位代扣
缴费基数	职业年金个人缴费工资计税基数为职工岗位工资和薪级工资之和，职工岗位工资和薪级工资之和超过职工工作地所在设区城市上一年度职工月平均工资3倍以上的部分，不计入个人缴费工资计税基数。单位和个人缴费基数与机关事业单位工作人员基本养老保险缴费基数一致
个税税前扣除标准	① 职业年金单位缴费部分，在计入个人账户时，个人暂不缴纳个人所得税 ② 职业年金个人缴费部分，在不超过本人缴费工资计税基数的4%标准内的部分，暂从个人当期的应纳税所得额中扣除 ③ 超过上述规定的标准缴付的年金单位缴费和个人缴费部分，应并入个人当期的工资、薪金所得，依法计征个人所得税
年金收益税务处理	年金基金投资运营收益分配计入个人账户时，个人暂不缴纳个人所得税

企业年金和职业年金的区别见表3-6。

表3-6 企业年金和职业年金的区别

	企业年金	职业年金
适用人群	企业及其职工	机关事业单位及其工作人员
退休后领取方式	职工代表大会或者全体职工讨论通过的企业年金方案确定待遇计发和支付方式，并报人力资源和社会保障部等相关部门备案	工作人员在达到国家规定的退休条件并依法办理退休手续后，由本人选择按月领取职业年金待遇的方式

3. 商业健康保险

商业健康保险是以被保险人的身体为保险标的，保证被保险人在疾病或意外事故所致伤害时产生的直接费用或间接损失获得补偿的保险，包括疾病保险、医疗保险、收入保障保险和长期看护保险。商业健康保险个税处理具体规定见表3-7。

表3-7 商业健康保险个税处理具体规定

项 目	内 容
保障范围	个人税收优惠型健康保险产品采取万能险方式，包含医疗保险和个人账户积累两项责任
被保险人范围	凡16周岁以上的、未满法定退休年龄者，身体健康且适用商业健康保险税收优惠政策的纳税人（健康人群），或者投保时根据其健康状况确定为既往症且投保时连续纳税满一年的适用商业健康保险税收优惠政策的纳税人（既往症人群），均可作为保险合同的被保险人
购买方式	个人自行购买、单位统一组织为员工购买或者单位和个人共同负担购买
适用对象	取得工资、薪金所得，连续性劳务报酬所得的个人，以及取得个体工商户生产经营所得、对企事业单位的承包承租经营所得的个体工商业主、个人独资企业投资者、合伙企业合伙人和承包承租经营者 注：取得连续性劳务报酬所得，是指个人连续3个月以上（含3个月）为同一单位提供劳务而取得的所得
扣除限额	2400元/年（200元/月）
扣除凭证	保险公司销售符合规定的商业健康保险产品，应及时为购买保险的个人开具发票和保单凭证，并在保单凭证上注明税优识别码。个人购买商业健康保险未获得税优识别码的，其支出金额不得税前扣除

(续)

项目	内容
申报填写	① 扣缴义务人在填报"扣缴个人所得税报告表"或"特定行业个人所得税年度申报表"时，需同时填报"商业健康保险税前扣除情况明细表" ② 个体工商户业主、个人独资企业投资者、合伙企业个人合伙人和企事业单位承包承租经营者购买符合规定的商业健康保险产品支出，在年度申报时填报"个人所得税生产经营所得纳税申报表（B表）" ③ 实行核定征收的纳税人，应向主管税务机关报送"商业健康保险税前扣除明细表"，主管税务机关按程序相应调减其应纳税所得额或应纳税额

4. 个人养老金

个人养老金是政府政策支持、个人自愿参加、市场化运营、实现养老保险补充功能的制度。个人养老金实行个人账户制，缴费完全由参加人个人承担，自主选择购买符合规定的储蓄存款、理财产品、商业养老保险、公募基金等金融产品，实行完全积累，按照国家有关规定享受税收优惠政策。个人养老金是独立于基本养老之外的第三种养老制度，与基本养老保险、企业（职业）年金相衔接，实现养老保险补充功能。个人养老金递延纳税优惠政策相关内容见表3-8。

表3-8　个人养老金递延纳税优惠政策

序号	项目	具体内容
1	参加范围	在中国境内参加城镇职工基本养老保险或者城乡居民基本养老保险的劳动者，可以参加个人养老金制度
2	缴费环节	参加人每年缴纳个人养老金的上限为12 000元。人力资源和社会保障部、财政部根据经济社会发展水平和多层次、多支柱养老保险体系发展情况等因素适时调整缴费上限 税收政策：在缴费环节，个人向个人养老金资金账户的缴费，按照12 000元/年的限额标准，在综合所得或经营所得中据实扣除
3	投资环节	个人养老金资金账户资金用于购买符合规定的银行理财、储蓄存款、商业养老保险、公募基金等运作安全、成熟稳定、标的规范、侧重长期保值的满足不同投资者偏好的金融产品，参加人可自主选择 税收政策：在投资环节，计入个人养老金资金账户的投资收益暂不征收个人所得税
4	领取环节	① 参加人达到领取基本养老金年龄、完全丧失劳动能力、出国（境）定居，或者具有其他符合国家规定的情形，经信息平台核验领取条件后，可以按月、分次或者一次性领取个人养老金，领取方式一经确定不得更改。领取时，应将个人养老金由个人养老金资金账户转入本人社会保障卡银行账户 ② 参加人死亡后，其个人养老金资金账户中的资产可以继承 税收政策：在领取环节，个人领取的个人养老金，不并入综合所得，单独按照3%的税率计算缴纳个人所得税，其缴纳的税款计入"工资、薪金所得"项目
5	税收征管	① 个人缴费享受税前扣除优惠时，以个人养老金信息管理服务平台出具的扣除凭证为扣税凭据 ② 取得工资薪金所得、按累计预扣法预扣预缴个人所得税劳务报酬所得的，其缴费可以选择在当年预扣预缴或次年汇算清缴时在限额标准内据实扣除。选择在当年预扣预缴的，应及时将相关凭证提供给扣缴单位。扣缴单位应按照本公告有关要求，为纳税人办理税前扣除有关事项 ③ 取得其他劳务报酬、稿酬、特许权使用费等所得或经营所得的，其缴费在次年汇算清缴时在限额标准内据实扣除 ④ 个人按规定领取个人养老金时，由开立个人养老金资金账户所在市的商业银行机构代扣代缴其应缴的个人所得税
6	政策时效	自2022年1月1日起，对个人养老金实施递延纳税优惠政策
7	文件依据	《财政部 税务总局关于个人养老金有关个人所得税政策的公告》（财政部 税务总局公告2022年第34号）

（五）准予扣除的捐赠额

个人通过中华人民共和国境内公益性社会组织、国家机关，向教育、扶贫、济困等公益慈善事业的捐赠，可以按照规定在计算应纳税所得额时扣除。准予扣除的捐赠额个税处理具体规定见表3-9。

表3-9 准予扣除的捐赠额个税处理具体规定

项　　目	内　　容
捐赠对象	必须是向教育或其他社会公益事业以及遭受严重自然灾害地区、贫困地区等的捐赠，即依法登记成立并取得税前扣除资格的社会组织
捐赠途径	捐赠必须通过境内的社会团体或国家机关进行。直接向受赠单位或个人的捐赠，不能在个人所得税前扣除
扣除方法	① 比例扣除（应纳税所得额30%） ② 全额扣除
扣除规定	① 居民个人根据各项所得的收入、公益性捐赠支出、适用税率等情况，自行决定在综合所得、分类所得、经营所得中扣除的公益捐赠支出的顺序 ② 在当期一个所得项目扣除不完的公益性捐赠支出，可以按规定在其他项目所得中继续扣除 ③ 已经在分类所得中扣除的公益捐赠支出，不再调整到其他所得中扣除 ④ 个人同时发生比例扣除和全额扣除的公益捐赠支出，自行选择扣除次序 ⑤ 一个纳税年度扣除不完的，不结转以后年度扣除
扣除凭证	受赠单位开具的捐赠票据或凭证
文件依据	《财政部 税务总局关于公益慈善事业捐赠个人所得税政策的公告》（财政部 税务总局公告2019年第99号）

三、综合所得应补、退税额的计算

▶【例3-1】中国居民个人肖某2018年入职A公司，2023年每月从A公司取得应发工资均为15 000元，每月减除费用5 000元，"三险一金"等专项扣除为1 000元，每月可以办理的专项附加扣除为赡养老人支出2 000元（肖某为家中独生子），除此之外没有其他扣除项目、减免收入及减免税额等情况。

此外，中国居民个人肖某2023年6月取得劳务报酬所得30 000元，8月取得稿酬所得10 000元，9月份取得特许权使用费所得5 000元。

以上收入在取得时，均需预扣预缴个人所得税。

> ☆ **提示**
>
> 扣缴义务人向居民个人支付工资、薪金所得时，应当按照累计预扣法计算预扣税款，并按月办理扣缴申报，具体计算公式如下：
>
> 本期应预扣预缴税额=（累计预扣预缴应纳税所得额×预扣率-速算扣除数）-
> 累计减免税额-累计已预扣预缴税额
>
> 累计预扣预缴应纳税所得额=累计收入-累计免税收入-累计减除费用-累计专项扣除-
> 累计专项附加扣除-累计依法确定的其他扣除

（一）预扣预缴环节

1. 计算取得工资、薪金时预扣预缴个人所得税

根据个人所得税预扣率表（见表3-10）计算【例3-1】中居民个人取得工资、薪金时各月预扣预缴税额：

表3-10 个人所得税预扣率表（工资、薪金所得）

个人所得税预扣率表			
（居民个人工资、薪金所得预扣预缴适用）			
级　　数	累计预扣预缴应纳税所得额	预扣率（%）	速算扣除数（元）
1	不超过36 000元	3	0
2	超过36 000元至144 000元的部分	10	2 520
3	超过144 000元至300 000元的部分	20	16 920
4	超过300 000元至420 000元的部分	25	31 920
5	超过420 000元至660 000元的部分	30	52 920
6	超过660 000元至960 000元的部分	35	85 920
7	超过960 000元的部分	45	181 920

（1）2023年1月应预扣预缴税额=（15 000−5 000−1 000−2 000）×3%=210（元）

（2）2023年2月应预扣预缴税额=（15 000×2−5 000×2−1 000×2−2 000×2）×3%−210=210（元）

（3）2023年3月应预扣预缴税额=（15 000×3−5 000×3−1 000×3−2 000×3）×3%−420=210（元）

（4）2023年4月应预扣预缴税额=（15 000×4−5 000×4−1 000×4−2 000×4）×3%−630=210（元）

（5）2023年5月应预扣预缴税额=（15 000×5−5 000×5−1 000×5−2 000×5）×3%−840=210（元）

（6）2023年6月应预扣预缴税额=（15 000×6−5 000×6−1 000×6−2 000×6）×10%−2 520−1 050=630（元）

（7）2023年7月应预扣预缴税额=（15 000×7−5 000×7−1 000×7−2 000×7）×10%−2 520−1 680=700（元）

（8）2023年8月应预扣预缴税额=（15 000×8−5 000×8−1 000×8−2 000×8）×10%−2 520−2 380=700（元）

（9）2023年9月应预扣预缴税额=（15 000×9−5 000×9−1 000×9−2 000×9）×10%−2 520−3 080=700（元）

（10）2023年10月应预扣预缴税额=（15 000×10−5 000×10−1 000×10−2 000×10）×10%−2 520−3 780=700（元）

（11）2023年11月应预扣预缴税额=（15 000×11−5 000×11−1 000×11−2 000×11）×10%−2 520−4 480=700（元）

（12）2023年12月应预扣预缴税额=（15 000×12−5 000×12−1 000×12−2 000×12）×10%−2 520−5 180=700（元）

中国居民个人肖某2023年全年取得工资、薪金所得预扣预缴个人所得税=210×5+630+700×6=5 880（元）。

2. 计算取得劳务报酬所得、稿酬所得及特许权使用费所得时预扣预缴个人所得税

根据个人所得税预扣率表（见表3-11）计算【例3-1】中居民个人取得劳务报酬等所得时预扣预缴税额：

表3-11　个人所得税预扣率表（劳务报酬所得）

个人所得税预扣率表		
（居民个人劳务报酬所得预扣预缴适用）		
级　数	预扣预缴应纳税所得额	预扣率（%）	速算扣除数（元）
1	不超过20 000元	20	0
2	超过20 000元至50 000元的部分	30	2 000
3	超过50 000元的部分	40	7 000

（1）取得劳务报酬所得预扣预缴税额=30 000×（1−20%）×30%−2 000=5 200（元）

（2）取得稿酬所得预扣预缴税额=10 000×（1−20%）×（1−30%）×20%=1 120（元）

（3）取得特许权使用费所得预扣预缴税额=5 000×（1−20%）×20%=800（元）

通过上述计算可以得知，中国居民肖某2023年取得的全部收入共计预扣预缴个人所得税=5 880+5 200+1 120+800=13 000（元）。

（二）年度综合所得汇算清缴环节

根据个人全年预扣预缴额及个人所得税税率表（见表3-12），进行居民个人全年综合所得汇算清缴。

表3-12　个人所得税税率表

个人所得税税率表			
（综合所得适用）			
级　数	全年应纳税所得额	税率（%）	速算扣除数（元）
1	不超过36 000元的	3	0
2	超过36 000元至144 000元的部分	10	2 520
3	超过144 000元至300 000元的部分	20	16 920
4	超过300 000元至420 000元的部分	25	31 920
5	超过420 000元至660 000元的部分	30	52 920
6	超过660 000元至960 000元的部分	35	85 920
7	超过960 000元的部分	45	181 920

注：1. 本表所称全年应纳税所得额是指依照《个人所得税法》第六条的规定，居民个人取得综合所得以每一纳税年度收入额减除费用60 000元以及专项扣除、专项附加扣除和依法确定的其他扣除后的余额。

2. 非居民个人取得工资、薪金所得，劳务报酬所得，稿酬所得和特许权使用费所得，依照本表按月换算后计算应纳税额。

1. 计算全年综合所得收入额

（1）工资薪金的收入额=15 000×12=180 000（元）。

（2）劳务报酬的收入额=30 000×（1−20%）=24 000（元）。

（3）稿酬的收入额=10 000×（1−20%）×（1−30%）=5 600（元）。

（4）特许权使用费的收入额=5 000×（1−20%）=4 000（元）。

综上，中国居民肖某2023年综合所得收入额合计=180 000+24 000+5 600+4 000=213 600（元）。

2. 计算全年应纳税所得额

全年应纳税所得额=综合所得收入额-60 000-专项扣除-专项附加扣除-依法确定的其他扣除-准予扣除的捐赠=213 600-60 000-1 000×12-2 000×12=117 600（元）。

3. 计算全年应纳税额及应补、退税额

2023年全年应纳税额=117 600×10%-2 520=9 240（元）。

2023年度综合所得汇算清缴应补、退税额=应纳税额-已预扣预缴税额=9 240-13 000=-3 760（元）。

通过上述计算可以得出：【例3-1】中中国居民个人肖某2023年应缴纳个人所得税9 240元，其前期实际已预缴个人所得税13 000元，因此，应退个人所得税3 760元。

随堂题解

【例题7·单选题】某大学教授受某公司委托，翻译一份产品说明书，取得收入24 000元。已知劳务报酬所得每次收入4 000元以上的，减除费用20%。劳务报酬所得预扣预缴应纳税所得额不超过20 000元的部分，适用预扣率20%；超过20 000元至50 000元的部分，适用预扣率为30%，速算扣除数2 000。则该教授取得翻译收入应预缴个人所得税税额为（　　）。

A．24 000×（1-20%）×30%-2 000=3 760（元）
B．24 000×（1-20%）×20%=3 840（元）
C．24 000×30%-2 000=5 200（元）
D．24 000×20%=4 800（元）

【答案】B

【解析】劳务报酬所得以收入减除20%的费用后的余额为预扣预缴应纳税所得额，应纳税所得额不超过20 000元的部分，适用预扣率20%。

【例题8·单选题】根据个人所得税法律制度的规定，下列各项中，属于综合所得计算应纳税额时可以做专项扣除的是（　　）。

A．个人缴纳的基本养老保险　　　B．子女教育支出
C．继续教育支出　　　　　　　　D．赡养老人支出

【答案】A

【解析】选项BCD，属于专项附加扣除。

【例题9·单选题】境内居民个人刘某2023年度综合所得收入为150 000元，"三险一金"等专项附加扣除为8 800元，子女教育等专项附加扣除为24 000元，无依法确定的其他扣除，假设2023年已预缴税额为826元。则2023年度汇算应退或应补税额为（　　）元。

A．1 100　　　　　　　　　　　　B．1 074
C．2 374　　　　　　　　　　　　D．3 200

【答案】C

【解析】2023年度汇算应补税额=[（综合所得收入额-60 000元-专项扣除-专项附加扣除-依法确定的其他扣除）×适用税率-速算扣除数]-已预缴税额=[（150 000-60 000-8 800-24 000）×10%-2 520]-826=2 374（元）。

第四节　综合所得汇算清缴的办理

一、办理时间、方式及渠道

（一）办理时间

根据《个人所得税法》第十一条的规定，居民个人取得综合所得，按年计算个人所得税；有扣缴义务人的，由扣缴义务人按月或者按次预扣预缴税款；需要办理汇算清缴的，应当在取得所得的次年3月1日至6月30日内办理汇算清缴。

例如，居民个人办理2023年度综合所得汇算清缴的时间为2024年3月1日至6月30日。在中国境内无住所的居民个人在2024年3月1日前离境的，可以在离境前办理年度综合所得汇算清缴。

（二）办理方式

居民个人可自主选择下列办理方式：

1. 纳税人自行办理

纳税人可以自行办理年度汇算清缴，税务机关将持续加强年度汇算清缴的政策解读和操作辅导力度，通过多种渠道提供涉税咨询服务，完善自然人电子税务局提示提醒功能，帮助纳税人顺利完成年度汇算。对于独立完成年度汇算存在困难的年长、行动不便等特殊人群，由纳税人提出申请，税务机关还可以提供个性化年度汇算服务。

2. 通过任职受雇单位代为办理

考虑到任职受雇单位对纳税人的涉税信息掌握的比较全面、准确，与纳税人联系也比较紧密，有利于更好地帮助纳税人办理年度汇算，《国家税务总局关于办理2022年度个人所得税综合所得汇算清缴事项的公告》（国家税务总局公告2023年第3号）第六条规定，纳税人可以选择通过任职受雇单位（含按累计预扣法预扣预缴其劳务报酬所得个人所得税的单位）代为办理。纳税人提出代办要求的，单位应当代为办理，或者培训、辅导纳税人完成汇算申报和退（补）税。

由单位代为办理的，纳税人应在2023年4月30日前与单位以书面或者电子等方式进行确认，补充提供2022年在本单位以外取得的综合所得收入、相关扣除、享受税收优惠等信息资料,并对所提交信息的真实性、准确性、完整性负责。纳税人未与单位确认请其代为办理的,单位不得代办。

3. 委托涉税专业服务机构或其他单位及个人办理

纳税人可根据自己的情况和条件,自主委托涉税专业服务机构或其他单位、个人(以下称"受托人")办理年度汇算。选择这种方式,受托人需与纳税人签订委托授权书,明确双方的权利、责任和义务。

需要提醒的是,单位或者受托人代为办理年度汇算后,应当及时将办理情况告知纳税人。纳税人如果发现申报信息存在错误,可以要求单位或受托人办理更正申报,也可自行办理更正申报。

(三)办理渠道

为便利居民个人,税务机关为居民个人提供高效、快捷的网络办税渠道。居民个人可优先通过自然人电子税务局(包括手机"个人所得税"APP)办理年度综合所得汇算清缴,税务机关将按规定为居民个人提供申报表预填服务;不方便通过上述方式办理的,也可以通过邮寄方式或到办税服务厅办理。

选择邮寄申报的,各省(区、市)将指定专门受理邮寄申报的税务机关并向社会公告。纳税人如选择邮寄申报的,需根据自己实际情况,将申报表寄送至相应地址;有任职受雇单位的,需将申报表寄送至任职受雇单位所在省(区、市)税务局公告指定的税务机关;没有任职受雇单位的,寄送至户籍或者经常居住地所在省(区、市)税务局公告指定的税务机关。同时,为避免因信息填报有误或寄送地址不清而带来不必要的麻烦,纳税人应清晰、真实、准确填写本人的相关信息,尤其是姓名、纳税人识别号、有效联系方式等关键信息。为提高辨识度,寄送的申报表建议使用电脑填报并打印、签字。

二、汇算清缴可享受的税前扣除

下列未申报扣除或未足额扣除的税前扣除项目,居民个人可在年度综合所得汇算清缴期间办理扣除或补充扣除:

(1)居民个人及其配偶、未成年子女在汇算清缴年度(如2023年度)发生的,符合条件的大病医疗支出;

(2)居民个人在汇算清缴年度(如2023年度)未申报享受或未足额享受的子女教育、继续教育、住房贷款利息或住房租金、赡养老人、3岁以下婴幼儿照护专项附加扣除,以及减除费用、专项扣除、依法确定的其他扣除;

(3)居民个人在汇算清缴年度(如2023年度)发生的符合条件的捐赠支出。

三、汇算清缴的退税、补税

(一)汇算清缴退税

根据《国家税务总局关于办理2022年度个人所得税综合所得汇算清缴事项的公告》

（国家税务总局公告2023年第3号）第十条第一项规定，纳税人申请汇算退税，应当提供其在中国境内开设的符合条件的银行账户。税务机关按规定审核后，按照国库管理有关规定办理税款退库。纳税人未提供本人有效银行账户，或者提供的信息资料有误的，税务机关将通知纳税人更正，纳税人按要求更正后依法办理退税。

为方便办理退税，2022年综合所得全年收入额不超过6万元且已预缴个人所得税的纳税人，可选择使用个人所得税APP及网站提供的简易申报功能，便捷办理汇算退税。

申请2022年度汇算退税的纳税人，如存在应当办理2021及以前年度汇算补税但未办理，或者经税务机关通知2021及以前年度汇算申报存在疑点但未更正或说明情况的，需在办理2021及以前年度汇算申报补税、更正申报或者说明有关情况后依法申请退税。

（二）汇算清缴补税

根据《国家税务总局关于办理2022年度个人所得税综合所得汇算清缴事项的公告》（国家税务总局公告2023年第3号）第十条第二项规定，纳税人办理汇算补税的，可以通过网上银行、办税服务厅POS机刷卡、银行柜台、非银行支付机构等方式缴纳。邮寄申报并补税的，纳税人需通过个人所得税APP及网站或者主管税务机关办税服务厅及时关注申报进度并缴纳税款。

汇算需补税的纳税人，汇算期结束后未足额补缴税款的，税务机关将依法加收滞纳金，并在其个人所得税纳税记录中予以标注。

纳税人因申报信息填写错误造成汇算多退或少缴税款的，纳税人主动或经税务机关提醒后及时改正的，税务机关可以按照"首违不罚"原则免予处罚。

随堂题解

【例题10·单选题】根据税法规定，需要办理汇算清缴的纳税人，应当在取得所得的（　　）内，向任职、受雇单位所在地主管税务机关办理纳税申报，并报送"个人所得税年度自行纳税申报表"。

A．次年3月1日至6月30日　　　　B．次年3月1日至3月31日
C．次年1月1日至6月30日　　　　D．次年1月1日至3月31日

【答案】A
【解析】选项A正确。

【例题11·单选题】居民个人从中国境外取得所得的，应当在取得所得的次年（　　），向中国境内任职、受雇单位所在地主管税务机关办理纳税申报。

A．3月1日至6月30日内　　　　B．6月30日前
C．3月31日前　　　　　　　　　D．3月1日至3月31日内

【答案】A
【解析】选项A正确。

第五节　综合所得汇算清缴纳税申报表的填报

一、个人所得税年度自行纳税申报表（A表）样式（见表3-13）

表3-13　个人所得税年度自行纳税申报表（A表）

（仅取得境内综合所得年度汇算适用）

税款所属期：　　年　月　日至　　年　月　日

纳税人姓名：

纳税人识别号：□□□□□□□□□□□□□□□□□-□□　　金额单位：人民币元（列至角分）

基本情况					
手机号码		电子邮箱		邮政编码	□□□□□□
联系地址	__省（区、市）__市__区（县）____街道（乡、镇）_____				
纳税地点（单选）					
1. 有任职受雇单位的，需选本项并填写"任职受雇单位信息"：			□任职受雇单位所在地		
任职受雇单位信息	名称				
	纳税人识别号	□□□□□□□□□□□□□□□			
2. 没有任职受雇单位的，可以从本栏次选择一地：			□户籍所在地　　□经常居住地　　□主要收入来源地		
户籍所在地/经常居住地/主要收入来源地	____省（区、市）____市____区（县）____街道（乡、镇）_____				
申报类型（单选）					
□首次申报			□更正申报		
综合所得个人所得税计算					
项目			行次		金　额
一、收入合计（第1行=第2行+第3行+第4行+第5行）			1		
（一）工资、薪金			2		
（二）劳务报酬			3		
（三）稿酬			4		
（四）特许权使用费			5		
二、费用合计[第6行=（第3行+第4行+第5行）×20%]			6		
三、免税收入合计（第7行=第8行+第9行）			7		
（一）稿酬所得免税部分[第8行=第4行×（1-20%）×30%]			8		
（二）其他免税收入（附报"个人所得税减免税事项报告表"）			9		

（续）

综合所得个人所得税计算		
项　目	行　次	金　额
四、减除费用	10	
五、专项扣除合计（第11行=第12行+第13行+第14行+第15行）	11	
（一）基本养老保险费	12	
（二）基本医疗保险费	13	
（三）失业保险费	14	
（四）住房公积金	15	
六、专项附加扣除合计（附报"个人所得税专项附加扣除信息表"） （第16行=第17行+第18行+第19行+第20行+第21行+第22行+第23行）	16	
（一）子女教育	17	
（二）继续教育	18	
（三）大病医疗	19	
（四）住房贷款利息	20	
（五）住房租金	21	
（六）赡养老人	22	
（七）3岁以下婴幼儿照护	23	
七、其他扣除合计（第24行=第25行+第26行+第27行+第28行+第29行+第30行）	24	
（一）年金	25	
（二）商业健康保险（附报"商业健康保险税前扣除情况明细表"）	26	
（三）税延养老保险（附报"个人税收递延型商业养老保险税前扣除情况明细表"）	27	
（四）允许扣除的税费	28	
（五）个人养老金	29	
（六）其他	30	
八、准予扣除的捐赠额（附报"个人所得税公益慈善事业捐赠扣除明细表"）	31	
九、应纳税所得额 （第32行=第1行-第6行-第7行-第10行-第11行-第16行-第24行-第31行）	32	
十、税率（%）	33	
十一、速算扣除数	34	
十二、应纳税额（第35行=第32行×第33行-第34行）	35	
全年一次性奖金个人所得税计算 （无住所居民个人预判为非居民个人取得的数月奖金，选择按全年一次性奖金计税的填写本部分）		
一、全年一次性奖金收入	36	
二、准予扣除的捐赠额（附报"个人所得税公益慈善事业捐赠扣除明细表"）	37	
三、税率（%）	38	
四、速算扣除数	39	
五、应纳税额[第40行=（第36行-第37行）×第38行-第39行]	40	

(续)

税 额 调 整		
一、综合所得收入调整额（需在"备注"栏说明调整具体原因、计算方式等）	41	
二、应纳税额调整额	42	
应补/退个人所得税计算		
一、应纳税额合计（第43行=第35行+第40行+第42行）	43	
二、减免税额（附报"个人所得税减免税事项报告表"）	44	
三、已缴税额	45	
四、应补/退税额（第46行=第43行−第44行−第45行）	46	

无住所个人附报信息			
纳税年度内在中国境内居住天数		已在中国境内居住年数	

退税申请
（应补/退税额小于0的填写本部分）

□ 申请退税（需填写"开户银行名称""开户银行省份""银行账号"） □ 放弃退税	
开户银行名称	开户银行省份
银行账号	

备　　注
谨声明：本表是根据国家税收法律法规及相关规定填报的，本人对填报内容（附带资料）的真实性、可靠性、完整性负责。
纳税人签字：　　　年　月　日

经办人签字：	受理人：
经办人身份证件类型：	
经办人身份证件号码：	受理税务机关（章）：
代理机构签章：	
代理机构统一社会信用代码：	受理日期：　　年　月　日

国家税务总局监制

二、个人所得税年度自行纳税申报表（A表）填表说明

（一）适用范围

本表适用于居民个人纳税年度内仅从中国境内取得工资、薪金所得，劳务报酬所得，稿酬所得，特许权使用费所得（以下简称"综合所得"），按照税法规定进行个人所得税综合所得汇算清缴。居民个人纳税年度内取得境外所得的，不适用本表。

（二）报送期限

居民个人取得综合所得需要办理汇算清缴的，应当在取得所得的次年3月1日至6月30日内，向主管税务机关办理个人所得税综合所得汇算清缴申报，并报送本表。

（三）本表各栏填写

1. 表头项目

（1）税款所属期：填写居民个人取得综合所得当年的第1日至最后1日。如2023年1月1日至2023年12月31日。

（2）纳税人姓名：填写居民个人姓名。

（3）纳税人识别号：有中国公民身份号码的，填写中华人民共和国居民身份证上载明的"公民身份号码"；没有中国公民身份号码的，填写税务机关赋予的纳税人识别号。

2. 基本情况

（1）手机号码：填写居民个人中国境内的有效手机号码。

（2）电子邮箱：填写居民个人有效电子邮箱地址。

（3）邮政编码：填写居民个人"联系地址"对应的邮政编码。

（4）联系地址：填写居民个人能够接收信件的有效地址。

3. 纳税地点

居民个人根据任职受雇情况，在选项1和选项2之间选择其一，并填写相应信息。若居民个人逾期办理汇算清缴申报被指定主管税务机关的，无须填写本部分。

（1）任职受雇单位信息：勾选"任职受雇单位所在地"并填写相关信息。按累计预扣法预扣预缴居民个人劳务报酬所得个人所得税的单位，视同居民个人的任职受雇单位。其中，按累计预扣法预扣预缴个人所得税的劳务报酬包括保险营销员和证券经纪人取得的佣金收入，以及正在接受全日制学历教育的学生实习取得的劳务报酬。

1）名称：填写任职受雇单位的法定名称全称。

2）纳税人识别号：填写任职受雇单位的纳税人识别号或者统一社会信用代码。

（2）户籍所在地/经常居住地/主要收入来源地：勾选"户籍所在地"的，填写居民户口簿中登记的住址。勾选"经常居住地"的，填写居民个人申领居住证上登载的居住地址；没有申领居住证的，填写居民个人实际居住地；实际居住地不在中国境内的，填写支付或者实际负担综合所得的境内单位或个人所在地。勾选"主要收入来源地"的，填写居民个人纳税年度内取得的劳务报酬、稿酬及特许权使用费三项所得累计收入最大的扣缴义务人所在地。

4. 申报类型

未曾办理过年度汇算申报，勾选"首次申报"；已办理过年度汇算申报，但有误需要更正的，勾选"更正申报"。

5. 综合所得个人所得税计算

（1）第1行"收入合计"：填写居民个人取得的综合所得收入合计金额。

第1行=第2行+第3行+第4行+第5行。

（2）第2～5行"工资、薪金""劳务报酬""稿酬""特许权使用费"：填写居民个人取得的需要并入综合所得计税的"工资、薪金""劳务报酬""稿酬""特许权使用费"所得收入金额。

（3）第6行"费用合计"：根据相关行次计算填报。

第6行=（第3行+第4行+第5行）×20%。

（4）第7行"免税收入合计"：填写居民个人取得的符合税法规定的免税收入合计金额。

第7行=第8行+第9行。

（5）第8行"稿酬所得免税部分"：根据相关行次计算填报。

第8行=第4行×（1-20%）×30%。

（6）第9行"其他免税收入"：填写居民个人取得的除第8行以外的符合税法规定的免税收入合计，并按规定附报"个人所得税减免税事项报告表"。

（7）第10行"减除费用"：填写税法规定的减除费用。

（8）第11行"专项扣除合计"：根据相关行次计算填报。

第11行=第12行+第13行+第14行+第15行。

（9）第12～15行"基本养老保险费""基本医疗保险费""失业保险费""住房公积金"：填写居民个人按规定可以在税前扣除的基本养老保险费、基本医疗保险费、失业保险费、住房公积金金额。

（10）第16行"专项附加扣除合计"：根据相关行次计算填报，并按规定附报"个人所得税专项附加扣除信息表"。

第16行=第17行+第18行+第19行+第20行+第21行+第22行+第23行。

（11）第17～23行"子女教育""继续教育""大病医疗""住房贷款利息""住房租金""赡养老人""3岁以下婴幼儿照护"：填写居民个人按规定可以在税前扣除的子女教育、继续教育、大病医疗、住房贷款利息、住房租金、赡养老人、3岁以下婴幼儿照护等专项附加扣除的金额。

（12）第24行"其他扣除合计"：根据相关行次计算填报。

第24行=第25行+第26行+第27行+第28行+第29行+第30行。

（13）第25～30行"年金""商业健康保险""税延养老保险""允许扣除的税费""个人养老金""其他"：填写居民个人按规定可在税前扣除的年金、商业健康保险、税延养老保险、允许扣除的税费、个人养老金和其他扣除项目的金额。其中，填写商业健康保险的，应当按规定附报"商业健康保险税前扣除情况明细表"；填写税延养老保险的，应当按规定附报"个人税收递延型商业养老保险税前扣除情况明细表"。

（14）第31行"准予扣除的捐赠额"：填写居民个人按规定准予在税前扣除的公益慈善

事业捐赠金额，并按规定附报"个人所得税公益慈善事业捐赠扣除明细表"。

（15）第32行"应纳税所得额"：根据相关行次计算填报。

第32行=第1行−第6行−第7行−第10行−第11行−第16行−第24行−第31行。

（16）第33、34行"税率""速算扣除数"：填写按规定适用的税率和速算扣除数。

（17）第35行"应纳税额"：按照相关行次计算填报。

第35行=第32行×第33行−第34行。

6. 全年一次性奖金个人所得税计算

无住所居民个人预缴时因预判为非居民个人而按取得数月奖金计算缴税的，汇缴时可以根据自身情况，将一笔数月奖金按照全年一次性奖金单独计算。

（1）第36行"全年一次性奖金收入"：填写无住所的居民个人纳税年度内预判为非居民个人时取得的一笔数月奖金收入金额。

（2）第37行"准予扣除的捐赠额"：填写无住所的居民个人按规定准予在税前扣除的公益慈善事业捐赠金额，并按规定附报"个人所得税公益慈善事业捐赠扣除明细表"。

（3）第38、39行"税率""速算扣除数"：填写按照全年一次性奖金政策规定适用的税率和速算扣除数。

（4）第40行"应纳税额"：按照相关行次计算填报。

第40行=（第36行−第37行）×第38行−第39行。

7. 税额调整

（1）第41行"综合所得收入调整额"：填写居民个人按照税法规定可以办理的除第41行之前所填报内容之外的其他可以进行调整的综合所得收入的调整金额，并在"备注"栏说明调整的具体原因、计算方式等信息。

（2）第42行"应纳税额调整额"：填写居民个人按照税法规定调整综合所得收入后所应调整的应纳税额。

8. 应补/退个人所得税计算

（1）第43行"应纳税额合计"：根据相关行次计算填报。

第43行=第35行+第40行+第42行。

（2）第44行"减免税额"：填写符合税法规定的可以减免的税额，并按规定附报"个人所得税减免税事项报告表"。

（3）第45行"已缴税额"：填写居民个人取得在本表中已填报的收入对应的已经缴纳或者被扣缴的个人所得税。

（4）第46行"应补/退税额"：根据相关行次计算填报。

第46行=第43行−第44行−第45行。

9. 无住所个人附报信息

本部分由无住所居民个人填写。不是，则不填。

（1）纳税年度内在中国境内居住天数：填写纳税年度内，无住所居民个人在中国境内居住的天数。

（2）已在中国境内居住年数：填写无住所居民个人已在中国境内连续居住的年份数。其中，年份数自2019年（含）开始计算且不包含本纳税年度。

10. 退税申请

本部分由应补/退税额小于0且勾选"申请退税"的居民个人填写。

（1）"开户银行名称"：填写居民个人在中国境内开立银行账户的银行名称。

（2）"开户银行省份"：填写居民个人在中国境内开立的银行账户的开户银行所在省、自治区、直辖市或者计划单列市。

（3）"银行账号"：填写居民个人在中国境内开立的银行账户的银行账号。

11. 备注

填写居民个人认为需要特别说明的或者按照有关规定需要说明的事项。

（四）其他事项说明

以纸质方式报送本表的，建议通过计算机填写打印，一式两份，纳税人、税务机关各留存一份。

三、个人所得税年度自行纳税申报表（B表）样式（见表3-14）

表3-14　个人所得税年度自行纳税申报表（B表）

（居民个人取得境外所得适用）

税款所属期：　年　月　日至　年　月　日

纳税人姓名：

纳税人识别号：□□□□□□□□□□□□□□□□□-□□　　金额单位：人民币元（列至角分）

基 本 情 况				
手机号码		电子邮箱	邮政编码	□□□□□□
联系地址	____省（区、市）____市____区（县）____街道（乡、镇）____			
纳税地点（单选）				
1. 有任职受雇单位的，需选本项并填写"任职受雇单位信息"：			□任职受雇单位所在地	
任职受雇单位信息	名称			
	纳税人识别号			
2. 没有任职受雇单位的，可以从本栏次选择一地：			□户籍所在地　　□经常居住地 □主要收入来源地	
户籍所在地/经常居住地/主要收入来源地		____省（区、市）____市____区（县）____街道（乡、镇）		
申报类型（单选）				
□首次申报				□更正申报

（续）

综合所得个人所得税计算		
项　　目	行　次	金　额
一、境内收入合计（第1行=第2行+第3行+第4行+第5行）	1	
（一）工资、薪金	2	
（二）劳务报酬	3	
（三）稿酬	4	
（四）特许权使用费	5	
二、境外收入合计（附报"境外所得个人所得税抵免明细表"） （第6行=第7行+第8行+第9行+第10行）	6	
（一）工资、薪金	7	
（二）劳务报酬	8	
（三）稿酬	9	
（四）特许权使用费	10	
三、费用合计[第11行=（第3行+第4行+第5行+第8行+第9行+第10行）×20%]	11	
四、免税收入合计（第12行=第13行+第14行）	12	
（一）稿酬所得免税部分[第13行=（第4行+第9行）×（1-20%）×30%]	13	
（二）其他免税收入（附报"个人所得税减免税事项报告表"）	14	
五、减除费用	15	
六、专项扣除合计（第16行=第17行+第18行+第19行+第20行）	16	
（一）基本养老保险费	17	
（二）基本医疗保险费	18	
（三）失业保险费	19	
（四）住房公积金	20	
七、专项附加扣除合计（附报"个人所得税专项附加扣除信息表"） （第21行=第22行+第23行+第24行+第25行+第26行+第27行+第28行）	21	
（一）子女教育	22	
（二）继续教育	23	
（三）大病医疗	24	
（四）住房贷款利息	25	
（五）住房租金	26	
（六）赡养老人	27	
（七）3岁以下婴幼儿照护	28	
八、其他扣除合计（第29行=第30行+第31行+第32行+第33行+第34行+第35行）	29	
（一）年金	30	
（二）商业健康保险（附报"商业健康保险税前扣除情况明细表"）	31	
（三）税延养老保险（附报"个人税收递延型商业养老保险税前扣除情况明细表"）	32	
（四）允许扣除的税费	33	
（五）个人养老金	34	
（六）其他	35	
九、准予扣除的捐赠额（附报"个人所得税公益慈善事业捐赠扣除明细表"）	36	
十、应纳税所得额 （第37行=第1行+第6行-第11行-第12行-第15行-第16行-第21行-第29行-第36行）	37	
十一、税率（%）	38	
十二、速算扣除数	39	
十三、应纳税额（第40行=第37行×第38行-第39行）	40	

（续）

除综合所得外其他境外所得个人所得税计算 （无相应所得不填本部分，有相应所得另需附报"境外所得个人所得税抵免明细表"）			
一、经营所得	（一）经营所得应纳税所得额（第41行=第42行+第43行）	41	
	其中：境内经营所得应纳税所得额	42	
	境外经营所得应纳税所得额	43	
	（二）税率（%）	44	
	（三）速算扣除数	45	
	（四）应纳税额（第46行=第41行×第44行－第45行）	46	
二、利息、股息、红利所得	（一）境外利息、股息、红利所得应纳税所得额	47	
	（二）税率（%）	48	
	（三）应纳税额（第49行=第47行×第48行）	49	
三、财产租赁所得	（一）境外财产租赁所得应纳税所得额	50	
	（二）税率（%）	51	
	（三）应纳税额（第52行=第50行×第51行）	52	
四、财产转让所得	（一）境外财产转让所得应纳税所得额	53	
	（二）税率（%）	54	
	（三）应纳税额（第55行=第53行×第54行）	55	
五、偶然所得	（一）境外偶然所得应纳税所得额	56	
	（二）税率（%）	57	
	（三）应纳税额（第58行=第56行×第57行）	58	
六、其他所得	（一）其他境内、境外所得应纳税所得额合计（需在"备注"栏说明具体项目）	59	
	（二）应纳税额	60	
股权激励个人所得税计算 （无境外股权激励所得不填本部分，有相应所得另需附报"境外所得个人所得税抵免明细表"）			
一、境内、境外单独计税的股权激励收入合计		61	
二、税率（%）		62	
三、速算扣除数		63	
四、应纳税额（第64行=第61行×第62行－第63行）		64	
全年一次性奖金个人所得税计算 （无住所个人预判为非居民个人取得的数月奖金，选择按全年一次性奖金计税的填写本部分）			
一、全年一次性奖金收入		65	
二、准予扣除的捐赠额（附报"个人所得税公益慈善事业捐赠扣除明细表"）		66	
三、税率（%）		67	
四、速算扣除数		68	
五、应纳税额[第69行=（第65行－第66行）×第67行－第68行]		69	
税 额 调 整			
一、综合所得收入调整额（需在"备注"栏说明调整具体原因、计算方法等）		70	
二、应纳税额调整额		71	

(续)

应补/退个人所得税计算		
一、应纳税额合计 （第72行=第40行+第46行+第49行+第52行+第55行+第58行+第60行+第64行+第69行+第71行）	72	
二、减免税额（附报"个人所得税减免税事项报告表"）	73	
三、已缴税额（境内）	74	
其中：境外所得境内支付部分已缴税额	75	
境外所得境外支付部分预缴税额	76	
四、境外所得已纳所得税抵免额（附报"境外所得个人所得税抵免明细表"）	77	
五、应补/退税额（第78行=第72行−第73行−第74行−第77行）	78	
无住所个人附报信息		
纳税年度内在中国境内居住天数	已在中国境内居住年数	
退 税 申 请 （应补/退税额小于0的填写本部分）		
□ 申请退税（需填写"开户银行名称""开户银行省份""银行账号"）	□ 放弃退税	
开户银行名称	开户银行省份	
银行账号		
备　注		
谨声明：本表是根据国家税收法律法规及相关规定填报的，本人对填报内容（附带资料）的真实性、可靠性、完整性负责。 　　　　　　　　　　　　　　　　　　　　　　　　　纳税人签字：　　　年　月　日		
经办人签字：	受理人：	
经办人身份证件类型：		
经办人身份证件号码：	受理税务机关（章）：	
代理机构签章：		
代理机构统一社会信用代码：	受理日期：　　年　月　日	

国家税务总局监制

四、个人所得税年度自行纳税申报表（B表）填表说明

（一）适用范围

本表适用于居民个人纳税年度内取得境外所得，按照税法规定办理取得境外所得个人所得税自行申报。申报本表时应当一并附报"境外所得个人所得税抵免明细表"。

（二）报送期限

居民个人取得境外所得需要办理自行申报的，应当在取得所得的次年3月1日至6月30日内，向主管税务机关办理纳税申报，并报送本表。

（三）本表各栏填写

1. 表头项目

（1）税款所属期：填写居民个人取得所得当年的第1日至最后1日。如2023年1月1日至2023年12月31日。

（2）纳税人姓名：填写居民个人姓名。

（3）纳税人识别号：有中国公民身份号码的，填写中华人民共和国居民身份证上载明的"公民身份号码"；没有中国公民身份号码的，填写税务机关赋予的纳税人识别号。

2. 基本情况

（1）手机号码：填写居民个人中国境内的有效手机号码。

（2）电子邮箱：填写居民个人有效电子邮箱地址。

（3）邮政编码：填写居民个人"联系地址"所对应的邮政编码。

（4）联系地址：填写居民个人能够接收信件的有效地址。

3. 纳税地点

居民个人根据任职受雇情况，在选项1和选项2之间选择其一，并填写相应信息。若居民个人逾期办理汇算清缴申报被指定主管税务机关的，无须填写本部分。

（1）任职受雇单位信息：勾选"任职受雇单位所在地"并填写相关信息。按累计预扣法预扣预缴居民个人劳务报酬所得个人所得税的单位，视同居民个人的任职受雇单位。其中，按累计预扣法预扣预缴个人所得税的劳务报酬包括保险营销员和证券经纪人取得的佣金收入，以及正在接受全日制学历教育的学生实习取得的劳务报酬。

1）名称：填写任职受雇单位的法定名称全称。

2）纳税人识别号：填写任职受雇单位的纳税人识别号或者统一社会信用代码。

（2）户籍所在地/经常居住地/主要收入来源地：勾选"户籍所在地"的，填写居民户口簿中登记的住址。勾选"经常居住地"的，填写居民个人申领居住证上登载的居住地址；没有申领居住证的，填写居民个人实际居住地；实际居住地不在中国境内的，填写支付或者实际负担综合所得的境内单位或个人所在地。勾选"主要收入来源地"的，填写居民个人纳税年度内取得的劳务报酬、稿酬及特许权使用费三项所得累计收入最大的扣缴义务人所在地。

4. 申报类型

未曾办理过年度汇算申报，勾选"首次申报"；已办理过年度汇算申报，但有误需要更正的，勾选"更正申报"。

5. 综合所得个人所得税计算

（1）第1行"境内收入合计"：填写居民个人取得的境内综合所得收入合计金额。

第1行=第2行+第3行+第4行+第5行。

（2）第2～5行"工资、薪金""劳务报酬""稿酬""特许权使用费"：填写居民个人取得的需要并入境内综合所得计税的"工资、薪金""劳务报酬""稿酬""特许权使用费"所得收入金额。

（3）第6行"境外收入合计"：填写居民个人取得的境外综合所得收入合计金额，并按规定附报"境外所得个人所得税抵免明细表"。

第6行=第7行+第8行+第9行+第10行。

（4）第7～10行"工资、薪金""劳务报酬""稿酬""特许权使用费"：填写居民个人取得的需要并入境外综合所得计税的"工资、薪金""劳务报酬""稿酬""特许权使用费"所得收入金额。

（5）第11行"费用合计"：根据相关行次计算填报。

第11行=（第3行+第4行+第5行+第8行+第9行+第10行）×20%。

（6）第12行"免税收入合计"：填写居民个人取得的符合税法规定的免税收入合计金额。

第12行=第13行+第14行。

（7）第13行"稿酬所得免税部分"：根据相关行次计算填报。

第13行=（第4行+第9行）×（1-20%）×30%。

（8）第14行"其他免税收入"：填写居民个人取得的除第13行以外的符合税法规定的免税收入合计，并按规定附报"个人所得税减免税事项报告表"。

（9）第15行"减除费用"：填写税法规定的减除费用。

（10）第16行"专项扣除合计"：根据相关行次计算填报。

第16行=第17行+第18行+第19行+第20行。

（11）第17～20行"基本养老保险费""基本医疗保险费""失业保险费""住房公积金"：填写居民个人按规定可以在税前扣除的基本养老保险费、基本医疗保险费、失业保险费、住房公积金金额。

（12）第21行"专项附加扣除合计"：根据相关行次计算填报，并按规定附报"个人所得税专项附加扣除信息表"。

第21行=第22行+第23行+第24行+第25行+第26行+第27行+28行。

（13）第22～28行"子女教育""继续教育""大病医疗""住房贷款利息""住房租金""赡养老人""3岁以下婴幼儿照护"：填写居民个人按规定可以在税前扣除的子女教育、继续教育、大病医疗、住房贷款利息、住房租金、赡养老人、3岁以下婴幼儿照护等专项附加扣除的金额。

（14）第29行"其他扣除合计"：根据相关行次计算填报。

第29行=第30行+第31行+第32行+第33行+第34行+第35行。

（15）第30～35行"年金""商业健康保险""税延养老保险""允许扣除的税费""个人养老金""其他"：填写居民个人按规定可在税前扣除的年金、商业健康保险、税延养老保险、允许扣除的税费、个人养老金和其他扣除项目的金额。其中，填写商业健康保险的，应当按规定附报"商业健康保险税前扣除情况明细表"；填写税延养老保险的，应当按规定附报"个人税收递延型商业养老保险税前扣除情况明细表"。

（16）第36行"准予扣除的捐赠额"：填写居民个人按规定准予在税前扣除的公益慈善事业捐赠金额，并按规定附报"个人所得税公益慈善事业捐赠扣除明细表"。

（17）第37行"应纳税所得额"：根据相应行次计算填报。

第37行=第1行+第6行−第11行−第12行−第15行−第16行−第21行−第29行−第36行。

（18）第38、39行"税率""速算扣除数"：填写按规定适用的税率和速算扣除数。

（19）第40行"应纳税额"：按照相关行次计算填报。

第40行=第37行×第38行−第39行。

6. 除综合所得外其他境外所得个人所得税计算

居民个人取得除综合所得外其他境外所得的，填写本部分，并按规定附报"境外所得个人所得税抵免明细表"。

（1）第41行"经营所得应纳税所得额"：根据相应行次计算填报。

第41行=第42行+第43行。

（2）第42行"境内经营所得应纳税所得额"：填写居民个人取得的境内经营所得应纳税所得额合计金额。

（3）第43行"境外经营所得应纳税所得额"：填写居民个人取得的境外经营所得应纳税所得额合计金额。

（4）第44、45行"税率""速算扣除数"：填写按规定适用的税率和速算扣除数。

（5）第46行"应纳税额"：按照相关行次计算填报。

第46行=第41行×第44行−第45行。

（6）第47行"境外利息、股息、红利所得应纳税所得额"：填写居民个人取得的境外利息、股息、红利所得应纳税所得额合计金额。

（7）第48行"税率"：填写按规定适用的税率。

（8）第49行"应纳税额"：按照相关行次计算填报。

第49行=第47行×第48行。

（9）第50行"境外财产租赁所得应纳税所得额"：填写居民个人取得的境外财产租赁所得应纳税所得额合计金额。

（10）第51行"税率"：填写按规定适用的税率。

（11）第52行"应纳税额"：按照相关行次计算填报。

第52行=第50行×第51行。

（12）第53行"境外财产转让所得应纳税所得额"：填写居民个人取得的境外财产转让所得应纳税所得额合计金额。

（13）第54行"税率"：填写按规定适用的税率。

（14）第55行"应纳税额"：按照相关行次计算填报。

第55行=第53行×第54行。

（15）第56行"境外偶然所得应纳税所得额"：填写居民个人取得的境外偶然所得应纳税所得额合计金额。

（16）第57行"税率"：填写按规定适用的税率。

（17）第58行"应纳税额"：按照相关行次计算填报。

第58行=第56行×第57行。

（18）第59行"其他境内、境外所得应纳税所得额合计"：填写居民个人取得的其他境内、境外所得应纳税所得额合计金额，并在"备注"栏说明具体项目、计算方法等信息。

（19）第60行"应纳税额"：根据适用的税率计算填报。

7. 境外股权激励个人所得税计算

居民个人取得境外股权激励，填写本部分，并按规定附报"境外所得个人所得税抵免明细表"。

（1）第61行"境内、境外单独计税的股权激励收入合计"：填写居民个人取得的境内、境外单独计税的股权激励收入合计金额。

（2）第62、63行"税率""速算扣除数"：根据单独计税的股权激励政策规定适用的税率和速算扣除数。

（3）第64行"应纳税额"：按照相关行次计算填报。

第64行=第61行×第62行−第63行。

8. 全年一次性奖金个人所得税计算

无住所居民个人预缴时因预判为非居民个人而按取得数月奖金计算缴税的，汇缴时可以根据自身情况，将一笔数月奖金按照全年一次性奖金单独计算。

（1）第65行"全年一次性奖金收入"：填写无住所的居民个人纳税年度内预判为非居民个人时取得的一笔数月奖金收入金额。

（2）第66行"准予扣除的捐赠额"：填写无住所的居民个人按规定准予在税前扣除的公益慈善事业捐赠金额，并按规定附报"个人所得税公益慈善事业捐赠扣除明细表"。

（3）第67、68行"税率""速算扣除数"：填写按照全年一次性奖金政策规定适用的税率和速算扣除数。

（4）第69行"应纳税额"：按照相关行次计算填报。

第69行=（第65行−第66行）×第67行−第68行。

9. 税额调整

（1）第70行"综合所得收入调整额"：填写居民个人按照税法规定可以办理的除第69行之前所填报内容之外的其他可以进行调整的综合所得收入的调整金额，并在"备注"栏说明调整的具体原因、计算方法等信息。

（2）第71行"应纳税额调整额"：填写居民个人按照税法规定调整综合所得收入后所应调整的应纳税额。

10. 应补/退个人所得税计算

（1）第72行"应纳税额合计"：根据相关行次计算填报。

第72行=第40行+第46行+第49行+第52行+第55行+第58行+第60行+第64行+第69行+第71行。

（2）第73行"减免税额"：填写符合税法规定的可以减免的税额，并按规定附报"个人所得税减免税事项报告表"。

（3）第74行"已缴税额（境内）"：填写居民个人取得在本表中已填报的收入对应的在境内已经缴纳或者被扣缴的个人所得税。

（4）第77行"境外所得已纳所得税抵免额"：根据"境外所得个人所得税抵免明细表"计算填写居民个人符合税法规定的个人所得税本年抵免额。

（5）第78行"应补/退税额"：根据相关行次计算填报。

第78行=第72行-第73行-第74行-第77行。

11. 无住所个人附报信息

本部分由无住所个人填写。不是，则不填。

（1）纳税年度内在中国境内居住天数：填写本纳税年度内，无住所居民个人在中国境内居住的天数。

（2）已在中国境内居住年数：填写无住所个人已在中国境内连续居住的年份数。其中，年份数自2019年（含）开始计算且不包含本纳税年度。

12. 退税申请

本部分由应补/退税额小于0且勾选"申请退税"的居民个人填写。

（1）"开户银行名称"：填写居民个人在中国境内开立银行账户的银行名称。

（2）"开户银行省份"：填写居民个人在中国境内开立的银行账户的开户银行所在省、自治区、直辖市或者计划单列市。

（3）"银行账号"：填写居民个人在中国境内开立的银行账户的银行账号。

13. 备注

填写居民个人认为需要特别说明的或者按照有关规定需要说明的事项。

（四）其他事项说明

以纸质方式报送本表的，建议通过计算机填写打印，一式两份，纳税人、税务机关各留存一份。

五、境外所得个人所得税抵免明细表样式（见表3-15）

表3-15 境外所得个人所得税抵免明细表

税款所属期： 年 月 日至 年 月 日

纳税人姓名：

纳税人识别号：□□□□□□□□□□□□□□□□□-□□　　金额单位：人民币元（列至角分）

列次			A	B	C	D	E
项目		行次	金额				
国家（地区）		1	境内	境外			合计
一、综合所得	（一）收入	2					
	其中：工资、薪金	3					
	劳务报酬	4					
	稿酬	5					
	特许权使用费	6					
	（二）费用	7					
	（三）收入额	8					
	（四）应纳税额	9	-	-	-	-	
	（五）减免税额	10	-	-	-	-	
	（六）抵免限额	11					
二、经营所得	（一）收入总额	12	-				
	（二）成本费用	13	-				
	（三）应纳税所得额	14					
	（四）应纳税额	15	-	-	-	-	
	（五）减免税额	16					
	（六）抵免限额	17					
三、利息、股息、红利所得	（一）应纳税所得额	18	-				
	（二）应纳税额	19	-				
	（三）减免税额	20					
	（四）抵免限额	21					
四、财产租赁所得	（一）应纳税所得额	22	-				
	（二）应纳税额	23	-				
	（三）减免税额	24					
	（四）抵免限额	25					
五、财产转让所得	（一）收入	26	-				
	（二）财产原值	27	-				
	（三）合理税费	28	-				
	（四）应纳税所得额	29	-				
	（五）应纳税额	30	-				
	（六）减免税额	31	-				
	（七）抵免限额	32	-				

（续）

六、偶然所得	（一）应纳税所得额	33	-					
	（二）应纳税额	34	-					
	（三）减免税额	35	-					
	（四）抵免限额	36	-					
七、股权激励	（一）应纳税所得额	37						
	（二）应纳税额	38	-	-	-	-	-	
	（三）减免税额	39	-	-	-	-	-	
	（四）抵免限额	40						
八、其他境内、境外所得	（一）应纳税所得额	41						
	（二）应纳税额	42						
	（三）减免税额	43						
	（四）抵免限额	44						
九、本年可抵免限额合计 （第45行=第11行+第17行+第21行+第25行+第32行+第36行+第40行+第44行）		45	-					
本期实际可抵免额计算								
一、以前年度结转抵免额 （第46行=第47行+第48行+第49行+第50行+第51行）		46	-					
其中：前5年		47	-					
前4年		48	-					
前3年		49	-					
前2年		50	-					
前1年		51	-					
二、本年境外已纳税额		52	-					
其中：享受税收饶让抵免税额（视同境外已纳）		53	-					
三、本年抵免额（境外所得已纳所得税抵免额）		54	-					
四、可结转以后年度抵免额 （第55行=第56行+第57行+第58行+第59行+第60行）		55						-
其中：前4年		56						-
前3年		57						-
前2年		58						-
前1年		59						-
本年		60	-					-
备 注								

谨声明：本表是根据国家税收法律法规及相关规定填报的，本人对填报内容（附带资料）的真实性、可靠性、完整性负责。

纳税人签字：　　　年 月 日

经办人签字：	受理人：
经办人身份证件类型：	
经办人身份证件号码：	受理税务机关（章）：
代理机构签章：	
代理机构统一社会信用代码：	受理日期：　　　年 月 日

国家税务总局监制

六、境外所得个人所得税抵免明细表填表说明

（一）适用范围

本表适用于居民个人纳税年度内取得境外所得，并按税法规定进行年度自行纳税申报时，应填报本表，计算其本年抵免额。

（二）报送期限

本表随"个人所得税年度自行纳税申报表（B表）"一并报送。

（三）本表各栏填写

1. 表头项目

（1）税款所属期：填写居民个人取得境外所得当年的第1日至最后1日。如2023年1月1日至2023年12月31日。

（2）纳税人姓名：填写居民个人姓名。

（3）纳税人识别号：有中国公民身份号码的，填写中华人民共和国居民身份证上载明的"公民身份号码"；没有中国公民身份号码的，填写税务机关赋予的纳税人识别号。

2. 第A、B、C、D、E列次

（1）第A列"境内"：填写个人取得境内所得相关内容。

（2）第B~D列"境外"：填写个人取得境外所得相关内容。

（3）第E列"合计"：按照相关列次计算填报。

第E列=第A列+第B列+第C列+第D列

3. 本期境外所得抵免限额计算

（1）第1行"国家（地区）"：按"境外"列分别填写居民个人取得的境外收入来源国家（地区）名称。

（2）第2行"收入"：按列分别填写居民个人取得的综合所得收入合计金额。

（3）第3~6行"工资、薪金""劳务报酬""稿酬""特许权使用费"：按列分别填写居民个人取得的需要并入综合所得计税的"工资、薪金""劳务报酬""稿酬""特许权使用费"所得收入金额。

（4）第7行"费用"：根据相关行次计算填报。

第7行=（第4行+第5行+第6行）×20%。

（5）第8行"收入额"：根据相关行次计算填报。

第8行=第2行-第7行-第5行×80%×30%。

（6）第9行"应纳税额"：按我国法律法规计算应纳税额，并填报本行"合计"列。

（7）第10行"减免税额"：填写符合税法规定的可以减免的税额，并按规定附报"个人所得税减免税事项报告表"。

（8）第11行"抵免限额"：根据相应行次按列分别计算填报。

第11行"境外"列=（第9行"合计"列−第10行"合计"列）×第8行"境外"列÷第8行"合计"列。

第11行"合计列"=∑第11行"境外"列。

（9）第12、13、14行"收入总额""成本费用""应纳税所得额"：按列分别填写居民个人取得的经营所得收入、成本费用及应纳税所得额合计金额。

（10）第15行"应纳税额"：根据相关行次计算填报"合计"列。

第15行=第14行×适用税率−速算扣除数。

（11）第16行"减免税额"：填写符合税法规定的可以减免的税额，并按规定附报"个人所得税减免税事项报告表"。

（12）第17行"抵免限额"：根据相应行次按列分别计算填报。

第17行"境外"列=（第15行"合计"列−第16行"合计"列）×第14行"境外"列÷第14行"合计"列。

第17行"合计列"=∑第17行"境外"列。

（13）第18、22、33、41行"应纳税所得额"：按列分别填写居民个人取得的利息、股息、红利所得，财产租赁所得，偶然所得，其他境内、境外所得应纳税所得额合计金额。

（14）第19、23、34、42行"应纳税额"：按列分别计算填报。

第19行=第18行×适用税率；

第23行=第22行×适用税率；

第34行=第33行×适用税率；

第42行=第41行×适用税率。

（15）第20、24、35、43行"减免税额"：填写符合税法规定的可以减免的税额，并附报"个人所得税减免税事项报告表"。

（16）第21、25、36、44行"抵免限额"：根据相应行次按列分别计算填报。

第21行=第19行−第20行；

第25行=第23行−第24行；

第36行=第34行−第35行；

第44行=第42行−第43行。

（17）第26行"收入"：按列分别填写居民个人取得的财产转让所得收入合计金额。

（18）第27行"财产原值"：按列分别填写居民个人取得的财产转让所得对应的财产原值合计金额。

（19）第28行"合理税费"：按列分别填写居民个人取得财产转让所得对应的合理税费合计金额。

（20）第29行"应纳税所得额"：按列分别填写居民个人取得的财产转让所得应纳税所得额合计金额。

第29行=第26行–第27行–第28行。

（21）第30行"应纳税额"：根据相应行按列分别计算填报。

第30行=第29行×适用税率。

（22）第31行"减免税额"：填写符合税法规定的可以减免的税额，并按规定附报"个人所得税减免税事项报告表"。

（23）第32行"抵免限额"：根据相应行次按列分别计算填报。

第32行=第30行–第31行。

（24）第37行"应纳税所得额"：按列分别填写居民个人取得的股权激励应纳税所得额合计金额。

（25）第38行"应纳税额"：按我国法律法规计算应纳税额填报本行"合计"列。

第38行=第37行×适用税率–速算扣除数

（26）第39行"减免税额"：填写符合税法规定的可以减免的税额，并附报"个人所得税减免税事项报告表"。

（27）第40行"抵免限额"：根据相应行次按列分别计算填报。

第40行"境外"列=（第38行"合计"列–第39行"合计"列）×第37行"境外"列÷第37行"合计"列。

（28）第45行"本年可抵免限额合计"：根据相应行次按列分别计算填报。

第45行=第11行+第17行+第21行+第25行+第32行+第36行+第40行+第44行。

4. 本期实际可抵免额计算

（1）第46行"以前年度结转抵免额"：根据相应行次按列分别计算填报。

第46行=第47列+第48列+第49列+第50列+第51列。

（2）第52行"本年境外已纳税额"：按列分别填写居民个人在境外已经缴纳或者被扣缴的税款合计金额，包括第53行"享受税收饶让抵免税额"。

（3）第53行"享受税收饶让抵免税额"：按列分别填写居民个人享受税收饶让政策而视同境外已缴纳而实际未缴纳的税款合计金额。

（4）第54行"本年抵免额"：按"境外"列分别计算填写可抵免税额。

第54行"合计"列=∑第54行"境外"列。

（5）第55行"可结转以后年度抵免额"：根据相应行次按列分别计算填报。

第55行=第56列+第57列+第58列+第59列+第60列。

5. 备注

填写居民个人认为需要特别说明的或者税务机关要求说明的事项。

（四）其他事项说明

以纸质方式报送本表的，建议通过计算机填写打印，一式两份，纳税人、税务机关各留存一份。

第六节　综合所得汇算清缴的申报方式

一、个人所得税年度汇算清缴集中申报

（一）适用条件

集中申报适用于扣缴义务人为在纳税年度内申报过正常工资、薪金所得，外籍人员正常工资、薪金所得，劳务报酬所得（保险营销员、证券经纪人）的个人办理。

由扣缴义务人代为办理的，纳税人应在次年4月30日前与扣缴义务人进行书面确认，补充提供其本年度在本单位以外取得的综合所得收入、相关扣除、享受税收优惠等信息资料，并对所提交信息的真实性、准确性、完整性负责。

（二）注意事项

（1）要与扣缴义务人进行书面确认，防止出现"被申报"等情况。

（2）要真实、完整、准确地向扣缴义务人提供综合所得相关收入、扣除、优惠等涉税信息。

（3）如果纳税人是申请退税，需准确提供本人有效且符合条件的银行账户。

（4）如果纳税人需要补缴税款，请及时将税款交付扣缴义务人。

二、个人所得税年度汇算清缴委托申报

（一）委托申报的概念

委托申报，即委托涉税专业服务机构或其他单位及个人办理。纳税人可根据自己的情况和条件，自主委托涉税专业服务机构或其他单位、个人办理年度汇算。选择这种方式，受托人需与纳税人签订委托授权书，明确双方的权利、责任和义务。

（二）委托申报申请方式

有三种发起委托申请的方式供纳税人选择，纳税人可通过自然人电子税务局的手机APP端、网页Web端，或者到办税服务大厅发起委托申请。

（三）注意事项

受托方为纳税人办理年度汇算后，应当及时将办理情况告知纳税人。纳税人如果发现申报信息存在错误，可以要求其办理更正申报，也可以自行办理更正申报。

三、个人所得税年度汇算清缴个人自行申报

（一）个人自行申报的概念

个人自行申报即纳税人自行办理，纳税人可以通过手机"个人所得税"APP、自然人电子税务局、办税服务厅、邮寄等渠道自行办理年度汇算。

（二）个人自行申报的渠道

手机"个人所得税"APP、自然人电子税务局可以方便快捷地通过网络远程办理年度汇算，推荐纳税人使用该方式，并根据软件提示和引导完成申报。网络方式办理年度汇算的，获得退税时间相对要短，缴税更加便捷，还可以随时关注本人的申报、退税（补税）进度。

如果纳税人不方便网上办理，也可以至主管税务机关办税服务厅办理，或者将填写好的申报表及相关资料邮寄至指定的税务机关。

1. 手机"个人所得税"APP申报

手机APP申报适合绝大部分收入、扣除事项相对简单且没有境外所得的纳税人。手机APP将为纳税人提供以下服务：

（1）方便快捷办理年度汇算，并按一定规则预填部分申报信息，申报过程中给予相应提示提醒，根据申报情况自动计算应退（补）税款，帮助个人准确完成申报。

（2）查询退税进度，核验退税银行卡，获得退税时间较其他申报渠道更短（与自然人电子税务局一样）。

（3）提供多种缴税方式，如网上银行、第三方支付等。

（4）随时查询本人的收入纳税情况等信息。

（5）如纳税人申报存在问题可获取税务机关点对点的提示等。

2. 自然人电子税务局申报

计算机屏幕较手机更大、显示信息更多，适合收入、扣除等事项较多、情况较复杂的纳税人。自然人电子税务局系统提供的服务与手机APP。

3. 办税服务厅申报

纳税人本人前往主管税务机关办税服务专厅或者专区办理申报，采用该种方式申报的，需要纳税人填写纳税申报表，并携带本人有效身份证件。为节约时间，建议纳税人可咨询或者预约后上门办理。

纳税人先确定年度汇算地，然后至该地主管税务机关提交申报资料。通常按照以下流程办理（各地略有不同）：

（1）自行或在专业人士辅导下填写纸质纳税申报表。

（2）由导税人员根据纳税人实际情况引导至网上办理区域或窗口区域。现场如有排队叫号机，可取号排队办理。

（3）在网上办理区域办理的，可向现场咨询辅导人员寻求帮助；在窗口办理的，如纳税人填写的申报表有错误或者携带资料不全，窗口人员会告知纳税人补正后办理。

（4）申报结束后申请退税，或者通过POS机刷卡等方式缴税。

4. 邮寄申报

邮寄申报指纳税人先填报申报表并准备好相应的资料，并根据自己实际情况将申报表寄送至相应地址的申报方式。

（1）邮寄申报流程：①获取申报表；②准备年度汇算需要报送的资料；③填写申报表；④将申报表等资料邮寄到指定的税务局；⑤申请退税的，随申报表一并申请；应当补税的，寄送申报资料后，关注并及时查询受理情况，并根据受理情况办理补税。

如果纳税人填写的申报信息有误或者提供资料不全，税务局会联系纳税人补正后重新邮寄。

（2）邮寄申报确定申报日期：邮寄申报的具体日期，以邮政部门收寄日戳日期为准。如果因纳税人的申报信息或者资料不全，税务局要求纳税人重新补正资料，以纳税人重新补正后收寄时间为准。

（3）纳税人申报表邮寄地址：①有任职受雇单位的，需将申报表寄送至任职受雇单位所在省（自治区、直辖市、计划单列市）税务局公告指定的税务机关；②没有任职受雇单位的，寄送至户籍或者经常居住地所在省（自治区、直辖市、计划单列市）税务局公告指定的税务机关。

（4）申报受理情况查询：如果纳税人的邮寄申报已经被税务局受理，税务机关会通过"个人所得税"APP、自然人电子税务局、短信、电话等方式中的一种或几种通知纳税人。

（5）税务机关不予受理纳税人邮寄申报的情形：①邮寄申报资料不齐全；②申报信息填写不完整、不清晰、不准确或者字迹无法辨认；③邮寄申报填写信息存在应纳税额计算适用公式、税率错误或者其他逻辑错误；④填报的已缴税额与实际入库的已缴税额不一致；⑤向不属于年度汇算地省税务局指定的邮寄申报受理机关邮寄申报资料。

（6）纳税人邮寄申报不符合受理条件的处理：纳税人需要补正补齐申报资料或者选择正确邮寄对象后重新办理邮寄申报，也可以选择其他的方式办理申报。

（7）邮寄申报注意事项：①清晰、准确、完整地在申报表填写相关信息，尤其是姓名、纳税人识别号、有效联系方式等关键信息；为提高辨识度，寄送的申报表建议使用计算机填报并打印后签字；②请纳税人将申报表一式两份寄送至邮寄申报受理机关；③请提供纳税人真实的联系方式，否则有可能因纳税人提供的联系方式不正确或缺失，致使税务机关无法联系到纳税人，导致纳税人无法收到退税信息或者无法及时补税，从而遭受不必要的税收损失。

特别说明，因邮寄申报过程中，邮寄、拆封、核对和录入需要时间，通过该方式申报并申请退税的，退税周期比网络申报长。

四、各种申报方式需要准备及留存的资料

纳税人办理年度汇算清缴需准备及留存的资料见表3-16。

综合所得汇算清缴基础知识 第三章

表3-16 纳税人办理年度汇算清缴的资料

事 项		具 体 规 定	
申报信息	报送年度汇算申报表	如果纳税人是通过网络渠道办理个人所得税年度汇算，则年度汇算申报表由系统直接生成和留存记录，无须另外打印；但如果纳税人是通过邮寄方式或者办税服务厅申报办理的，则需要留存好年度汇算申报表	需仔细核对，确保真实、准确、完整
	修改本人相关基础信息	"个人所得税基础信息表（B表）"	
	新增享受或修改专项附加扣除	补充或者更新相关信息	
	新增享受或修改其他扣除	①填报"商业健康保险税前扣除情况明细表"，提供税优识别码、保单生效日期、保费、扣除金额等信息 ②填报"个人税收递延型商业养老保险税前扣除情况明细表"提供税延养老账户编号、报税校验码、保费、扣除金额等信息	
	新增税收优惠的应填报相关信息	填报"个人所得税公益慈善捐赠扣除明细表"，提供受赠单位名称、捐赠金额、凭证号等信息	
	申报减免个人所得税的	填报"个人所得税减免税事项报告表"，说明减免类型和金额等	
	有境外所得，申报境外所得税收抵免的	除另有规定外，应当提供境外征税主体出具的税款所属年度的完税证明、税收缴款书或者纳税记录等纳税凭证	
纳税资料	综合所得收入、扣除、已缴税额等资料	自年度汇算期结束之日起留存5年	

根据《国家税务总局关于办理2022年度个人所得税综合所得汇算清缴事项的公告》（国家税务总局公告2023年第3号）第八条规定，纳税人办理汇算，适用个人所得税年度自行纳税申报表，如需修改本人相关基础信息，新增享受扣除或者税收优惠的，还应按规定一并填报相关信息。纳税人需仔细核对，确保所填信息真实、准确、完整。

纳税人、代办汇算的单位，需各自将专项附加扣除、税收优惠材料等汇算相关资料，自汇算期结束之日起留存5年。

存在股权（股票）激励（含境内企业以境外企业股权为标的对员工进行的股权激励）、职务科技成果转化现金奖励等情况的单位，应当按照相关规定报告、备案。

随堂题解

【例题12·单选题】纳税人以邮寄方式办理年度汇算清缴，以（　　）为申报日期。

A．纳税人发出日期　　　　　　B．邮政部门收寄日戳日期
C．税务局签收日期　　　　　　D．税务局办理日期

【答案】B

【解析】纳税人以邮寄方式办理年度汇算清缴，以邮政部门收寄日戳日期为申报日期。

【例题13·单选题】纳税人以及代办年度汇算的扣缴义务人,需将年度汇算申报表以及与纳税人综合所得收入、扣除、已缴税额或税收优惠等相关资料,自年度汇算期结束之日起留存( )。

A. 3年   B. 5年   C. 7年   D. 10年

【答案】B

【解析】选项B正确。

【例题14·多选题】纳税人可以通过( )渠道办理汇算清缴。

A. 自然人电子税务局   B. 手机"个人所得税"APP
C. 邮寄   D. 办税服务厅

【答案】ABCD

【解析】选项ABCD均正确。

第四章

经营所得基础知识

> **导读**
>
> 本章主要介绍经营所得的纳税义务人、征税范围、征收方式及征收管理等、经营所得税额及扣除项目的计算以及税收优惠政策等。本章简易思维导图如图4-1所示。

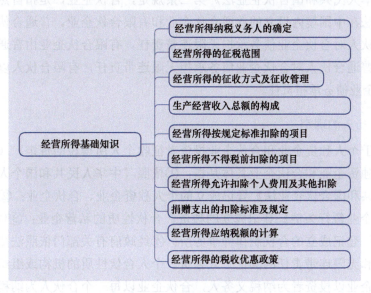

图 4-1 本章简易思维导图

第一节 经营所得纳税义务人的确定

一、个体工商户纳税义务人的确定

根据《中华人民共和国民法典》规定,自然人从事工商业经营,经依法登记,为个体工商户。个体工商户的债务,个人经营的,以个人财产承担;家庭经营的,以家庭财产承担;无法区分的,以家庭财产承担。个体工商户对债务负无限责任,不具备法人资格,具体包括:①依法取得个体工商户营业执照,从事生产经营的个体工商户;②经政府有关部门批准,从事办学、医疗、咨询等有偿服务活动的个人;③其他从事个体生产、经营的个人。

根据《个体工商户个人所得税计税办法》的规定,个体工商户以业主为个人所得税纳税义务人。

二、个人独资企业、合伙企业纳税义务人的确定

1. 个人独资企业和合伙企业的概念

根据《中华人民共和国个人独资企业法》第二条规定,个人独资企业,是指依照本法在中国境内设立,由一个自然人投资,资产为投资人个人所有,投资人以其个人财产对企业债务承担无限责任的经营实体。个人独资企业不具有法人资格。

根据《中华人民共和国合伙企业法》第二条规定,合伙企业,是指自然人、法人和其他组织依照本法在中国境内设立的普通合伙企业和有限合伙企业。普通合伙企业由普通合伙人组成,合伙人对合伙企业债务承担无限连带责任。有限合伙企业由普通合伙人和有限合伙人组成,普通合伙人对合伙企业债务承担无限连带责任,有限合伙人以其认缴的出资额为限对合伙企业债务承担责任。

2. 纳税义务人的确定

依据《关于个人独资企业和合伙企业投资者征收个人所得税的规定》(以下简称《规定》),个人独资企业和合伙企业具体是指:①依照《中华人民共和国个人独资企业法》和《中华人民共和国合伙企业法》登记成立的个人独资企业、合伙企业;②依照《中华人民共和国私营企业暂行条例》登记成立的独资、合伙性质的私营企业;③依照《中华人民共和国律师法》登记成立的合伙制律师事务所;④经政府有关部门依照法律法规批准成立的负无限责任和无限连带责任的其他个人独资、个人合伙性质的机构或组织。《规定》要求:个人独资企业以投资者为纳税义务人,合伙企业以每一个合伙人为纳税义务人。个人独资企业和合伙企业以每一纳税年度的收入总额减除成本、费用以及损失后的余额,作为投资者个人的生产经营所得,按税法规定计征个人所得税。

三、承包经营、承租经营纳税义务人的确定

承包经营是将企业发包给其他单位或个人,承包人以发包人或以自己的名义从事经营,发包人的发包收益与承包经营成果直接相关的业务形式。

承租经营是将企业租赁给其他单位或个人经营,承租人向出租人交付租金,出租人的出租收益与租金直接相关而与承包经营成果不直接相关的业务形式。承租经营是指对企业的承租,承租的对象是企业而不是单项财产;企业租赁的特点是在取得财产的同时,还取得了被出租企业的某些生产经营权。

承包经营、承租经营中取得所得的个人为纳税义务人。

随堂题解

【例题1·单选题】 根据税法的规定，个人所得税的纳税义务人不包括（ ）。

A．个体工商户　　　　　　　　　B．个人独资企业投资者

C．有限责任公司　　　　　　　　D．在中国境内有所得的外籍个人

【答案】C

【解析】个人所得税的纳税人包括中国公民、个体工商户、个人独资企业投资者、合伙企业合伙人，也包括外籍人员；有限责任公司缴纳企业所得税。

【例题2·多选题】 个人所得税的纳税义务人包括（ ）。

A．个人独资企业　　　　　　　　B．个体工商户

C．在境内有所得的港澳台同胞　　D．合伙企业合伙人

【答案】ABCD

【解析】选项ABCD均正确。

【例题3·多选题】 个人独资企业和合伙企业是指（ ）。

A．依照《中华人民共和国个人独资企业法》和《中华人民共和国合伙企业法》登记成立的个人独资企业、合伙企业

B．依照《中华人民共和国私营企业暂行条例》登记成立的独资、合伙性质的私营企业

C．依照《中华人民共和国律师法》登记成立的合伙制律师事务所

D．经政府有关部门依照法律法规批准成立的负无限责任和无限连带责任的其他个人独资、个人合伙性质的机构或组织

【答案】ABCD

【解析】选项ABCD均正确。

第二节　经营所得的征税范围

经营所得的征税范围包括以下四个方面：①个体工商户从事生产、经营活动取得的所得，个人独资企业投资人、合伙企业的个人合伙人来源于境内注册的个人独资企业、合伙企业生产、经营的所得。②个人依法从事办学、医疗、咨询以及其他有偿服务活动取得的所得。③个人对企业、事业单位承包经营、承租经营以及转包、转租取得的所得。④个人从事其他生产、经营活动取得的所得。

一、个人投资者从个人独资和合伙企业取得的所得

根据《国家税务总局关于〈关于个人独资企业和合伙企业投资者征收个人所得税的规定〉执行口径的通知》（国税函〔2001〕84号）文件第二条"关于个人独资企业和合伙企业对外投资分回利息、股息、红利的征税问题"的规定：个人独资企业和合伙企业对外投资分回的利息或者股息、红利，不并入企业的收入，而应单独作为投资者个人取得的利息、股息、红利所得，按"利息、股息、红利所得"应税项目计算缴纳个人所得税。以合伙企业名义对外投资分

回利息或者股息、红利的，应按本通知所附规定的第五条精神确定各个投资者的利息、股息、红利所得，分别按"利息、股息、红利所得"应税项目计算缴纳个人所得税。

个体工商户和从事生产、经营的个人，取得与生产、经营活动无关的其他各项应税所得，应分别按照其他应税项目的有关规定，计算征收个人所得税。如对外投资取得的股息所得，应按"利息、股息、红利所得"项目的规定单独计征个人所得税。

除个人独资企业、合伙企业以外的其他企业的个人投资者，以企业资金为本人、家庭成员及其相关人员支付与企业经营无关的消费性支出及购买汽车、住房等财产性支出，视为企业对个人投资者的红利分配，依照"利息、股息、红利所得"项目计征个人所得税。

纳税年度内个人投资者从其投资企业（个人独资企业、合伙企业除外）借款，在该纳税年度终了后仍未归还，又未用于企业生产经营的，其未归还的借款可视为企业对个人投资者的红利分配，依照"利息、股息、红利所得"项目计征个人所得税。

个人独资企业、合伙企业的个人投资者以企业资金为本人、家庭成员及其相关人员支付与企业生产经营无关的消费性支出及购买汽车、住房等财产性支出，视为企业对个人投资者的利润分配，计入投资者个人的经营所得，依照"经营所得"项目计征个人所得税。

二、个人从事彩票代销业务取得的所得

个人因从事彩票代销业务而取得的所得，应按照"个体工商户的生产、经营所得"项目计征个人所得税。

三、个人举办各类学习班所得

根据《国家税务总局关于个人举办各类学习班取得的收入征收个人所得税问题的批复》（国税函〔1996〕658号）规定：

（1）个人经政府有关部门批准并取得执照举办学习班、培训班的，其取得的办班收入属于"个体工商户的生产、经营所得"应税项目，应按《个人所得税法》规定计征个人所得税。

（2）个人无须经政府有关部门批准并取得执照举办学习班、培训班的，其取得的办班收入属于"劳务报酬所得"应税项目，应按税法规定计征个人所得税。

四、个人从事医疗服务所得

根据《国家税务总局关于个人从事医疗服务活动征收个人所得税问题的通知》（国税发〔1997〕178号）规定，个人从事医疗服务所得根据情形的不同，适用不同的征税项目，具体见表4-1。

表4-1 个人从事医疗服务所得

征税项目	适用情形
个体工商户的生产、经营所得	个人经政府有关部门批准，取得执照，以门诊部、诊所、卫生所（室）、卫生院、医院等医疗机构形式从事疾病诊断、治疗及售药等服务活动，应当以该医疗机构取得的所得，作为个人的应纳税所得
	个人未经政府有关部门批准，自行连续从事医疗服务活动，不管是否有经营场所，其取得与医疗服务活动相关的所得
对企事业单位的承包经营、承租经营所得	对于由集体、合伙或个人出资的乡村卫生室(站)，由医生承包经营，经营成果归医生个人所有，承包人取得的所得
工资、薪金所得	乡村卫生室(站)的医务人员取得的所得
劳务报酬所得	受医疗机构临时聘请坐堂门诊及售药，由该医疗机构支付报酬，或收入与该医疗机构按比例分成的人员取得的所得

五、个人提供农用机械服务所得

根据《国家税务总局关于农场职工个人提供农用机械服务取得所得延收个人所得税问题的批复》（国税函〔1998〕85号）规定，农场职工为他人有偿提供农用机械服务取得的所得，应按"个体工商户的生产、经营所得"应税项目，计算缴纳个人所得税。

六、承包、承租经营取得的所得

根据《国家税务总局关于个人对企事业单位实行承包经营、承租经营取得所得征税问题的通知》（国税发〔1994〕179号）规定：

（1）企业实行个人承包、承租经营后，如果工商登记仍为企业的，不管其分配方式如何，均应先按照企业所得税的有关规定缴纳企业所得税。承包经营、承租经营者按照承包、承租经营合同（协议）规定取得的所得，依照个人所得税法的有关规定缴纳个人所得税，具体为：①承包、承租人对企业经营成果不拥有所有权，仅是按合同（协议）规定取得一定所得的，其所得按"工资、薪金所得"项目征税，适用5%～45%的九级超额累进税率。②承包、承租人按合同（协议）的规定只向发包、出租方缴纳一定费用后，企业经营成果归其所有的，承包、承租人取得的所得，按"对企事业单位的承包经营、承租经营所得"项目，适用5%～35%的五级超额累进税率征税。

（2）企业实行个人承包、承租经营后，如工商登记改变为个体工商户的，应依照"个体工商户的生产经营所得"项目计征个人所得税，不再征收企业所得税。

七、律师个人出资兴办独资和合伙性质的律师事务所所得

根据《国家税务总局关于律师事务所从业人员取得收入征收个人所得税有关业务问题的通知》（国税发〔2000〕149号）规定，律师个人出资兴办的独资和合伙性质的律师事务所的年度经营所得，从2000年1月1日起，停止征收企业所得税，作为出资律师的个人经营所得，按照有关规定，比照"个体工商户的生产、经营所得"应税项目征收个人所得税。在计算其经营所得时，出资律师本人的工资、薪金不得扣除。

律师事务所支付给雇员（包括律师及行政辅助人员，但不包括律师事务所的投资者）的所得，按"工资、薪金所得"应税项目征收个人所得税。

八、出租车驾驶员从事出租车运营取得所得

根据《国家税务总局关于印发〈机动出租车驾驶员个人所得税征收管理暂行办法〉的通知》（国税发〔1995〕50号）第六条规定，出租车驾驶员从事出租车运营取得的收入，适用的个人所得税项目为：

（1）出租汽车经营单位对出租车驾驶员采取单车承包或承租方式运营，出租车驾驶员从事客货运营取得的收入，按"工资、薪金所得"项目征税。

（2）从事个体出租车运营的出租车驾驶员取得的收入，按"个体工商户的生产、经营所得"项目缴纳个人所得税。

（3）出租车属个人所有，但挂靠出租汽车经营单位或企事业单位，驾驶员向挂靠单位

缴纳管理费的，或出租汽车经营单位将出租车所有权转移给驾驶员的，出租车驾驶员从事客货运营取得的收入，比照"个体工商户的生产、经营所得"项目征税。

九、建筑安装业工程人员取得的所得

根据《国家税务总局关于印发〈建筑安装业个人所得税征收管理暂行办法〉的通知》（国税发〔1996〕127号）第三条规定，承包建筑安装业各项工程作业的承包人取得的所得，应区别不同情况计征个人所得税：经营成果归承包人个人所有的所得，或按照承包合同（协议）规定，将一部分经营成果留归承包人个人的所得，按"对企事业单位的承包经营、承租经营所得"项目征税；以其他分配方式取得的所得，按"工资、薪金所得"项目征税。从事建筑安装业的个体工商户和未领取营业执照承揽建筑安装业工程作业的建筑安装队和个人，以及建筑安装企业实行个人承包后工商登记改变为个体经济性质的，其从事建筑安装业取得的收入应依照"个体工商户的生产、经营所得"项目计征个人所得税。从事建筑安装业工程作业的其他人员取得的所得，分别按照"工资、薪金所得"项目和"劳务报酬所得"项目计征个人所得税。

随堂题解

【例题4·单选题】以下关于律师事务所从业人员计征个人所得税说法正确的是（　　）。

A. 独资或合伙律所的出资人从律师事务所取得的收入按"工资、薪金所得"计征
B. 雇员律师从律师事务所取得的收入按"工资、薪金所得"计征
C. 雇员律师从接受法律事务服务的当事人处取得的收入按"工资、薪金所得"计征
D. 雇员律师取得的法律顾问费或其他酬金按"工资、薪金所得"计征

【答案】B

【解析】根据国税发〔2000〕149号文件的规定，选项B正确。

【例题5·单选题】个人独资企业和合伙企业对外投资分回的利息或者股息、红利，不并入企业的收入，而应单独作为投资者个人取得的利息、股息、红利所得，按（　　）应税项目计算缴纳个人所得税。

A. "利息、股息、红利所得"　　　　B. "经营所得"
C. "财产转让所得"　　　　　　　　D. "偶然所得"

【答案】A

【解析】根据国税函〔2001〕84号文件第二条规定，选项A正确。

【例题6·单选题】集体、合伙或个人出资的乡村卫生室（站）由医生承包经营，经营成果归医生个人所有，承包人收入（　　）计征个人所得税。

A. 比照"对企事业单位的承包经营、承租经营所得"
B. 按"工资、薪金所得"

C. 按"劳务报酬所得"

D. 免征个人所得税

【答案】A

【解析】根据国税发〔1997〕178号文件规定,选项A正确。

【例题7·单选题】个人独资企业投资者以企业资金为本人、家庭成员及其相关人员支付消费性支出及购买家庭财产,视为企业对个人投资者的利润分配,并入投资者个人的经营所得,依据(　　)项目计征个人所得税。

A. "利息、股息、红利所得"　　　B. "经营所得"

C. "财产转让所得"　　　　　　　D. "偶然所得"

【答案】B

【解析】根据财税〔2003〕158号文件规定,选项B正确。

第三节　经营所得的征收方式及征收管理

一、经营所得的征收方式及其规定

(一)经营所得的征收方式

1. 个体工商户经营所得

个体工商户经营所得的征收方式见表4-2。

表4-2　个体工商户经营所得的征收方式

征收方式		适用情形
查账征收		设置账簿,且不存在《中华人民共和国税收征收管理法》第三十五条第二项至第六项规定的情形
核定征收	税收定期定额	经主管税务机关认定和县以上税务机关(含县级)批准的生产、经营规模小,达不到《个体工商户建账管理暂行办法》规定设置账簿标准的个体工商户
		虽设置账簿,但账目混乱或成本资料、收入凭证、费用凭证残缺不全,难以查账的个体工商户
	核定附征率	实行定期定额核定征收管理,可以按照换算后的附征率,依据增值税、消费税的计税依据实行附征
	核定税额或应纳税所得额	无法确定按照核定率、核定应税所得率计征的,税务机关可以采取其他合理的征收方式

2. 个人独资企业和合伙企业经营所得

个人独资企业和合伙企业经营所得征收方式见表4-3。

表4-3 个人独资企业和合伙企业经营所得征收方式

征收方式		适用情形
查账征收		设置账簿，且不存在《中华人民共和国税收征收管理办法》第三十五条第二项至第六项规定情形
核定征收	定额征收	① 应当设置但未设置账簿的
	核定应税所得率	② 虽设置账簿，但账目混乱或者成本资料、收入凭证、费用凭证残缺不全，难以查账的
	其他合理的征收方式	③ 未按照法规的期限办理纳税申报，经税务机关责令限期申报，逾期仍不申报的，税务机关可以采取其他合理的征收方式

（二）经营所得征收方式具体规定

根据《国家税务总局关于进一步加强高收入者个人所得税征收管理的通知》（国税发〔2010〕54号）第二条第三项规定，主管税务机关应督促纳税人依照法律、行政法规的规定设置账簿。对不能设置账簿的，应按照税收征管法及其实施细则和《财政部 国家税务总局关于印发〈关于个人独资企业和合伙企业投资者征收个人所得税的规定〉的通知》（财税〔2000〕91号）等有关规定，核定其应税所得率。税务师、会计师、律师、资产评估和房地产估价等鉴证类中介机构不得实行核定征收个人所得税。

根据《国家税务总局关于切实加强高收入者个人所得税征管的通知》（国税发〔2011〕50号）第二条第三项规定，重点加强规模较大的个人独资、合伙企业和个体工商户的生产经营所得的查账征收管理；难以实行查账征收的，依法严格实行核定征收。对律师事务所、会计师事务所、税务师事务所、资产评估和房地产估价等鉴证类中介机构，不得实行核定征收个人所得税。

对个人独资企业和合伙企业从事股权（票）、期货、基金、债券、外汇、贵重金属、资源开采权及其他投资品交易取得的所得，应全部纳入生产经营所得，依法征收个人所得税。

二、经营所得的确定原则

根据《国家税务总局个体工商户个人所得税计税办法》第五条、第六条规定：个体工商户应纳税所得额的计算，以权责发生制为原则，属于当期的收入和费用，不论款项是否收付，均作为当期的收入和费用；不属于当期的收入和费用，即使款项已经在当期收付，均不作为当期收入和费用。本办法和财政部、国家税务总局另有规定的除外。在计算应纳税所得额时，个体工商户会计处理办法与本办法和财政部、国家税务总局相关规定不一致的，应当依照本办法和财政部、国家税务总局的相关规定计算。

三、定期定额征收及其规定

根据《个体工商户税收定期定额征收管理办法》第二条规定，个体工商户税收定期定额征收是指税务机关依照法律、行政法规及本办法的规定，对个体工商户在一定经营地点、一定经营时期、一定经营范围内的应纳税经营额（包括经营数量）或所得额（以下简称"定额"）进行核定，并以此为计税依据，确定其应纳税额的一种征收方式。

（一）执行期限

根据《个体工商户税收定期定额征收管理办法》第六条规定，定额执行期的具体期限由省级税务机关确定，但最长不得超过一年。

定额执行期是指税务机关核定后执行的第一个纳税期至最后一个纳税期。

（二）核定方法

根据《个体工商户税收定期定额征收管理办法》第七条规定，税务机关应当根据定期定额户的经营规模、经营区域、经营内容、行业特点、管理水平等因素核定定额，可以采用下列一种或两种以上的方法核定：

（1）按照耗用的原材料、燃料、动力等推算或者测算核定；
（2）按照成本加合理的费用和利润的方法核定；
（3）按照盘点库存情况推算或者测算核定；
（4）按照发票和相关凭据核定；
（5）按照银行经营账户资金往来情况测算核定；
（6）参照同类行业或类似行业中同规模、同区域纳税人的生产、经营情况核定；
（7）按照其他合理方法核定。

（三）自行申报的内容

根据《个体工商户税收定期定额征收管理办法》第八条规定，定期定额户要按照税务机关规定的申报期限、申报内容向主管税务机关申报，填写有关申报文书。申报内容应包括经营行业、营业面积、雇佣人数和每月经营额、所得额以及税务机关需要的其他申报项目。

四、经营所得的预缴及其规定

（一）预缴时间

根据《个人所得税法》第十二条规定，纳税人取得经营所得，按年计算个人所得税，由纳税人在月度或者季度终了后15日内向税务机关报送纳税申报表，并预缴税款；在取得所得的次年3月31日前办理汇算清缴。也就是说，经营所得是按月预缴还是按季预缴还是由纳税人决定。

（二）计税依据

经营所得，以每一纳税年度的收入总额减除成本、费用以及损失后的余额，为应纳税所得额。"成本、费用"是指生产、经营活动中发生的各项直接支出和分配计入成本的间接费用以及销售费用、管理费用、财务费用；"损失"是指生产、经营活动中发生的固定资产和存货的盘亏、毁损、报废损失，转让财产损失，坏账损失，自然灾害等不可抗力因素造成的损失以及其他损失。

需要注意的是，取得经营所得的个人，没有综合所得的，计算其每一纳税年度的应纳税所得额时，应当减除费用6万元、专项扣除、专项附加扣除以及依法确定的其他扣除（统称允许扣除的个人费用及其他扣除）。在这种情况下，经营所得的应纳税所得额计算公式如下：应纳税所得额=收入总额−成本费用−允许扣除的个人费用及其他扣除。但专项附加扣除在办理汇算清缴时减除，因此，按月（季）预缴时计算应纳税所得额不得减除专项附加扣除。

经营所得平时以利润总额为基数计算预缴税额，于年度汇算清缴时，应根据规定进行纳税调整，实行多退少补。以企业支付的投资者个人工资为例，如果企业已正确计入"税后列支费用"或"合伙人提款"科目，则该项目不存在税会差异，不需要纳税调整；如已计入成本费用，相应减少了会计利润，在年终汇算清缴时应进行纳税调整。

五、经营所得的汇算清缴及其规定

（一）适用情形

个体工商户业主、个人独资企业投资者、合伙企业个人合伙人、承包承租经营者，或从事其他生产、经营活动，在中国境内取得了经营所得，并且实行查账征收的，需要办理个人所得税经营所得汇算清缴。

（二）申报时间及地点

在取得经营所得的次年1月1日至3月31日之间办理汇算清缴。

投资者应向企业实际经营管理所在地主管税务机关申报缴纳个人所得税。投资者从合伙企业取得的生产经营所得，由合伙企业向企业实际经营管理所在地主管税务机关申报缴纳投资者应纳的个人所得税。

如果年度内只取得一处经营所得，需向经营管理所在地主管税务机关办理汇算清缴，并报送"个人所得税经营所得纳税申报表（B表）"。

（三）亏损弥补期限

个人独资企业和合伙企业的年度亏损，允许用本企业下一年度的生产经营所得弥补；下一年度所得不足弥补的，允许逐年延续弥补，但最长不得超过5年。但投资者兴办两个或两个以上企业的，其年度经营亏损不能跨企业弥补。

实行查账征税方式的个人独资企业和合伙企业改为核定征税方式后，在查账征税方式下认定的年度经营亏损未弥补完的部分，不得再继续弥补。

（四）来源于中国境外的生产经营所得处理

投资者来源于中国境外的生产经营所得，已在境外缴纳所得税的，可以按照个人所得税法的有关规定计算扣除已在境外缴纳的所得税。

六、经营所得的汇总纳税及其规定

如果年度内从两处及以上取得经营所得，需分别向经营管理所在地主管税务机关报送

"个人所得税经营所得纳税申报表（B表）"，再选择向其中一处经营管理所在地主管税务机关办理年度汇总申报，报送"个人所得税经营所得纳税申报表（C表）"。

从两个及以上独资企业或合伙企业取得经营所得纳税申报信息见表4-4。

表4-4 从两个及以上独资企业或合伙企业取得经营所得纳税申报信息

类　别	申报期限	申　报　表	申报地点
预缴	月度或季度终了后15日内	"个人所得税经营所得纳税申报表（A表）"	分别向各经营管理所在地主管税务机关
汇算清缴	取得所得的次年3月31日前	"个人所得税经营所得纳税申报表（B表）"	分别向各经营管理所在地主管税务机关
年度汇总申报	取得所得的次年3月31日前	"个人所得税经营所得纳税申报表（C表）"	选择向其中一处经营管理所在地主管税务机关

随堂题解

【例题8·单选题】 下列关于个人独资企业、合伙企业征收个人所得税的表述中错误的是（　　）。

A．合伙企业生产经营所得和其他所得采取"先分后税"的原则

B．合伙企业的个人投资者以企业资金为家庭成员支付与企业生产经营无关的消费性支出及购买汽车、住房等财产性支出，视为企业对个人投资者利润分配，并入投资者个人的生产经营所得，依照"经营所得"项目计征个人所得税

C．以合伙企业名义对外投资分回利息或者股息、红利的，应按比例确定各个投资者的利息、股息、红利所得，分别按"利息、股息、红利所得"项目计征个人所得税

D．实行查账征税方式的个人独资企业和合伙企业改为核定征税方式后，在查账征税方式下认定的年度经营亏损未弥补完的部分可以逐年延续弥补

【答案】D

【解析】实行查账征税方式的个人独资企业和合伙企业改为核定征税方式后，在查账征税方式下认定的年度经营亏损未弥补完的部分，不得再继续弥补。

【例题9·单选题】 定期定额户对税务机关核定的定额有争议的，可以在接到"核定定额通知书"之日起（　　）天内主管税务机关提出重新核定。

A．3天　　　　B．15天　　　　C．30天　　　　D．5天

【答案】C

【解析】《个体工商户税收定期定额征收管理办法》第二十二条规定，定期定额户对税务机关核定的定额有争议的，可以在接到"核定定额通知书"之日起30日内向主管税务机关提出重新核定。

【例题10·单选题】 下列哪项是个体工商户应纳税所得额的计算原则（　　）。

A．收付实现制　　　　　　　　B．权责发生制
C．配比原则　　　　　　　　　D．见票即付原则
【答案】B
【解析】根据《国家税务总局个体工商户个人所得税计税办法》第五条规定，个体工商户应纳税所得额的计算，以权责发生制为原则。

第四节　生产经营收入总额的构成

一、个体工商户生产经营收入总额的构成

根据《国家税务总局个体工商户个人所得税计税办法》第八条规定，个体工商户从事生产经营以及与生产经营有关的活动（以下简称生产经营）取得的货币形式和非货币形式的各项收入，为收入总额。包括销售货物收入、提供劳务收入、转让财产收入、利息收入、租金收入、接受捐赠收入、其他收入。

上述所称"其他收入"包括个体工商户资产溢余收入、逾期一年以上的未退包装物押金收入、确实无法偿付的应付款项、已作坏账损失处理后又收回的应收款项、债务重组收入、补贴收入、违约金收入、汇兑收益等。

二、个人独资和合伙企业生产经营收入总额的构成

根据《关于个人独资企业和合伙企业投资者征收个人所得税的规定》第四条第二款规定，收入总额是指企业从事生产经营以及与生产经营有关的活动所取得的各项收入，包括商品（产品）销售收入、营运收入、劳务服务收入、工程价款收入、财产出租或转让收入、利息收入、其他业务收入和营业外收入。

随堂题解

【例题11·多选题】下列哪些属于和合伙企业生产经营收入总额的范围（　　）。
A．营运收入　　　　　　　　　B．劳务服务收入
C．其他业务收入　　　　　　　D．营业外收入
【答案】ABCD
【解析】选项ABCD均正确。

【例题12·多选题】下列哪些属于个体工商户生产经营中"其他收入"范围（　　）。
A．逾期一年以上的未退包装物押金收入
B．违约金收入

C．确实无法偿付的应付款项
D．汇兑收益

【答案】ABCD

【解析】"其他收入"包括个体工商户资产溢余收入、逾期一年以上的未退包装物押金收入、确实无法偿付的应付款项、已作坏账损失处理后又收回的应收款项、债务重组收入、补贴收入、违约金收入、汇兑收益等。

第五节 经营所得按规定标准扣除的项目

一、工资、薪金支出

个体工商户、个人独资企业和合伙企业实际支付给从业人员的、合理的工资、薪金支出，准予扣除。

个体工商户业主、个人独资企业投资者、合伙企业自然人合伙人的工资、薪金支出不得税前扣除。

二、"五险一金"

个体工商户、个人独资企业和合伙企业依照国务院有关主管部门或者省级人民政府规定的范围和标准为其投资者和从业人员缴纳的基本养老保险费、基本医疗保险费、失业保险费、生育保险费、工伤保险费和住房公积金，准予扣除。

三、补充养老保险费、补充医疗保险费

个体工商户、个人独资企业和合伙企业为从业人员缴纳的补充养老保险费、补充医疗保险费，分别在不超过职工工资总额5%标准内的部分据实扣除；超过部分，不得扣除。

个体工商户业主、个人独资企业投资者、合伙企业自然人合伙人缴纳的补充养老保险费、补充医疗保险费，以当地（地级市）上年度社会平均工资的3倍为计算基数，分别在不超过该计算基数5%标准内的部分据实扣除；超过部分，不得扣除。

四、工会经费、职工福利费及职工教育经费

个体工商户、个人独资企业和合伙企业向当地工会组织缴纳的工会经费和实际发生的职工福利费支出、职工教育经费支出分别在工资、薪金总额的2%、14%、2.5%的标准内据实扣除。

工资、薪金总额是指允许在当期税前扣除的工资、薪金支出数额。

职工教育经费的实际发生数额超出规定比例当期不能扣除的数额，准予在以后纳税年度结转扣除。

个体工商户业主、个人独资企业投资者、合伙企业自然人合伙人向当地工会组织缴纳的工会经费和实际发生的职工福利费支出、职工教育经费支出，以当地（地级市）上年度社会平均工资的3倍为计算基数，在上述规定比例内据实扣除。

五、财产保险

个体工商户、个人独资企业和合伙企业参加财产保险，按照规定缴纳的保险费，准予扣除。

六、商业保险

除个体工商户、个人独资企业和合伙企业依照国家有关规定为特殊工种从业人员支付的人身安全保险费和财政部、国家税务总局规定可以扣除的其他商业保险费外，个体工商户业主、个人独资企业投资者、合伙企业自然人合伙人或者为从业人员支付的商业保险费，不得扣除。

七、借款费用

个体工商户、个人独资企业和合伙企业在生产经营活动中发生的合理的、不需要资本化的借款费用，准予扣除。

个体工商户为购置、建造固定资产、无形资产和经过12个月以上的建造才能达到预定可销售状态的存货发生借款的，在有关资产购置、建造期间发生的合理的借款费用，应当作为资本性支出计入有关资产的成本，并依照《个体工商户个人所得税计税办法》的规定扣除。

八、利息支出

个体工商户、个人独资企业和合伙企业在生产经营活动中发生的下列利息支出，准予扣除：①向金融企业借款的利息支出；②向非金融企业和个人借款的利息支出，不超过按照金融企业同期同类贷款利率计算的数额的部分。

九、汇兑损失

个体工商户、个人独资企业和合伙企业在货币交易中，以及纳税年度终了时将人民币以外的货币性资产、负债按照期末即期人民币汇率中间价折算为人民币时产生的汇兑损失，除已经计入有关资产成本部分外，准予扣除。

十、业务招待费

个体工商户、个人独资企业和合伙企业发生的与生产经营活动有关的业务招待费，按照实际发生额的60%扣除，但最高不得超过当年销售（营业）收入的5‰。

投资者自申请营业执照之日起至开始生产经营之日止所发生的业务招待费，按照实际发生额的60%计入个体工商户的开办费。

十一、广告费和业务宣传费

个体工商户、个人独资企业和合伙企业每一纳税年度发生的与其生产经营活动直接相关的广告费和业务宣传费不超过当年销售（营业）收入15%的部分，可以据实扣除；超过部分，准予在以后纳税年度结转扣除。

十二、租赁费

个体工商户、个人独资企业和合伙企业根据生产经营活动的需要租入固定资产支付的租赁费，按照以下方法扣除：①以经营租赁方式租入固定资产发生的租赁费支出，按照租赁期限均匀扣除；②以融资租赁方式租入固定资产发生的租赁费支出，按照规定构成融资租入固定资产价值的部分应当提取折旧费用，分期扣除。

十三、劳动保护支出

个体工商户、个人独资企业和合伙企业发生的合理的劳动保护支出，准予扣除。

十四、开办费

个体工商户、个人独资企业和合伙企业自申请营业执照之日起至开始生产经营之日止所发生符合《个体工商户个人所得税计税办法》规定的费用，除为取得固定资产、无形资产的支出，以及应计入资产价值的汇兑损益、利息支出外，作为开办费，个体工商户、个人独资企业和合伙企业可以选择在开始生产经营的当年一次性扣除，也可自生产经营月份起在不短于3年期限内摊销扣除，但一经选定，不得改变。

开始生产经营之日为个体工商户取得第一笔销售（营业）收入的日期。

十五、公益事业捐赠

根据《个体工商户个人所得税计税办法》第三十六条规定，个体工商户通过公益性社会团体或者县级以上人民政府及其部门，用于《中华人民共和国公益事业捐赠法》规定的公益事业的捐赠，捐赠额不超过其应纳税所得额30%的部分可以据实扣除。

财政部、国家税务总局规定可以全额在税前扣除的捐赠支出项目，按有关规定执行。个体工商户直接对受益人的捐赠不得扣除。

公益性社会团体的认定，按照财政部、国家税务总局、民政部有关规定执行。

十六、研发费用

个体工商户、个人独资企业和合伙企业研究开发新产品、新技术、新工艺所发生的开发费用，以及研究开发新产品、新技术而购置单台价值在10万元以下的测试仪器和试验性装置的购置费准予直接扣除；单台价值在10万元以上（含10万元）的测试仪器和试验性装置，按固定资产管理，不得在当期直接扣除。

十七、行政性事业收费等其他费用

个体工商户、个人独资企业和合伙企业按照规定缴纳的摊位费、行政性收费、协会会费等,按实际发生数额扣除。

经营所得按规定标准扣除的项目汇总见表4-5。

表4-5 经营所得按规定标准扣除的项目汇总

序号	扣除项目		扣除标准
1	工资、薪金	从业人员合理的部分	准予扣除
		业主、投资者、自然人合伙人	不得扣除
2	"五险一金"	规定范围和标准内的准予扣除	
3	补充养老保险费 补充医疗保险费	为从业人员缴纳	分别在不超过从业人员工资总额5%标准内的部分据实扣除;超过部分,不得扣除
		为业主、投资者、自然人合伙人本人缴纳	以当地(地级市)上年度社会平均工资的3倍为计算基数,分别在不超过该计算基数5%标准内的部分据实扣除;超过部分,不得扣除
4	工会经费 职工福利费 职工教育经费	个体工商户、个人独资企业、合伙企业发生	分别在工资、薪金总额的2%、14%、2.5%的标准内据实扣除
		业主、投资者、自然人合伙人本人发生	以当地(地级市)上年度社会平均工资的3倍为计算基数,分别在工资薪金总额的2%、14%、2.5%的标准内据实扣除
5	财产保险	按照规定缴纳的保险费,准予扣除	
6	商业保险	为特殊工种从业人员支付的人身安全保险费	准予扣除
		财政部、国家税务总局规定可以扣除的其他商业保险费	
		其他	不得扣除
7	借款费用	不需要资本化的费用	准予扣除
		资本化的费用,作为资本性支出计入有关资产的成本	按规定扣除
8	利息支出	向金融企业借款	准予扣除
		向非金融企业和个人借款	不超过按金融企业同期同类贷款利率计算的数额的部分准予扣除
9	汇兑损失	未计入资产成本	准予扣除
		计入资产成本	按规定扣除
10	业务招待费	与生产经营活动有关的业务招待费,按照实际发生额的60%扣除,但最高不得超过当年销售(营业)收入的5‰	
		业主自申请营业执照之日起至开始生产经营之日止所发生的业务招待费,按照实际发生额的60%计入个体工商户的开办费	

(续)

序号	扣除项目	扣除标准	
11	广告费和业务宣传费	不超过当年销售（营业）收入15%的部分，据实扣除，超过部分，准予在以后纳税年度结转扣除	
12	租赁费	经营租赁	租赁期内均匀扣除
		融资租赁	折旧分期扣除
13	劳动保护支出	合理的部分准予扣除	
14	开办费	1. 开始生产经营的当年一次性扣除	
		2. 自生产经营月份起在不短于3年期限内摊销（扣除方式一经选定，不得改变）	
15	公益事业捐赠	符合规定的捐赠	捐赠额不超对其应纳税所得额30%的部分可以据实扣除
		财政部、国家税务总局规定可以全额在税前扣除的捐赠	全额扣除
		直接对受益人的捐赠	不得扣除
16	研发费用	单台价值在10万元以下的测试仪器和试验性装置的购置费	准予直接扣除
		单台价值在10万元以上（含10万元）的测试仪器和试验性装置的购置费	按固定资产管理，不得在当期直接扣除
17	行政性事业收费等其他费用	按实际发生数额扣除	

随堂题解

【例题13·单选题】2023年某个体工商户取得销售收入40万元，另将自产商品用于家庭成员和亲友消费，该商品不含税市场售价为5万元；当年转让股票取得转让收入10万元，取得基金分红1万元；该个体工商户允许税前扣除的广告费和业务宣传费限额为（　　）万元。

A．6　　　　　B．6.75　　　　　C．7.5　　　　　D．8.25

【答案】B

【解析】个体工商户年销售（营业）收入=40+5=45（万元），广告费和业务宣传费的税前扣除限额=销售（营业）收入×15%=45×15%=6.75（万元）。

【例题14·单选题】下列选项中关于个体工商户从事生产、经营活动取得的所得的说法，正确的是（　　）。

A．个体工商户购买的财产保险不可以扣除

B．个体工商户按照规定缴纳的摊位费、行政性收费等，不超过限额部分准予扣除

C．个体工商户因研究开发新产品而购置单台价值12万元的测试仪器的购置费准予直接扣除

D．个体工商户业主本人实际发生的职工福利费支出，以当地上年度社会平均工资的3倍为计算基数

【答案】D

【解析】选项A，个体工商户、个人独资企业和合伙企业参加财产保险，按照规

定缴纳的保险费，准予扣除；选项B，个体工商户按照规定缴纳的摊位费、行政性收费、协会会费等，按实际发生数额扣除；选项C，个体工商户因研究开发新产品、新技术而购置单台价值在10万元以下的测试仪器和试验性装置的购置费准予直接扣除。

【例题15•单选题】 根据个人所得税法律制度的规定，下列关于个人独资企业个人所得税扣除项目的表述中，正确的是（　　）。

A．业务招待费支出超过当年销售（营业）收入5‰的部分，准予在以后纳税年度结转扣除

B．计提的各种准备金，不得扣除

C．向从业人员实际支付的合理的工资、薪金支出，不得扣除

D．投资者及其家庭发生的生活费用与生产经营费用混合并难以划分的，准予全额扣除

【答案】B

【解析】选项A，个人独资企业每一纳税年度发生的与其生产经营业务直接相关的业务招待费支出，按照发生额的60%扣除，但最高不得超过当年销售（营业）收入的5‰，且超过的部分不得结转以后年度扣除。选项C，个人独资企业向其从业人员实际支付的合理工资、薪金支出，允许在税前据实扣除；投资者的工资不得在税前直接扣除。选项D，投资者及其家庭发生的生活费用不允许在税前扣除；投资者及其家庭发生的生活费用与企业生产经营费用混合在一起，并且难以划分的，全部视为投资者个人及其家庭发生的生活费用，不允许在税前扣除。

第六节　经营所得不得税前扣除的项目

一、不得税前扣除的项目

经营所得不得税前扣除项目汇总见表4-6。

表4-6　经营所得不得税前扣除项目汇总

序号	项目	参考文件
1	个人所得税税款	《个体工商户个人所得税计税办法》（国家税务总局令第35号）第十五条、第三十条
2	税收滞纳金	
3	罚金、罚款和被没收财物的损失	
4	不符合扣除规定的捐赠支出	
5	赞助支出	
6	用于个人和家庭的支出	
7	与取得生产经营收入无关的其他支出	
8	个体工商户代其从业人员或者他人负担的税款	
9	国家税务总局规定不准扣除的支出	

二、特殊情况处理

依照《个体工商户个人所得税计税办法》第十六条规定，个体工商户生产经营活动中，应当分别核算生产经营费用和个人、家庭费用。对于生产经营与个人、家庭生活混用难以分清的费用，其40%视为与生产经营有关费用，准予扣除（见表4-7）。

表4-7　个体工商户生产经营费用和个人、家庭费用的划分

项　目	扣　除　规　定
分别核算、划分清楚的	生产经营费用可据实扣除
混用难以分清的	40%视为与生产经营有关费用，准予扣除

个人独资企业和合伙企业投资者及其家庭发生的生活费用不允许在税前扣除。投资者及其家庭发生的生活费用与企业生产经营费用混合在一起，并且难以划分的，全部视为投资者个人及其家庭发生的生活费用，不允许在税前扣除。企业生产经营和投资者及其家庭生活共用的固定资产，难以划分的，由主管税务机关根据企业的生产经营类型、规模等具体情况，核定准予在税前扣除的折旧费用的数额或比例（见表4-8）。

表4-8　个人独资企业和合伙企业投资者及其家庭发生的生活费用与生产经营费用的划分

项　目	扣　除　规　定
分别核算、划分清楚的	生活费用可据实扣除
生活、生产经营费用混合，且难以划分的	全部视为生活费用，不得税前扣除
生活、生产经营共用固定资产	税务机关核定准予在税前扣除的折旧费用的数额或比例

随堂题解

【例题16·单选题】下列关于个体工商户从事生产、经营活动取得的所得相关税收处理的表述中，不正确的是（　　）。

A. 个体工商户在生产经营过程中发生的与家庭生活混用的费用，其40%视为与生产经营有关的费用，准予税前扣除

B. 个体工商户和从事生产、经营的个人，取得与生产、经营活动无关的其他各项应税所得，一并计入"个体工商户的生产、经营所得"项目计征个人所得税

C. 从事个体出租车运营的出租车驾驶员取得的收入按照"个体工商户的生产、经营所得"项目计征个人所得税

D. 个体工商户因研究开发新产品、新技术而购置单台价值在10万元以下的测试仪器和试验性装置的购置费准予直接扣除

【答案】B

【解析】个体工商户和从事生产、经营的个人，取得与生产、经营活动无关的其

他各项应税所得,应分别按照其他应税项目的有关规定,计征个人所得税。

个体工商户生产经营所得的计税办法:个体工商户生产经营活动中,应当分别核算生产经营费用和个人、家庭费用。对于生产经营与个人、家庭生活混用难以分清的费用,其40%视为与生产经营有关费用,准予扣除。

个人独资企业和合伙企业投资者的计税方法:①投资者及其家庭发生的生活费用不允许在税前扣除。投资者及其家庭发生的生活费用与企业生产经营费用混合在一起,并且难以划分的,全部视为投资者个人及其家庭发生的生活费用,不允许在税前扣除。②企业生产经营和投资者及其家庭生活共用的固定资产,难以划分的,由主管税务机关根据企业的生产经营类型、规模等具体情况,核定准予在税前扣除的折旧费用的数额或比例。

【例题17·单选题】2023年度,某个人独资企业发生生产经营费用30万元,经主管税务机关审核,与其家庭生活费用无法划分。依据个人所得税的相关规定,该个人独资企业允许税前扣除的生产经营费用为( )万元。

A.18　　　　B.12　　　　C.30　　　　D.0

【答案】D

【解析】个人独资企业生活费用与生产经营费用混在一起的,并且难以划分的,一律不能税前扣除。

【例题18·单选题】在计算个人所得税时,个体工商户不得税前扣除的项目为(　　)。

A.实际合理支出的员工工资　　　　B.代他人负担的税款
C.特殊工种从业人员的人身保险费　　D.合理的劳动保护支出

【答案】B

【解析】根据《个体工商户个人所得税计税办法》(国家税务总局令第35号)个体工商户代其从业人员或者他人负担的税款,不得税前扣除。

第七节　经营所得允许扣除个人费用及其他扣除

一、投资者减除费用

个体工商户业主、个人独资企业和合伙企业投资者的费用扣除标准统一确定为60 000元/年(5 000元/月)。

二、专项扣除

个体工商户、个人独资企业和合伙企业依照国务院有关主管部门或者省级人民政府规定的范围和标准为其投资者和从业人员缴纳的基本养老保险费、基本医疗保险费、失业保险费、生育保险费、工伤保险费和住房公积金，准予扣除。

三、专项附加扣除

个人所得税专项附加扣除，是指个人所得税法规定的子女教育、继续教育、大病医疗、住房贷款利息或者住房租金、赡养老人、3岁以下婴幼儿照护等七项专项附加扣除。专项附加扣除以居民个人一个纳税年度的应纳税所得额为限额；一个纳税年度扣除不完的，不结转以后年度扣除。

根据《个人所得税法实施条例》第十五条第二款规定，专项附加扣除在办理经营所得汇算清缴时减除。

四、依法确定的其他扣除

（一）补充养老保险费、补充医疗保险费

个体工商户业主、个人独资企业投资者、合伙企业自然人合伙人缴纳的补充养老保险费、补充医疗保险费，以当地（地级市）上年度社会平均工资的3倍为计算基数，分别在不超过该计算基数5%标准内的部分据实扣除；超过部分，不得扣除。

（二）税收递延型商业养老保险保费

在个人税收递延型商业养老保险试点区域内，取得个体工商户生产经营所得、对企事业单位的承包承租经营所得的个体工商户业主、个人独资企业投资者、合伙企业自然人合伙人和承包承租经营者，其缴纳的税收递延型商业养老保险保费准予在申报扣除当年计算应纳税所得额时予以限额据实扣除，扣除限额按照不超过当年应税收入的6%和12 000元孰低办法确定。

（三）商业健康保险产品支出

个体工商户业主、个人独资企业投资者、合伙企业自然人合伙人对其购买符合规定的商业健康保险产品支出，可按照限额2 400元/年（200元/月）规定标准在个人所得税前扣除。

> **随堂题解**
>
> 【例题19·单选题】下列关于个体工商户从事生产、经营活动取得的所得相关税收处理的表述中，不正确的是（　　）。
> A．个体工商户业主、个人独资企业投资者、合伙企业自然人合伙人缴纳的补充养老保险费、补充医疗保险费，以当地（地级市）上年度社会平均工资的3倍为计算基数
> B．个体工商户业主基本养老保险费、基本医疗保险费、失业保险费、生育保险费、工伤保险费和住房公积金，准予扣除
> C．个体工商户经营所得预缴时可以扣除专项附加
> D．个体工商户业主缴纳的补充养老保险费、补充医疗保险费，分别在不超过该

计算基数5%标准内的部分据实扣除；超过部分，不得扣除

【答案】D

【解析】根据《个人所得税法实施条例》第十五条第二款规定，专项附加扣除在办理经营所得汇算清缴时减除。

【例题20·单选题】下列关于经营所得相关税收处理的表述中，不正确的是（　　）。

A．个体工商户业主减除费用扣除标准统一确定为60 000元/年

B．投资者缴纳的税收递延型商业养老保险保费准予限额据实扣除，扣除限额12 000元

C．合伙企业自然人合伙人对其购买符合规定的商业健康保险产品支出，可按照限额2 400元/年（200元/月）规定标准在个人所得税前扣除

D．专项附加扣除以居民个人一个纳税年度的应纳税所得额为限额；一个纳税年度扣除不完的，不结转以后年度扣除

【答案】B

【解析】在个人税收递延型商业养老保险试点区域内，取得个体工商户生产经营所得、对企事业单位的承包承租经营所得的个体工商户业主、个人独资企业投资者、合伙企业自然人合伙人和承包承租经营者，其缴纳的税收递延型商业养老保险保费准予在申报扣除当年计算应纳税所得额时予以限额据实扣除，扣除限额按照不超过当年应税收入的6%和12 000元孰低办法确定。

第八节　捐赠支出的扣除标准及规定

一、捐赠支出扣除标准

个体工商户、个人独资企业和合伙企业通过公益性社会团体或者县级以上人民政府及其部门，用于《中华人民共和国公益事业捐赠法》规定的公益事业的捐赠，捐赠额不超过其应纳税所得额30%的部分可以据实扣除。

财政部、国家税务总局规定可以全额在税前扣除的捐赠支出项目，按有关规定执行。

个体工商户、个人独资企业和合伙企业直接对受益人的捐赠不得扣除。

公益性社会团体的认定，按照财政部、国家税务总局、民政部有关规定执行。

二、捐赠支出扣除规定

个体工商户发生的公益捐赠支出，在其经营所得中扣除。

个人独资企业、合伙企业发生的公益捐赠支出，其个人投资者应当按照捐赠年度合伙企业的分配比例（个人独资企业分配比例为100%），计算归属于每一个人投资者的公益捐

赠支出，个人投资者应将其归属的个人独资企业、合伙企业公益捐赠支出和本人需要在经营所得扣除的其他公益捐赠支出合并，在其经营所得中扣除。

在经营所得中扣除公益捐赠支出的，可以选择在预缴税款时扣除，也可以选择在汇算清缴时扣除。

经营所得采取核定征收方式的，不扣除公益捐赠支出。

在经营所得中扣除公益捐赠支出的标准及规定见表4-9。

表4-9 在经营所得中扣除公益捐赠支出的标准及规定

项 目	个体工商户	个人独资企业、合伙企业
扣除限额	当年经营所得应纳税所得额的30%	
扣除方法	在经营所得中扣除	①个人投资者按照捐赠年度合伙企业的分配比例（个人独资企业分配比例为100%），计算归属于每一个人投资者的公益捐赠支出 ②个人投资者将其归属的个人独资企业、合伙企业公益捐赠支出和本人需要在经营所得扣除的其他公益捐赠支出合并，在其经营所得中扣除
扣除方式	预缴税款或汇算清缴时扣除	

知 识链接

居民个人公益捐赠支出的扣除规定

居民个人发生的公益捐赠支出可以在财产租赁所得，财产转让所得，利息、股息、红利所得，偶然所得（以下统称分类所得），综合所得或者经营所得中扣除。在当期一个所得项目扣除不完的公益捐赠支出，可以按规定在其他所得项目中继续扣除。

居民个人发生的公益捐赠支出，在综合所得、经营所得中扣除的，扣除限额分别为当年综合所得、当年经营所得应纳税所得额的30%；在分类所得中扣除的，扣除限额为当月分类所得应纳税所得额的30%。

居民个人根据各项所得的收入、公益捐赠支出、适用税率等情况，自行决定在综合所得、分类所得、经营所得中扣除的公益捐赠支出的顺序。

国务院规定对公益捐赠全额税前扣除的，按照规定执行。个人同时发生按30%扣除和全额扣除的公益捐赠支出，自行选择扣除次序。

随堂题解

【例题21·单选题】下列关于经营所得相关税收处理的表述中，不正确的是（　　）。

A. 个体工商户直接对受益人的捐赠可以限额扣除
B. 在经营所得中扣除公益捐赠支出的，可以选择在预缴税款时扣除
C. 合伙企业发生的公益捐赠支出，其个人投资者应当按照捐赠年度合伙企业的分配比例，计算归属于每一个人投资者的公益捐赠支出，个人投资者不应当

> 将其归属合伙企业公益捐赠支出和本人需要在经营所得扣除的其他公益捐赠支出合并，在其经营所得中扣除
> D. 在经营所得中扣除公益捐赠支出的，可以选择在预缴税款时扣除，也可以选择在汇算清缴时扣除
>
> 【答案】B
>
> 【解析】个人独资企业、合伙企业发生的公益捐赠支出，其个人投资者应当按照捐赠年度合伙企业的分配比例（个人独资企业分配比例为100%），计算归属于每一个人投资者的公益捐赠支出，个人投资者应将其归属的个人独资企业、合伙企业公益捐赠支出和本人需要在经营所得扣除的其他公益捐赠支出合并，在其经营所得中扣除。
>
> 【例题22·单选题】下列关于经营所得相关税收处理的表述中，不正确的是（　　）。
> A. 经营所得采取核定征收方式的，不扣除公益捐赠支出
> B. 公益捐赠支出未超过当年经营所得应纳税所得额的30%，准予扣除
> C. 居民个人根据各项所得的收入、公益捐赠支出、适用税率等情况，自行决定在综合所得、分类所得、经营所得中扣除的公益捐赠支出的顺序
> D. 在经营所得中扣除公益捐赠支出的，可以选择在汇算清缴时扣除
>
> 【答案】B
>
> 【解析】个体工商户通过公益性社会团体或者县级以上人民政府及其部门，用于《中华人民共和国公益事业捐赠法》规定的公益事业的捐赠，捐赠额不超过其应纳税所得额30%的部分可以据实扣除。
> 财政部、国家税务总局规定可以全额在税前扣除的捐赠支出项目，按有关规定执行。

第九节　经营所得应纳税额的计算

一、经营所得查账征收下应纳税额的计算

（一）个体工商户取得经营所得应纳税额的计算

1. 应纳税所得额的计算

个体工商户的生产、经营所得，以每一纳税年度的收入总额，减除成本、费用、税金、损失、其他支出以及允许弥补的以前年度亏损后的余额，为应纳税所得额。计算公式如下：

（1）取得经营所得的个人，没有综合所得的：

　　应纳税所得额=全年收入总额−成本、费用以及损失−基本减除费用−
　　　　专项扣除−专项附加扣除−其他扣除−准予扣除的捐赠额

（2）取得经营所得的个人，有综合所得的：

$$应纳税所得额=全年收入总额-成本、费用以及损失$$

经营所得（有综合所得）应纳税所得额计算时可扣除支出明细见表4-10。

表4-10 有综合所得时可扣除支出明细

项 目	具 体 范 围		扣 除 规 定
成本	销售成本、销货成本、业务支出以及其他耗费		收益性支出：发生当期直接扣除 资本性支出：分期扣除或者计入有关资产成本，不得在发生当期直接扣除
费用	销售费用、管理费用和财务费用，已经计入成本的有关费用除外		
税金	除个人所得税和允许抵扣的增值税以外的各项税金及其附加		
损失	固定资产和存货的盘亏、毁损、报废损失，转让财产损失，坏账损失，自然灾害等不可抗力因素造成的损失以及其他损失	发生的损失，减除责任人赔偿和保险赔款后的余额，参照财政部、国家税务总局有关企业资产损失税前扣除的规定扣除	
		已经作为损失处理的资产，在以后纳税年度又全部收回或者部分收回时，应当计入收回当期的收入	
其他支出	除成本、费用、税金、损失外，其他合理的支出		

2. 适用税率

按照个人所得税法的"经营所得"应税项目，适用5%～35%的五级超额累进税率，计算征收个人所得税。

3. 应纳税额的计算

$$应纳税额=应纳税所得额×适用税率-速算扣除数$$

（二）个人独资企业、合伙企业取得经营所得应纳税额的计算

1. 个人独资企业经营所得应纳税所得额的计算

根据《财政部 国家税务总局关于印发〈关于个人独资企业和合伙企业投资者征收个人所得税的规定〉的通知》（财税〔2000〕91号）规定，个人独资企业的投资者以全部生产经营所得为应纳税所得额。

经营所得以每一纳税年度的收入总额减除成本、费用以及损失后的余额，作为投资者个人的生产经营所得（包括企业分配给投资者个人的所得和企业当年留存的利润）。计算公式如下：

（1）取得经营所得的个人，没有综合所得的：

$$应纳税所得额=全年收入总额-成本、费用以及损失-基本减除费用-专项扣除-\\专项附加扣除-其他扣除-准予扣除的捐赠额$$

个人独资企业和合伙企业因在纳税年度中间开业、合并、注销及其他原因，导致该纳税年度的实际经营期不足一年的，对个人独资企业投资者和合伙企业自然人合伙人的生产

经营所得计算个人所得税时，以其实际经营期为一个纳税年度。投资者本人的费用扣除标准，统一确定为60 000元/年，即5 000元/月。

（2）取得经营所得的个人，有综合所得的：

$$应纳税所得额=全年收入总额-成本、费用以及损失$$

2. 合伙企业经营所得应纳税所得额的计算

根据财税〔2000〕91号文件规定，合伙企业的投资者按照合伙企业的全部生产经营所得和合伙协议约定的分配比例确定应纳税所得额，合伙协议没有约定分配比例的，以全部生产经营所得和合伙人数量平均计算每个投资者的应纳税所得额。所称生产经营所得，包括企业分配给投资者个人的所得和企业当年留存的所得（利润）。计算公式如下：

（1）取得经营所得的个人，没有综合所得的：

$$应纳税所得额=（收入总额-成本-费用-损失）×分配比例-基本减除费用-$$
$$专项扣除-专项附加扣除-依法确定的其他扣除-准予扣除的捐赠$$

从多处取得经营所得的，应汇总计算个人所得税，只减除一次费用和扣除。专项附加扣除在办理经营所得汇算清缴时减除。

（2）取得经营所得的个人，没有综合所得的：

$$应纳税所得额=（收入总额-成本-费用-损失）×分配比例-准予扣除的捐赠$$

3. 适用税率

按照个人所得税法的"经营所得"应税项目，适用5%～35%的五级超额累进税率，计算征收个人所得税。

4. 应纳税额的计算

$$应纳税额=应纳税所得额×适用税率-速算扣除数$$

（三）对企事业单位的承包经营、承租经营所得应纳税额的计算

对企事业单位的承包经营、承租经营所得，以每一纳税年度的收入总额，减除必要费用后的余额，为应纳税所得额。

每一纳税年度的收入总额，是指纳税人按照承包经营、承租经营合同规定分得的经营利润和工资、薪金性质的所得之和；必要费用按年减除60 000元计算。

企事业单位承包、承租经营者自行购买符合条件的商业健康保险产品的支出，在不超过2 400元/年（200元/月）的标准内扣除。

试点地区承包、承租经营者通过个人商业养老资金账户购买符合规定的税收递延型商业养老保险产品，缴纳的保费准予在申报扣除当年计算应纳税所得额时予以限额据实扣除，扣除限额按照不超过当年应税收入的6%和12 000元孰低办法确定。

计算公式如下：

$$应纳税额=应纳税所得额×适用税率-速算扣除数$$
$$=（纳税年度收入总额-必要费用）×适用税率-速算扣除数$$

第四章 经营所得基础知识

实行承包、承租经营的纳税人，应以每一纳税年度的承包、承租经营所得计算纳税。纳税人在一个年度内分次取得承包、承租经营所得的，应在每次取得承包、承租经营所得后预缴税款，年终汇算清缴，多退少补。

经营所得应纳税额的计算方法见表4-11。

表4-11　经营所得应纳税额的计算方法

项目	应纳税所得额
无综合所得	① 应纳税所得额=（收入总额-成本、费用以及损失）×分配比例-60 000-专项扣除-专项附加扣除-其他扣除-准予扣除的捐赠额 ② 应纳税额=应纳税所得额×适用税率-速算扣除数
	专项附加扣除在办理汇算清缴时减除
	从多处取得经营所得的，应汇总计算个人所得税，只减除一次费用和扣除
有综合所得	① 应纳税所得额=（收入总额-成本、费用及损失）×分配比例-准予扣除的捐赠额 ② 应纳税额=应纳税所得额×适用税率-速算扣除数

二、经营所得核定征收下应纳税额的计算

（一）核定征收方式的计税规则

核定征收方式包括核定应税所得率征收、定期定额征收以及其他合理的征收方式，与企业所得税类似。实行核定征税的投资者，不能享受个人所得税的优惠政策；实行查账征税改为核定征税的纳税人，在查账征税方式下认定的年度经营亏损未弥补完的部分，不得再继续弥补。

（二）核定征收应纳税额的计算

1. 核定应税所得率征收方式

$$应纳税所得额=收入总额×应税所得率$$

或者：应纳税所得额=成本费用支出额÷（1-应税所得率）×应税所得率

$$应纳税额=应纳税所得额×适用税率-速算扣除数$$

应税收入是指每一纳税年度收入总额，成本费用支出额是指每一纳税年度的成本费用支出总额。其中涉及合伙企业的，应当再按照分配比例，确定各个个人合伙人的应纳税所得额。

核定应税所得率征收方式下应纳税额的计算方法见表4-12。

表4-12　核定应税所得率征收方式下应纳税额的计算方法

项目	计算公式	备注
应纳税所得额	应纳税所得额=收入总额×应税所得率	根据主营项目确定适用的应税所得率
	或者：应纳税所得额=成本费用支出额÷（1-应税所得率）×应税所得率	
应纳税额	应纳税额=应纳税所得额×适用税率-速算扣除数	—

2. 定期定额征收方式

定期定额征收方式纳税依据的确定方法见表4-13。

表4-13 定期定额征收方式纳税依据的确定方法

情　　形	纳税依据
每月实际发生的经营额、所得额超过税务机关核定的定额	每月实际发生的经营额、所得额
每月实际发生的经营额、所得额低于税务机关核定的定额	按税务机关核定的定额缴纳税款

随堂题解

【例题23·单选题】中国居民王某承包某企业，承包后未变更工商登记。2023年该企业发生销售收入52万元，与收入配比的成本费用40万元，其中包括支付王某的工资3万元。按承包合同规定，王某对经营成果拥有所有权，每年需要上缴的承包费是5万元，假设不存在其他纳税调整事项。2023年王某应缴纳个人所得税（　　）元（未取得综合所得）。

A．800　　　　B．250　　　　C．750　　　　D．500

【答案】D

【解析】该企业当年应缴纳的企业所得税=（收入520 000-成本400 000）×企业所得税税率25%=30 000（元），王某的承包经营应纳税所得额=年度收入总额（收入520 000-成本400 000+王某工资30 000-企业所得税30 000-承包费50 000）-减除费用60 000=10 000（元）。王某应纳个人所得税=应纳税所得额10 000×适用税率5%=500（元）。

【例题24·单选题】李某持有某合伙企业50%的份额，假设2023年该企业经营利润30万元（未扣投资者费用），企业留存利润20万元，李某分得利润5万元。2023年李某应缴纳个人所得税（　　）元（李某当年无综合所得）。

A．0　　　　B．7 500　　　　C．19 500　　　　D．37 500

【答案】B

【解析】①合伙企业生产经营所得和其他所得采取"先分后税"的原则计算。生产经营所得、其他所得，包括合伙企业分配给所有合伙人的所得和企业当年留存的所得（利润）。②李某应缴纳的个人所得税=（合伙企业利润300 000×李某所占份额50%-减除费用60 000）×适用税率10%-速算扣除数1 500=7 500（元）。

【例题25·单选题】某个体工商户李甲2023年取得经营所得收入22万元，经营所得成本为20万元（含购买一辆非经营用小汽车支出8万元）；另将自己的文字作品手稿原件拍卖，取得收入20万元。下列关于李甲2023年个人所得税纳税事项的表述中，正确的是（　　）。

A．小汽车支出可以在税前扣除

B．经营所得应纳个人所得税的计税依据为10万元

C. 手稿原件拍卖所得应并入经营所得计税
D. 手稿原件拍卖所得应按照"财产转让所得"项目缴纳个人所得税

【答案】B

【解析】选项A，非经营用小汽车支出不得税前扣除；选项B，经营所得应纳个人所得税的计税依据=22-20+8=10（万元），减除费用6万元在综合所得中扣除；选项C、D，手稿原件拍卖所得应按照"特许权使用费所得"项目缴纳个人所得税，不并入经营所得。

第十节 经营所得的税收优惠政策

一、个体工商户经营所得税收优惠

根据《国家税务总局关于落实支持小型微利企业和个体工商户发展所得税优惠政策有关事项的公告》（国家税务总局公告2021年第8号）第二条规定：

（1）对个体工商户经营所得年应纳税所得额不超过100万元的部分，在现行优惠政策基础上，再减半征收个人所得税。个体工商户不区分征收方式，均可享受。

（2）个体工商户在预缴税款时即可享受，其年应纳税所得额暂按截至本期申报所属期末的情况进行判断，并在年度汇算清缴时按年计算、多退少补。若个体工商户从两处以上取得经营所得，需在办理年度汇总纳税申报时，合并个体工商户经营所得年应纳税所得额，重新计算减免税额，多退少补。

（3）个体工商户按照以下方法计算减免税额：

减免税额=（个体工商户经营所得应纳税所得额不超过100万元部分的应纳税额-其他政策减免税额×个体工商户经营所得应纳税所得额不超过100万元部分÷经营所得应纳税所得额）×（1-50%）。

二、残疾人员所享受的税收优惠

残疾人员投资兴办或参与投资兴办个人独资企业和合伙企业取得的生产经营所得，符合条件的，可按各省、自治区、直辖市人民政府规定减征的范围和幅度，减征个人所得税（见表4-14）。

表4-14 残疾人员的税收优惠

项 目	条 件	税 收 优 惠	优 惠 幅 度	程 序
残疾人员投资兴办或参与投资兴办个人独资企业和合伙企业	各省、自治区、直辖市人民政府规定	减征个人所得税	各省、自治区、直辖市人民政府规定减征的范围和幅度	本人申请、主管机关审核批准

三、重点群体创业就业所享受的税收优惠

根据《财政部 税务总局 人力资源社会保障部 国务院扶贫办关于进一步支持和促进重点群体创业就业有关税收政策的通知》（财税〔2019〕22号）规定：建档立卡贫困人口、持《就业创业证》（注明"自主创业税收政策"或"毕业年度内自主创业税收政策"）或《就业失业登记证》（注明"自主创业税收政策"）的人员，从事个体经营的，自办理个体工商户登记当月起，在3年内按每户每年12 000元为限额依次扣减其当年实际应缴纳的增值税、城市维护建设税、教育费附加、地方教育附加和个人所得税。限额标准最高可上浮20%，各省、自治区、直辖市人民政府可根据本地区实际情况在此幅度内确定具体限额标准。

纳税人年度应缴纳税款小于上述扣减限额的，减免税额以其实际缴纳的税款为限；大于上述扣减限额的，以上述扣减限额为限。

上述人员具体包括：①纳入全国扶贫开发信息系统的建档立卡贫困人口；②在人力资源社会保障部门公共就业服务机构登记失业半年以上的人员；③零就业家庭、享受城市居民最低生活保障家庭劳动年龄内的登记失业人员；④毕业年度内高校毕业生。高校毕业生是指实施高等学历教育的普通高等学校、成人高等学校应届毕业的学生；毕业年度是指毕业所在自然年，即1月1日至12月31日。

四、从事个体经营的军队转业干部所享受的税收优惠

根据《财政部 国家税务总局关于自主择业的军队转业干部有关税收政策问题的通知》（财税〔2003〕26号）规定，从事个体经营的军队转业干部，经主管税务机关批准，自领取税务登记证之日起，3年内免征个人所得税。

自主择业的军队转业干部必须持有师以上部队颁发的转业证件。

五、从事个体经营的随军家属所享受的税收优惠

根据《财政部 国家税务总局关于随军家属就业有关税收政策的通知》（财税〔2000〕84号）规定，对从事个体经营的随军家属，自领取税务登记证之日起，3年内免征个人所得税。

六、从事"四业"相关税收优惠

根据《财政部 国家税务总局关于农村税费改革试点地区有关个人所得税问题的通知》（财税〔2004〕30号）和《财政部 国家税务总局关于个人独资企业和合伙企业投资者取得种植业、养殖业、饲养业、捕捞业所得有关个人所得税问题的批复》（财税〔2010〕96号）规定，对个人、个体户、个人独资企业和合伙企业从事种植业、养殖业、饲养业和捕捞业（以下简称"四业"），其投资者取得的"四业"所得暂不征收个人所得税。

七、投资抵扣的税收优惠

《财政部 税务总局关于创业投资企业和天使投资个人有关税收政策的通知》（财税

〔2018〕55号）规定，有限合伙制创业投资企业（以下简称合伙创投企业）采取股权投资方式直接投资于初创科技型企业满2年的，该合伙创投企业的法人合伙人可以按照对初创科技型企业投资额的70%抵扣法人合伙人从合伙创投企业分得的所得；当年不足抵扣的，可以在以后纳税年度结转抵扣。

法人合伙人投资额抵扣具体规定见表4-15。

表4-15　法人合伙人投资额抵扣具体规定

项　目			规 定 内 容
总体原则			合伙创投企业采取股权投资方式直接投资于初创科技型企业满2年的，法人合伙人可以按照对初创科技型企业投资额的70%抵扣从合伙创投企业分得的所得；当年不足抵扣的，可以在以后纳税年度结转抵扣
具体规定	投资方式		以直接支付现金方式取得的股权投资，不包括受让其他股东的存量股权
	投资时限		合伙创投企业投资于初创科技型企业的实缴投资满2年，投资时间从初创科技型企业接受投资并完成工商变更登记的日期算起
			取消了对合伙人对该合伙创投企业的实缴出资须满2年的要求
	投资额	合伙创投企业的投资额	对初创科技型企业的实缴投资额
		合伙人的投资额	合伙创投企业对初创科技型企业的实缴投资额×出资比例
			出资比例：投资满2年当年年末各合伙人对合伙创投企业的实缴出资额占比

随堂题解

【例题26·单选题】天使投资个人采取股权投资方式直接投资于初创科技型企业满2年的，可以按照投资额的（　　）抵扣转让该初创科技型企业股权取得的应纳税所得额。

A．70%　　　　B．50%　　　　C．30%　　　　B．25%

【答案】A

【解析】选项A正确。

【例题27·判断题】对从事个体经营的随军家属，自领取营业执照之日起，3年内免征个人所得税。（　　）

【答案】错

【解析】根据《财政部 国家税务总局关于随军家属就业有关税收政策的通知》（财税〔2000〕84号）第二条规定，对从事个体经营的随军家属，自领取税务登记证之日起，3年内免征个人所得税。

【例题28·判断题】从事种植业、养殖业、饲养业、捕捞业的个体经营者暂不征收个人所得税。（　　）

【答案】对

【解析】根据相关规定，对投资者取得的"四业"所得暂不征收个人所得税。

第五章
个人所得税相关法律法规

> **导读**
>
> 本章主要介绍个体工商户条例、合伙企业法、个人独资企业法、劳动合同法、民法典等部分内容，本章简易思维导图如图5-1所示。
>
>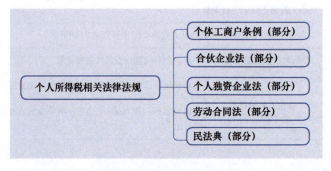
>
> 图5-1 本章简易思维导图

第一节 个体工商户条例（部分）

一、个体工商户登记办理、变更与注销

（一）个体工商户登记办理

（1）县、自治县、不设区的市、市辖区工商行政管理部门为个体工商户的登记机关（以下简称登记机关）。登记机关按照国务院工商行政管理部门的规定，可以委托其下属工商行政管理所办理个体工商户登记。

（2）申请办理个体工商户登记，申请登记的经营范围不属于法律、行政法规禁止进入的行业的，登记机关应当依法予以登记。

（3）申请登记为个体工商户，应当向经营场所所在地登记机关申请注册登记。申请人应当提交登记申请书、身份证明和经营场所证明。

（4）个体工商户登记事项包括经营者姓名和住所、组成形式、经营范围和经营场所。

个体工商户使用名称的，名称作为登记事项。

（5）登记机关对申请材料依法审查后，按照下列规定办理：①申请材料齐全、符合法定形式的，当场予以登记；申请材料不齐全或者不符合法定形式要求的，当场告知申请人需要补正的全部内容；②需要对申请材料的实质性内容进行核实的，依法进行核查，并自受理申请之日起15日内做出是否予以登记的决定；③不符合个体工商户登记条件的，不予登记并书面告知申请人，说明理由，告知申请人有权依法申请行政复议、提起行政诉讼。

予以注册登记的，登记机关应当自登记之日起10日内发给营业执照。国家推行电子营业执照。电子营业执照与纸质营业执照具有同等法律效力。

（6）个体工商户办理登记，应当按照国家有关规定缴纳登记费。

（7）个体工商户在领取营业执照后，应当依法办理税务登记。

> **知识链接**
>
> 个体工商户可以个人经营，也可以家庭经营。个体工商户自愿加入个体劳动者协会。

（二）个体工商户变更与注销

（1）个体工商户登记事项变更的，应当向登记机关申请办理变更登记。个体工商户变更经营者的，应当在办理注销登记后，由新的经营者重新申请办理注册登记。家庭经营的个体工商户在家庭成员间变更经营者的，依照前款规定办理变更手续。

（2）申请注册登记或者变更登记的登记事项属于依法须取得行政许可的，应当向登记机关提交许可证明。

（3）个体工商户不再从事经营活动的，应当到登记机关办理注销登记。

二、个体工商户经营监督与管理

（1）工商行政管理部门和县级以上人民政府其他有关部门应当依法对个体工商户实行监督和管理。个体工商户从事经营活动，应当遵守法律、法规，遵守社会公德、商业道德，诚实守信，接受政府及其有关部门依法实施的监督。

（2）登记机关和有关行政机关应当在其政府网站和办公场所，以便于公众知晓的方式公布个体工商户申请登记和行政许可的条件、程序、期限、需要提交的全部材料目录和收费标准等事项。登记机关和有关行政机关应当为申请人申请行政许可和办理登记提供指导和查询服务。

（3）任何部门和单位不得向个体工商户集资、摊派，不得强行要求个体工商户提供赞助或者接受有偿服务。

（4）地方各级人民政府应当将个体工商户所需生产经营场地纳入城乡建设规划，统筹安排。个体工商户经批准使用的经营场地，任何单位和个人不得侵占。

（5）个体工商户可以凭营业执照及税务登记证明，依法在银行或者其他金融机构开立账户，申请贷款。金融机构应当改进和完善金融服务，为个体工商户申请贷款提供便利。

（6）个体工商户提交虚假材料骗取注册登记，或者伪造、涂改、出租、出借、转让营业执照的，由登记机关责令改正，处4 000元以下的罚款；情节严重的，撤销注册登记或者吊销营业执照。

（7）个体工商户登记事项变更，未办理变更登记的，由登记机关责令改正，处1 500元以下的罚款；情节严重的，吊销营业执照。个体工商户未办理税务登记的，由税务机关责令限期改正；逾期未改正的，经税务机关提请，由登记机关吊销营业执照。

（8）在个体工商户营业执照有效期内，有关行政机关依法吊销、撤销个体工商户的行政许可，或者行政许可有效期届满的，应当自吊销、撤销行政许可或者行政许可有效期届满之日起5个工作日内通知登记机关，由登记机关撤销注册登记或者吊销营业执照，或者责令当事人依法办理变更登记。

三、个体工商户年度报告报送

（1）个体工商户应当于每年1月1日至6月30日，向登记机关报送年度报告。

（2）登记机关将未按照规定履行年度报告义务的个体工商户载入经营异常名录，并在企业信用信息公示系统上向社会公示。

（3）登记机关接收个体工商户年度报告和抽查不得收取任何费用。

随堂题解

【例题1·单选题】下列关于个体工商户经营监督与管理说法错误的是（　　）。

A．工商行政管理部门和县级以上人民政府其他有关部门应当依法对个体工商户实行监督和管理

B．登记机关和有关行政机关应当为申请人申请行政许可和办理登记提供指导和查询服务

C．个体工商户提交虚假材料骗取注册登记，或者伪造、涂改、出租、出借、转让营业执照的，由登记机关责令改正，处4 000元以下的罚款；情节严重的，撤销注册登记或者吊销营业执照

D．个体工商户登记事项变更，未办理变更登记的，由登记机关责令改正，处4 000元以下的罚款；情节严重的，吊销营业执照

【答案】D

【解析】个体工商户登记事项变更，未办理变更登记的，由登记机关责令改正，处1 500元以下的罚款；情节严重的，吊销营业执照。

【例题2·单选题】下列关于个体工商户相关规定说法错误的是（　　）。

A．个体工商户可以个人经营，也可以家庭经营

B．个体工商户自愿加入个体劳动者协会

C．个体工商户登记事项变更的，应当向登记机关申请办理变更登记

D．个体工商户应当于每年1月1日至3月30日，向登记机关报送年度报告

【答案】D

【解析】个体工商户应当于每年1月1日至6月30日，向登记机关报送年度报告。

第二节 合伙企业法（部分）

一、合伙企业的法律界定

（1）合伙企业，是指自然人、法人和其他组织依照本法在中国境内设立的普通合伙企业和有限合伙企业。普通合伙企业由普通合伙人组成，合伙人对合伙企业债务承担无限连带责任。本法对普通合伙人承担责任的形式有特别规定的，从其规定。有限合伙企业由普通合伙人和有限合伙人组成，普通合伙人对合伙企业债务承担无限连带责任，有限合伙人以其认缴的出资额为限对合伙企业债务承担责任。

（2）国有独资公司、国有企业、上市公司以及公益性的事业单位、社会团体不得成为普通合伙人。

二、合伙企业的设立

（1）合伙企业的营业执照签发日期，为合伙企业成立日期。合伙企业领取营业执照前，合伙人不得以合伙企业名义从事合伙业务。

（2）合伙企业设立分支机构，应当向分支机构所在地的企业登记机关申请登记，领取营业执照。

（3）合伙企业登记事项发生变更的，执行合伙事务的合伙人应当自做出变更决定或者发生变更事由之日起15日内，向企业登记机关申请办理变更登记。

（4）设立合伙企业，应当具备下列条件：①有二个以上合伙人。合伙人为自然人的，应当具有完全民事行为能力；②有书面合伙协议；③有合伙人认缴或者实际缴付的出资；④有合伙企业的名称和生产经营场所；⑤法律、行政法规规定的其他条件。

（5）合伙企业名称中应当标明"普通合伙"字样。

（6）合伙人可以用货币、实物、知识产权、土地使用权或者其他财产权利出资，也可以用劳务出资。合伙人以实物、知识产权、土地使用权或者其他财产权利出资，需要评估作价的，可以由全体合伙人协商确定，也可以由全体合伙人委托法定评估机构评估。合伙人以劳务出资的，其评估办法由全体合伙人协商确定，并在合伙协议中载明。

（7）合伙人应当按照合伙协议约定的出资方式、数额和缴付期限，履行出资义务。以非货币财产出资的，依照法律、行政法规的规定，需要办理财产权转移手续的，应当依法办理。

三、合伙企业的财产

（1）合伙人的出资、以合伙企业名义取得的收益和依法取得的其他财产，均为合伙企业的财产。

（2）合伙人在合伙企业清算前，不得请求分割合伙企业的财产；但是，本法另有规定的除外。合伙人在合伙企业清算前私自转移或者处分合伙企业财产的，合伙企业不得以此对抗善意第三人。

（3）除合伙协议另有约定外，合伙人向合伙人以外的人转让其在合伙企业中的全部或者部分财产份额时，须经其他合伙人一致同意。合伙人之间转让在合伙企业中的全部或者部分财产份额时，应当通知其他合伙人。

（4）合伙人向合伙人以外的人转让其在合伙企业中的财产份额的，在同等条件下，其他合伙人有优先购买权；但是，合伙协议另有约定的除外。

（5）合伙人以外的人依法受让合伙人在合伙企业中的财产份额的，经修改合伙协议即成为合伙企业的合伙人，依照本法和修改后的合伙协议享有权利，履行义务。

（6）合伙人以其在合伙企业中的财产份额出质的，须经其他合伙人一致同意；未经其他合伙人一致同意，其行为无效，由此给善意第三人造成损失的，由行为人依法承担赔偿责任。

四、合伙事务执行

（1）合伙人对执行合伙事务享有同等的权利。按照合伙协议的约定或者经全体合伙人决定，可以委托一个或者数个合伙人对外代表合伙企业，执行合伙事务。作为合伙人的法人、其他组织执行合伙事务的，由其委派的代表执行。

（2）委托一个或者数个合伙人执行合伙事务的，其他合伙人不再执行合伙事务。不执行合伙事务的合伙人有权监督执行事务合伙人执行合伙事务的情况。

（3）由一个或者数个合伙人执行合伙事务的，执行事务合伙人应当定期向其他合伙人报告事务执行情况以及合伙企业的经营和财务状况，其执行合伙事务所产生的收益归合伙企业，所产生的费用和亏损由合伙企业承担。合伙人为了解合伙企业的经营状况和财务状况，有权查阅合伙企业会计账簿等财务资料。

（4）合伙人分别执行合伙事务的，执行事务合伙人可以对其他合伙人执行的事务提出异议。提出异议时，应当暂停该项事务的执行。如果发生争议，依照本法第三十条规定做出决定。

受委托执行合伙事务的合伙人不按照合伙协议或者全体合伙人的决定执行事务的，其他合伙人可以决定撤销该委托。

（5）合伙人对合伙企业有关事项作出决议，按照合伙协议约定的表决办法办理。合伙协议未约定或者约定不明确的，实行合伙人一人一票并经全体合伙人过半数通过的表决办法。

（6）除合伙协议另有约定外，合伙企业的下列事项应当经全体合伙人一致同意：①改变合伙企业的名称；②改变合伙企业的经营范围、主要经营场所的地点；③处分合伙企业的不动产；④转让或者处分合伙企业的知识产权和其他财产权利；⑤以合伙企业名义为他人提供担保；⑥聘任合伙人以外的人担任合伙企业的经营管理人员。

（7）合伙人不得自营或者同他人合作经营与本合伙企业相竞争的业务。除合伙协议另有约定或者经全体合伙人一致同意外，合伙人不得同本合伙企业进行交易。合伙人不得从事损害本合伙企业利益的活动。

（8）合伙企业的利润分配、亏损分担，按照合伙协议的约定办理；合伙协议未约定或者约定不明确的，由合伙人协商决定；协商不成的，由合伙人按照实缴出资比例分配、分担；无法确定出资比例的，由合伙人平均分配、分担。

合伙协议不得约定将全部利润分配给部分合伙人或者由部分合伙人承担全部亏损。

（9）合伙人按照合伙协议的约定或者经全体合伙人决定，可以增加或者减少对合伙企业的出资。

（10）被聘任的合伙企业的经营管理人员应当在合伙企业授权范围内履行职务。被聘任的合伙企业的经营管理人员，超越合伙企业授权范围履行职务，或者在履行职务过程中因故意或者重大过失给合伙企业造成损失的，依法承担赔偿责任。

五、合伙企业与第三人关系

（1）合伙企业对合伙人执行合伙事务以及对外代表合伙企业权利的限制，不得对抗善意第三人。

（2）合伙企业对其债务，应先以其全部财产进行清偿。

（3）合伙企业不能清偿到期债务的，合伙人承担无限连带责任。

（4）合伙人由于承担无限连带责任，清偿数额超过本法第三十三条第一款规定的其亏损分担比例的，有权向其他合伙人追偿。

（5）合伙人发生与合伙企业无关的债务，相关债权人不得以其债权抵销其对合伙企业的债务；也不得代位行使合伙人在合伙企业中的权利。

（6）合伙人的自有财产不足清偿其与合伙企业无关的债务的，该合伙人可以其从合伙企业中分取的收益用于清偿；债权人也可以依法请求人民法院强制执行该合伙人在合伙企业中的财产份额用于清偿。

人民法院强制执行合伙人的财产份额时，应当通知全体合伙人，其他合伙人有优先购买权；其他合伙人未购买，又不同意将该财产份额转让给他人的，应为该合伙人办理退伙结算，或者办理削减该合伙人相应财产份额的结算。

六、入伙、退伙

（1）新合伙人入伙，除合伙协议另有约定外，应当经全体合伙人一致同意，并依法订立书面入伙协议。

（2）入伙的新合伙人与原合伙人享有同等权利，承担同等责任。入伙协议另有约定的，从其约定。新合伙人对入伙前合伙企业的债务承担无限连带责任。

（3）合伙协议约定合伙期限的，在合伙企业存续期间，有下列情形之一的，合伙人可以退伙：①合伙协议约定的退伙事由出现；②经全体合伙人一致同意；③发生合伙人难以继续参加合伙的事由；④其他合伙人严重违反合伙协议约定的义务。

（4）合伙协议未约定合伙期限的，合伙人在不给合伙企业事务执行造成不利影响的情况下，可以退伙，但应当提前30日通知其他合伙人。

（5）合伙人有下列情形之一的，当然退伙：①作为合伙人的自然人死亡或者被依法宣告死亡；②个人丧失偿债能力；③作为合伙人的法人或者其他组织依法被吊销营业执照、责令关闭、撤销，或者被宣告破产；④法律规定或者合伙协议约定合伙人必须具有相关资格而丧失该资格；⑤合伙人在合伙企业中的全部财产份额被人民法院强制执行。

（6）合伙人被依法认定为无民事行为能力人或者限制民事行为能力人的，经其他合伙人一致同意，可以依法转为有限合伙人，普通合伙企业依法转为有限合伙企业。其他合伙人未能一致同意的，该无民事行为能力或者限制民事行为能力的合伙人退伙。

（7）退伙事由实际发生之日为退伙生效日。

（8）合伙人有下列情形之一的，经其他合伙人一致同意，可以决议将其除名：①未履行出资义务；②因故意或者重大过失给合伙企业造成损失；③执行合伙事务时有不正当行为；④发生合伙协议约定的事由。

（9）对合伙人的除名决议应当书面通知被除名人。被除名人接到除名通知之日，除名生效，被除名人退伙。被除名人对除名决议有异议的，可以自接到除名通知之日起三十日内，向人民法院起诉。

（10）合伙人死亡或者被依法宣告死亡的，对该合伙人在合伙企业中的财产份额享有合法继承权的继承人，按照合伙协议的约定或者经全体合伙人一致同意，从继承开始之日起，取得该合伙企业的合伙人资格。

（11）有下列情形之一的，合伙企业应当向合伙人的继承人退还被继承合伙人的财产份额：①继承人不愿意成为合伙人；②法律规定或者合伙协议约定合伙人必须具有相关资格，而该继承人未取得该资格；③合伙协议约定不能成为合伙人的其他情形。

（12）合伙人的继承人为无民事行为能力人或者限制民事行为能力人的，经全体合伙人一致同意，可以依法成为有限合伙人，普通合伙企业依法转为有限合伙企业。全体合伙人未能一致同意的，合伙企业应当将被继承合伙人的财产份额退还该继承人。

（13）合伙人退伙，其他合伙人应当与该退伙人按照退伙时的合伙企业财产状况进行结算，退还退伙人的财产份额。退伙人对给合伙企业造成的损失负有赔偿责任的，相应扣减其应当赔偿的数额。退伙时未了结的合伙企业事务的，待该事务了结后进行结算。

（14）退伙人在合伙企业中财产份额的退还办法，由合伙协议约定或者由全体合伙人决定，可以退还货币，也可以退还实物。

（15）退伙人对基于其退伙前的原因发生的合伙企业债务，承担无限连带责任。

（16）合伙人退伙时，合伙企业财产少于合伙企业债务的，退伙人应当依照本法第三十三条第一款的规定分担亏损。

七、合伙企业解散、清算

（1）合伙企业有下列情形之一的，应当解散：①合伙期限届满，合伙人决定不再经营；②合伙协议约定的解散事由出现；③全体合伙人决定解散；④合伙人已不具备法定人数满30天；⑤合伙协议约定的合伙目的已经实现或者无法实现；⑥依法被吊销营业执照、责令关闭或者被撤销；⑦法律、行政法规规定的其他原因。

（2）合伙企业解散，应当由清算人进行清算。清算人由全体合伙人担任；经全体合伙人过半数同意，可以自合伙企业解散事由出现后15日内指定一个或者数个合伙人，或者委托第三人，担任清算人。自合伙企业解散事由出现之日起15日内未确定清算人的，合伙人或者其他利害关系人可以申请人民法院指定清算人。

（3）清算人在清算期间执行下列事务：①清理合伙企业财产，分别编制资产负债表和财产清单；②处理与清算有关的合伙企业未了结事务；③清缴所欠税款；④清理债权、债务；⑤处理合伙企业清偿债务后的剩余财产；⑥代表合伙企业参加诉讼或者仲裁活动。

（4）清算人自被确定之日起10日内将合伙企业解散事项通知债权人，并于60日内在报纸上公告。债权人应当自接到通知书之日起30日内，未接到通知书的自公告之日起45日内，向清算人申报债权。

清算期间，合伙企业存续，但不得开展与清算无关的经营活动。

（5）合伙企业财产在支付清算费用和职工工资、社会保险费用、法定补偿金以及缴纳所欠税款、清偿债务后的剩余财产，依照本法第三十三条第一款的规定进行分配。

（6）清算结束，清算人应当编制清算报告，经全体合伙人签名、盖章后，在15日内向企业登记机关报送清算报告，申请办理合伙企业注销登记。

（7）合伙企业注销后，原普通合伙人对合伙企业存续期间的债务仍应承担无限连带责任。

（8）合伙企业不能清偿到期债务的，债权人可以依法向人民法院提出破产清算申请，也可以要求普通合伙人清偿。

合伙企业依法被宣告破产的，普通合伙人对合伙企业债务仍应承担无限连带责任。

八、合伙企业的法律责任

（1）提交虚假文件或者采取其他欺骗手段，取得合伙企业登记的，由企业登记机关责令改正，处以五千元以上五万元以下的罚款；情节严重的，撤销企业登记，并处以五万元以上二十万元以下的罚款。

（2）合伙企业未在其名称中标明"普通合伙""特殊普通合伙"或者"有限合伙"字样的，由企业登记机关责令限期改正，处以二千元以上一万元以下的罚款。

（3）未领取营业执照，而以合伙企业或者合伙企业分支机构名义从事合伙业务的，由企业登记机关责令停止，处以五千元以上五万元以下的罚款。

合伙企业登记事项发生变更时，未依照本法规定办理变更登记的，由企业登记机关责令限期登记；逾期不登记的，处以二千元以上二万元以下的罚款。

合伙企业登记事项发生变更，执行合伙事务的合伙人未按期申请办理变更登记的，应当赔偿由此给合伙企业、其他合伙人或者善意第三人造成的损失。

（4）合伙人执行合伙事务，或者合伙企业从业人员利用职务上的便利，将应当归合伙企业的利益据为己有的，或者采取其他手段侵占合伙企业财产的，应当将该利益和财产退还合伙企业；给合伙企业或者其他合伙人造成损失的，依法承担赔偿责任。

（5）合伙人对本法规定或者合伙协议约定必须经全体合伙人一致同意始得执行的事务擅自处理，给合伙企业或者其他合伙人造成损失的，依法承担赔偿责任。

（6）不具有事务执行权的合伙人擅自执行合伙事务，给合伙企业或者其他合伙人造成损失的，依法承担赔偿责任。

（7）合伙人违反本法规定或者合伙协议的约定，从事与本合伙企业相竞争的业务或者与本合伙企业进行交易的，该收益归合伙企业所有；给合伙企业或者其他合伙人造成损失的，依法承担赔偿责任。

（8）清算人未依照本法规定向企业登记机关报送清算报告，或者报送清算报告隐瞒重要事实，或者有重大遗漏的，由企业登记机关责令改正。由此产生的费用和损失，由清算人承担和赔偿。

（9）清算人执行清算事务，牟取非法收入或者侵占合伙企业财产的，应当将该收入和侵占的财产退还合伙企业；给合伙企业或者其他合伙人造成损失的，依法承担赔偿责任。

（10）清算人违反本法规定，隐匿、转移合伙企业财产，对资产负债表或者财产清单作虚假记载，或者在未清偿债务前分配财产，损害债权人利益的，依法承担赔偿责任。

（11）合伙人违反合伙协议的，应当依法承担违约责任。

合伙人履行合伙协议发生争议的，合伙人可以通过协商或者调解解决。不愿通过协商、调解解决或者协商、调解不成的，可以按照合伙协议约定的仲裁条款或者事后达成的书面仲裁协议，向仲裁机构申请仲裁。合伙协议中未订立仲裁条款，事后又没有达成书面仲裁协议的，可以向人民法院起诉。

九、有限合伙企业

（1）有限合伙企业至少应当有一个普通合伙人。

（2）有限合伙企业名称中应当标明"有限合伙"字样。

（3）有限合伙人可以用货币、实物、知识产权、土地使用权或者其他财产权利作价出资。有限合伙人不得以劳务出资。

（4）有限合伙人应当按照合伙协议的约定按期足额缴纳出资；未按期足额缴纳的，应当承担补缴义务，并对其他合伙人承担违约责任。

（5）有限合伙企业登记事项中应当载明有限合伙人的姓名或者名称及认缴的出资数额。

（6）有限合伙企业由普通合伙人执行合伙事务。执行事务合伙人可以要求在合伙协议中确定执行事务的报酬及报酬提取方式。

（7）有限合伙人不执行合伙事务，不得对外代表有限合伙企业。有限合伙人的下列行为，不视为执行合伙事务：①参与决定普通合伙人入伙、退伙；②对企业的经营管理提出建议；③参与选择承办有限合伙企业审计业务的会计师事务所；④获取经审计的有限合伙企业财务会计报告；⑤对涉及自身利益的情况，查阅有限合伙企业财务会计账簿等财务资料；⑥在有限合伙企业中的利益受到侵害时，向有责任的合伙人主张权利或者提起诉讼；⑦执行事务合伙人怠于行使权利时，督促其行使权利或者为了本企业的利益以自己的名义提起诉讼；⑧依法为本企业提供担保。

（8）有限合伙企业不得将全部利润分配给部分合伙人；但是，合伙协议另有约定的除外。

（9）有限合伙人可以同本有限合伙企业进行交易；但是，合伙协议另有约定的除外。

（10）有限合伙人可以自营或者同他人合作经营与本有限合伙企业相竞争的业务；但是，合伙协议另有约定的除外。

（11）有限合伙人可以将其在有限合伙企业中的财产份额出质；但是，合伙协议另有约定的除外。

（12）有限合伙人可以按照合伙协议的约定向合伙人以外的人转让其在有限合伙企业中的财产份额，但应当提前30日通知其他合伙人。

（13）有限合伙人的自有财产不足清偿其与合伙企业无关的债务的，该合伙人可以以其从有限合伙企业中分取的收益用于清偿；债权人也可以依法请求人民法院强制执行该合伙人在有限合伙企业中的财产份额用于清偿。

（14）有限合伙企业仅剩有限合伙人的，应当解散；有限合伙企业仅剩普通合伙人的，转为普通合伙企业。

（15）第三人有理由相信有限合伙人为普通合伙人并与其交易的，该有限合伙人对该笔交易承担与普通合伙人同样的责任。

有限合伙人未经授权以有限合伙企业名义与他人进行交易，给有限合伙企业或者其他合伙人造成损失的，该有限合伙人应当承担赔偿责任。

（16）新入伙的有限合伙人对入伙前有限合伙企业的债务，以其认缴的出资额为限承担责任。

（17）作为有限合伙人的自然人死亡、被依法宣告死亡或者作为有限合伙人的法人及其他组织终止时，其继承人或者权利承受人可以依法取得该有限合伙人在有限合伙企业中的资格。

（18）有限合伙人退伙后，对基于其退伙前的原因发生的有限合伙企业债务，以其退伙时从有限合伙企业中取回的财产承担责任。

（19）除合伙协议另有约定外，普通合伙人转变为有限合伙人，或者有限合伙人转变为普通合伙人，应当经全体合伙人一致同意。

（20）有限合伙人转变为普通合伙人的，对其作为有限合伙人期间有限合伙企业发生的债务承担无限连带责任。

（21）普通合伙人转变为有限合伙人的，对其作为普通合伙人期间合伙企业发生的债务承担无限连带责任。

随堂题解

【例题3・单选题】张某等3人共同出资设立一普通合伙企业，实缴出资比例为1:2:3。张某在执行合伙事务时因重大过失造成合伙企业负债。已知合伙协议未约定合伙企业亏损分担比例，合伙人之间也不能通过协商达成一致。关于合伙企业不能清偿的剩余债务的承担方式，下列表述正确的是（　　）。

A．平均分配　　　　　　　　　B．由张某自己承担
C．按实缴出资比例1:2:3承担　　D．按协议出资比例承担

【答案】C

【解析】普通合伙企业的利润分配、亏损分担，按照合伙协议的约定办理；合伙协议未约定或者约定不明确的，由合伙人协商决定；协商不成的，由合伙人按照"实缴出资"比例分配、分担；无法确定出资比例的，由合伙人平均分配、分担。

【例题4・单选题】2015年5月，贾某以一套房屋作为投资，与几位朋友设立一家普通合伙企业，从事软件开发。2023年6月，贾某举家移民海外，故打算退出合伙企业。根据合伙企业法律制度的规定，下列说法正确的是（　　）。

A．在合伙协议未约定合伙期限时，贾某向其他合伙人发出退伙通知后，即发生退伙效力
B．因贾某的退伙，合伙企业须进行清算
C．退伙后贾某可向合伙企业要求返还该房屋
D．贾某对基于退伙前原因发生的合伙企业的债务仍须承担无限连带责任

【答案】D

【解析】选项A，合伙协议未约定合伙期限的，合伙人在不给合伙企业事务执行造成不利影响的情况下，可以退伙，但应当提前30日通知其他合伙人；选项B，贾某退伙，为贾某办理退伙结算即可，不必对企业进行清算；选项C，贾某退伙，应当退还其财产份额，而非出资的财产本身；选项D，退伙的普通合伙人对基于退伙前原因发生的合伙企业债务，应当承担无限连带责任。

【例题5・单选题】根据合伙企业法律制度的规定，下列各项中不属于合伙人通知退伙应当满足的条件的是（　　）。

A．经全体合伙人一致同意
B．合伙协议未约定合伙企业的经营期限
C．合伙人的退伙不给合伙企业的事务执行造成不利影响
D．提前30天通知其他合伙人

【答案】A

【解析】合伙人通知退伙应同时满足下列条件：①合伙协议未约定合伙企业的经营期限（选项B）；②合伙人的退伙不给合伙企业的事务执行造成不利影响（选项C）；③提前30天通知其他合伙人（选项D）。

第三节　个人独资企业法（部分）

一、个人独资企业的法律界定

（1）个人独资企业，是指依照本法在中国境内设立，由一个自然人投资，财产为投资人个人所有，投资人以其个人财产对企业债务承担无限责任的经营实体。

（2）个人独资企业以其主要办事机构所在地为住所。

（3）个人独资企业应当依法招用职工。职工的合法权益受法律保护。个人独资企业职工依法建立工会，工会依法开展活动。

二、个人独资企业的设立

（1）设立个人独资企业应当具备下列条件：①投资人为一个自然人；②有合法的企业名称；③有投资人申报的出资；④有固定的生产经营场所和必要的生产经营条件；⑤有必要的从业人员。

（2）申请设立个人独资企业，应当由投资人或者其委托的代理人向个人独资企业所在地的登记机关提交设立申请书、投资人身份证明、生产经营场所使用证明等文件。委托代理人申请设立登记时，应当出具投资人的委托书和代理人的合法证明。

（3）个人独资企业设立申请书应当载明下列事项：①企业的名称和住所；②投资人的姓名和居所；③投资人的出资额和出资方式；④经营范围。

（4）个人独资企业的名称应当与其责任形式及从事的营业相符合。

（5）登记机关应当在收到设立申请文件之日起15日内，对符合本法规定条件的，予以登记，发给营业执照；对不符合本法规定条件的，不予登记，并应当给予书面答复，说明理由。

（6）个人独资企业的营业执照的签发日期，为个人独资企业成立日期。在领取个人独资企业营业执照前，投资人不得以个人独资企业名义从事经营活动。

三、个人独资企业的投资人及事务管理

（1）法律、行政法规禁止从事营利性活动的人，不得作为投资人申请设立个人独资企业。

（2）个人独资企业投资人对本企业的财产依法享有所有权，其有关权利可以依法进行转让或继承。

（3）个人独资企业投资人在申请企业设立登记时明确以其家庭共有财产作为个人出资的，应当依法以家庭共有财产对企业债务承担无限责任。

（4）个人独资企业投资人可以自行管理企业事务，也可以委托或者聘用其他具有民事

行为能力的人负责企业的事务管理。

投资人委托或者聘用他人管理个人独资企业事务，应当与受托人或者被聘用的人签订书面合同，明确委托的具体内容和授予的权利范围。

受托人或者被聘用的人员应当履行诚信、勤勉义务，按照与投资人签订的合同负责个人独资企业的事务管理。

投资人对受托人或者被聘用的人员职权的限制，不得对抗善意第三人。

（5）投资人委托或者聘用的管理个人独资企业事务的人员不得有下列行为：①利用职务上的便利，索取或者收受贿赂；②利用职务或者工作上的便利侵占企业财产；③挪用企业的资金归个人使用或者借贷给他人；④擅自将企业资金以个人名义或者以他人名义开立账户储存；⑤擅自以企业财产提供担保；⑥未经投资人同意，从事与本企业相竞争的业务；⑦未经投资人同意，同本企业订立合同或者进行交易；⑧未经投资人同意，擅自将企业商标或者其他知识产权转让给他人使用；⑨泄露本企业的商业秘密；⑩法律、行政法规禁止的其他行为。

（6）个人独资企业应当依法设置会计账簿，进行会计核算。

（7）个人独资企业招用职工的，应当依法与职工签订劳动合同，保障职工的劳动安全，按时、足额发放职工工资。

（8）个人独资企业应当按照国家规定参加社会保险，为职工缴纳社会保险费。

（9）个人独资企业可以依法申请贷款、取得土地使用权，并享有法律、行政法规规定的其他权利。

（10）任何单位和个人不得违反法律、行政法规的规定，以任何方式强制个人独资企业提供财力、物力、人力；对于违法强制提供财力、物力、人力的行为，个人独资企业有权拒绝。

四、个人独资企业的解散和清算

（1）个人独资企业有下列情形之一时，应当解散：①投资人决定解散；②投资人死亡或者被宣告死亡，无继承人或者继承人决定放弃继承；③被依法吊销营业执照；④法律、行政法规规定的其他情形。

（2）个人独资企业解散，由投资人自行清算或者由债权人申请人民法院指定清算人进行清算。

投资人自行清算的，应当在清算前15日内书面通知债权人，无法通知的，应当予以公告。债权人应当在接到通知之日起30日内，未接到通知的应当在公告之日起60日内，向投资人申报其债权。

（3）个人独资企业解散后，原投资人对个人独资企业存续期间的债务仍应承担偿还责任，但债权人在五年内未向债务人提出偿债请求的，该责任消灭。

（4）个人独资企业解散的，财产应当按照下列顺序清偿：①所欠职工工资和社会保险费用；②所欠税款；③其他债务。

（5）清算期间，个人独资企业不得开展与清算目的无关的经营活动。在按前条规定清偿债务前，投资人不得转移、隐匿财产。

（6）个人独资企业财产不足以清偿债务的，投资人应当以其个人的其他财产予以清偿。

（7）个人独资企业清算结束后，投资人或者人民法院指定的清算人应当编制清算报告，并于15日内到登记机关办理注销登记。

五、个人独资企业的法律责任

（1）提交虚假文件或采取其他欺骗手段，取得企业登记的，责令改正，处以五千元以下的罚款；情节严重的，并处吊销营业执照。

（2）个人独资企业使用的名称与其在登记机关登记的名称不相符合的，责令限期改正，处以二千元以下的罚款。

（3）涂改、出租、转让营业执照的，责令改正，没收违法所得，处以三千元以下的罚款；情节严重的，吊销营业执照。伪造营业执照的，责令停业，没收违法所得，处以五千元以下的罚款。构成犯罪的，依法追究刑事责任。

（4）个人独资企业成立后无正当理由超过6个月未开业的，或者开业后自行停业连续6个月以上的，吊销营业执照。

（5）违反本法规定，未领取营业执照，以个人独资企业名义从事经营活动的，责令停止经营活动，处以三千元以下的罚款。个人独资企业登记事项发生变更时，未按本法规定办理有关变更登记的，责令限期办理变更登记；逾期不办理的，处以二千元以下的罚款。

（6）投资人委托或者聘用的人员管理个人独资企业事务时违反双方订立的合同，给投资人造成损害的，承担民事赔偿责任。

（7）个人独资企业违反本法规定，侵犯职工合法权益，未保障职工劳动安全，不缴纳社会保险费用的，按照有关法律、行政法规予以处罚，并追究有关责任人员的责任。

（8）投资人委托或者聘用的人员违反本法第二十条规定，侵犯个人独资企业财产权益的，责令退还侵占的财产；给企业造成损失的，依法承担赔偿责任；有违法所得的，没收违法所得；构成犯罪的，依法追究刑事责任。

（9）违反法律、行政法规的规定强制个人独资企业提供财力、物力、人力的，按照有关法律、行政法规予以处罚，并追究有关责任人员的责任。

（10）个人独资企业及其投资人在清算前或清算期间隐匿或转移财产，逃避债务的，依法追回其财产，并按照有关规定予以处罚；构成犯罪的，依法追究刑事责任。

（11）投资人违反本法规定，应当承担民事赔偿责任和缴纳罚款、罚金，其财产不足以支付的，或者被判处没收财产的，应当先承担民事赔偿责任。

（12）登记机关对不符合本法规定条件的个人独资企业予以登记，或者对符合本法规定条件的企业不予登记的，对直接责任人员依法给予行政处分；构成犯罪的，依法追究刑事责任。

（13）登记机关的上级部门的有关主管人员强令登记机关对不符合本法规定条件的企业予以登记，或者对符合本法规定条件的企业不予登记的，或者对登记机关的违法登记行为进行包庇的，对直接责任人员依法给予行政处分；构成犯罪的，依法追究刑事责任。

（14）登记机关对符合法定条件的申请不予登记或者超过法定时限不予答复的，当事人可依法申请行政复议或提起行政诉讼。

随堂题解

【例题6·单选题】 下列关于个人独资企业的设立说法错误的是（　　）。

A．个人独资企业的名称中不得使用"有限""有限责任"或"公司"字样

B．设立个人独资企业，应当由投资人或者其委托的代理人向个人独资企业所在地登记机关申请设立登记

C．个人独资企业营业执照的办理日期为个人独资企业成立日期

D．委托代理人申请设立登记的，应当提交投资人的委托书和代理人的身份证明或者资格证明

【答案】C

【解析】个人独资企业营业执照的签发日期为个人独资企业成立日期。

【例题7·多选题】 下列属于个人独资企业应当解散情形有（　　）。

A．投资人决定解散

B．投资人死亡或者被宣告死亡，无继承人或者继承人决定放弃继承

C．被依法吊销营业执照

D．投资人逃匿

【答案】ABC

【解析】个人独资企业有下列情形之一时，应当解散：①投资人决定解散；②投资人死亡或者被宣告死亡，无继承人或者继承人决定放弃继承；③被依法吊销营业执照；④法律、行政法规规定的其他情形。

第四节　劳动合同法（部分）

劳动者享有平等就业和选择职业的权利、取得劳动报酬的权利、休息休假的权利、获得劳动安全卫生保护的权利、接受职业技能培训的权利、享受社会保险和福利的权利、提请劳动争议处理的权利以及法律规定的其他劳动权利。劳动者应当完成劳动任务，提高职业技能，执行劳动安全卫生规程，遵守劳动纪律和职业道德。

为了保护劳动者的合法权益，调整劳动关系，建立和维护适应社会主义市场经济的劳动制度，促进经济发展和社会进步，根据宪法，制定《中华人民共和国劳动合同法》。

一、适用范围和法律责任

（一）适用范围

（1）中华人民共和国境内的企业、个体经济组织、民办非企业单位等组织（以下称

用人单位）与劳动者建立劳动关系，订立、履行、变更、解除或者终止劳动合同，适用本法。

（2）国家机关、事业单位、社会团体和与其建立劳动关系的劳动者，订立、履行、变更、解除或者终止劳动合同，依照本法执行。

(二) 法律责任

（1）用人单位直接涉及劳动者切身利益的规章制度违反法律、法规规定的，由劳动行政部门责令改正，给予警告；给劳动者造成损害的，应当承担赔偿责任。

（2）用人单位有下列情形之一的，由劳动行政部门责令限期支付劳动报酬、加班费或者经济补偿；劳动报酬低于当地最低工资标准的，应当支付其差额部分；逾期不支付的，责令用人单位按应付金额50%以上100%以下的标准向劳动者加付赔偿金：①未按照劳动合同的约定或者国家规定及时足额支付劳动者劳动报酬的；②低于当地最低工资标准支付劳动者工资的；③安排加班不支付加班费的；④解除或者终止劳动合同，未依照本法规定向劳动者支付经济补偿的。

（3）经济补偿按劳动者在本单位工作的年限，每满一年支付一个月工资的标准向劳动者支付。六个月以上不满一年的，按一年计算；不满六个月的，向劳动者支付半个月工资的经济补偿。

劳动者月工资高于用人单位所在直辖市、设区的市级人民政府公布的本地区上年度职工月平均工资三倍的，向其支付经济补偿的标准按职工月平均工资三倍的数额支付，向其支付经济补偿的年限最高不超过十二年。

本条所称月工资是指劳动者在劳动合同解除或者终止前十二个月的平均工资。

（4）用人单位违反本法规定解除或者终止劳动合同的，应当依照上条规定的经济补偿标准的二倍向劳动者支付赔偿金。

（5）劳动者违反本法规定解除劳动合同，或者违反劳动合同中约定的保密义务或者竞业限制，给用人单位造成损失的，应当承担赔偿责任。

二、劳动合同的订立

（1）用人单位自用工之日起即与劳动者建立劳动关系。用人单位应当建立职工名册备查。

（2）用人单位招用劳动者时，应当如实告知劳动者工作内容、工作条件、工作地点、职业危害、安全生产状况、劳动报酬，以及劳动者要求了解的其他情况；用人单位有权了解劳动者与劳动合同直接相关的基本情况，劳动者应当如实说明。

（3）建立劳动关系，应当订立书面劳动合同。已建立劳动关系，未同时订立书面劳动合同的，应当自用工之日起一个月内订立书面劳动合同。

用人单位与劳动者在用工前订立劳动合同的，劳动关系自用工之日起建立。

（4）用人单位未在用工的同时订立书面劳动合同，与劳动者约定的劳动报酬不明确的，新招用的劳动者的劳动报酬按照集体合同规定的标准执行；没有集体合同或者集体合同未规定的，实行同工同酬。

（5）劳动合同分为固定期限劳动合同、无固定期限劳动合同和以完成一定工作任务为期限的劳动合同。

（6）固定期限劳动合同，是指用人单位与劳动者约定合同终止时间的劳动合同。用人单位与劳动者协商一致，可以订立固定期限劳动合同。

（7）无固定期限劳动合同，是指用人单位与劳动者约定无确定终止时间的劳动合同。用人单位与劳动者协商一致，可以订立无固定期限劳动合同。

（8）劳动合同由用人单位与劳动者协商一致，并经用人单位与劳动者在劳动合同文本上签字或者盖章生效。劳动合同文本由用人单位和劳动者各执一份。

（9）劳动合同应当具备以下条款：①用人单位的名称、住所和法定代表人或者主要负责人；②劳动者的姓名、住址和居民身份证或者其他有效身份证件号码；③劳动合同期限；④工作内容和工作地点；⑤工作时间和休息休假；⑥劳动报酬；⑦社会保险；⑧劳动保护、劳动条件和职业危害防护；⑨法律、法规规定应当纳入劳动合同的其他事项。

劳动合同除前款规定的必备条款外，用人单位与劳动者可以约定试用期、培训、保守秘密、补充保险和福利待遇等其他事项。

（10）动合同期限三个月以上不满一年的，试用期不得超过一个月；劳动合同期限一年以上不满三年的，试用期不得超过二个月；三年以上固定期限和无固定期限的劳动合同，试用期不得超过六个月。

同一用人单位与同一劳动者只能约定一次试用期。

试用期包含在劳动合同期限内。劳动合同仅约定试用期的，试用期不成立，该期限为劳动合同期限。

（11）劳动者在试用期的工资不得低于本单位相同岗位最低档工资或者劳动合同约定工资的80%，并不得低于用人单位所在地的最低工资标准。

（12）用人单位为劳动者提供专项培训费用，对其进行专业技术培训的，可以与该劳动者订立协议，约定服务期。

劳动者违反服务期约定的，应当按照约定向用人单位支付违约金。违约金的数额不得超过用人单位提供的培训费用。用人单位要求劳动者支付的违约金不得超过服务期尚未履行部分所应分摊的培训费用。

（13）用人单位与劳动者可以在劳动合同中约定保守用人单位的商业秘密和与知识产权相关的保密事项。

对负有保密义务的劳动者，用人单位可以在劳动合同或者保密协议中与劳动者约定竞业限制条款，并约定在解除或者终止劳动合同后，在竞业限制期限内按月给予劳动者经济补偿。劳动者违反竞业限制约定的，应当按照约定向用人单位支付违约金。

（14）下列劳动合同无效或者部分无效：①以欺诈、胁迫的手段或者乘人之危，使对方在违背真实意思的情况下订立或者变更劳动合同的；②用人单位免除自己的法定责任、排除劳动者权利的；③违反法律、行政法规强制性规定的。

（15）劳动合同被确认无效，劳动者已付出劳动的，用人单位应当向劳动者支付劳动报酬。劳动报酬的数额，参照本单位相同或者相近岗位劳动者的劳动报酬确定。

三、劳动合同的履行和变更

（一）劳动合同的履行

（1）用人单位与劳动者应当按照劳动合同的约定，全面履行各自的义务。

（2）用人单位应当按照劳动合同约定和国家规定，向劳动者及时足额支付劳动报酬。

用人单位拖欠或者未足额支付劳动报酬的，劳动者可以依法向当地人民法院申请支付令，人民法院应当依法发出支付令。

（3）用人单位应当严格执行劳动定额标准，不得强迫或者变相强迫劳动者加班。用人单位安排加班的，应当按照国家有关规定向劳动者支付加班费。

（4）劳动者拒绝用人单位管理人员违章指挥、强令冒险作业的，不视为违反劳动合同。

劳动者对危害生命安全和身体健康的劳动条件，有权对用人单位提出批评、检举和控告。

（5）用人单位变更名称、法定代表人、主要负责人或者投资人等事项，不影响劳动合同的履行。

（6）用人单位发生合并或者分立等情况，原劳动合同继续有效，劳动合同由承继其权利和义务的用人单位继续履行。

（二）劳动合同的变更

用人单位与劳动者协商一致，可以变更劳动合同约定的内容。变更劳动合同，应当采用书面形式。

变更后的劳动合同文本由用人单位和劳动者各执一份。

四、劳动合同的解除和终止

（一）劳动合同的解除

（1）用人单位与劳动者协商一致，可以解除劳动合同。

（2）劳动者提前三十日以书面形式通知用人单位，可以解除劳动合同。劳动者在试用期内提前三日通知用人单位，可以解除劳动合同。

（3）用人单位有下列情形之一的，劳动者可以解除劳动合同：①未按照劳动合同约定提供劳动保护或者劳动条件的；②未及时足额支付劳动报酬的；③未依法为劳动者缴纳社会保险费的；④用人单位的规章制度违反法律、法规的规定，损害劳动者权益的；⑤因本法第二十六条第一款规定的情形致使劳动合同无效的；⑥法律、行政法规规定劳动者可以解除劳动合同的其他情形。

用人单位以暴力、威胁或者非法限制人身自由的手段强迫劳动者劳动的，或者用人单位违章指挥、强令冒险作业危及劳动者人身安全的，劳动者可以立即解除劳动合同，不需事先告知用人单位。

（4）劳动者有下列情形之一的，用人单位可以解除劳动合同：①在试用期间被证明不符合录用条件的；②严重违反用人单位的规章制度的；③严重失职，营私舞弊，给用人单位造成重大损害的；④劳动者同时与其他用人单位建立劳动关系，对完成本单位的工作任务造成严重影响，或者经用人单位提出，拒不改正的；⑤因本法第二十六条第一款第一项规定的情形致使劳动合同无效的；⑥被依法追究刑事责任的。

（5）劳动者有下列情形之一的，用人单位不得依照本法相关规定解除劳动合同：①从事接触职业病危害作业的劳动者未进行离岗前职业健康检查，或者疑似职业病病人在诊断或者医学观察期间的；②在本单位患职业病或者因工负伤并被确认丧失或者部分丧失劳动能力的；③患病或者非因工负伤，在规定的医疗期内的；④女职工在孕期、产期、哺乳期的；⑤在本单位连续工作满十五年，且距法定退休年龄不足五年的；⑥法律、行政法规规定的其他情形。

（二）劳动合同的终止

（1）有下列情形之一的，劳动合同终止：①劳动合同期满的；②劳动者开始依法享受基本养老保险待遇的；③劳动者死亡，或者被人民法院宣告死亡或者宣告失踪的；④用人单位被依法宣告破产的；⑤用人单位被吊销营业执照、责令关闭、撤销或者用人单位决定提前解散的；⑥法律、行政法规规定的其他情形。

（2）用人单位应当在解除或者终止劳动合同时出具解除或者终止劳动合同的证明，并在十五日内为劳动者办理档案和社会保险关系转移手续。

劳动者应当按照双方约定，办理工作交接。用人单位依照本法有关规定应当向劳动者支付经济补偿的，在办结工作交接时支付。

五、集体合同、劳务派遣、非全日制用工的特殊规定

（一）集体合同

（1）企业职工一方与用人单位通过平等协商，可以就劳动报酬、工作时间、休息休假、劳动安全卫生、保险福利等事项订立集体合同。集体合同草案应当提交职工代表大会或者全体职工讨论通过。

（2）企业职工一方与用人单位可以订立劳动安全卫生、女职工权益保护、工资调整机制等专项集体合同。

（3）集体合同中劳动报酬和劳动条件等标准不得低于当地人民政府规定的最低标准；用人单位与劳动者订立的劳动合同中劳动报酬和劳动条件等标准不得低于集体合同规定的标准。

（二）劳务派遣

（1）劳务派遣单位是本法所称用人单位，应当履行用人单位对劳动者的义务。劳务派

遣单位与被派遣劳动者订立的劳动合同，除应当载明本法规定的事项外，还应当载明被派遣劳动者的用工单位以及派遣期限、工作岗位等情况。

劳务派遣单位应当与被派遣劳动者订立二年以上的固定期限劳动合同，按月支付劳动报酬；被派遣劳动者在无工作期间，劳务派遣单位应当按照所在地人民政府规定的最低工资标准，向其按月支付报酬。

（2）劳务派遣单位派遣劳动者应当与接受以劳务派遣形式用工的单位（以下称用工单位）订立劳务派遣协议。劳务派遣协议应当约定派遣岗位和人员数量、派遣期限、劳动报酬和社会保险费的数额与支付方式以及违反协议的责任。

用工单位应当根据工作岗位的实际需要与劳务派遣单位确定派遣期限，不得将连续用工期限分割订立数个短期劳务派遣协议。

（三）非全日制用工

（1）非全日制用工，是指以小时计酬为主，劳动者在同一用人单位一般平均每日工作时间不超过四小时，每周工作时间累计不超过二十四小时的用工形式。

（2）非全日制用工双方当事人可以订立口头协议。

（3）非全日制用工双方当事人任何一方都可以随时通知对方终止用工。终止用工，用人单位不向劳动者支付经济补偿。

六、监督检查

（1）县级以上地方人民政府劳动行政部门依法对下列实施劳动合同制度的情况进行监督检查：①用人单位制定直接涉及劳动者切身利益的规章制度及其执行的情况；②用人单位与劳动者订立和解除劳动合同的情况；③劳务派遣单位和用工单位遵守劳务派遣有关规定的情况；④用人单位遵守国家关于劳动者工作时间和休息休假规定的情况；⑤用人单位支付劳动合同约定的劳动报酬和执行最低工资标准的情况；⑥用人单位参加各项社会保险和缴纳社会保险费的情况；⑦法律、法规规定的其他劳动监察事项。

（2）县级以上地方人民政府劳动行政部门实施监督检查时，有权查阅与劳动合同、集体合同有关的材料，有权对劳动场所进行实地检查，用人单位和劳动者都应当如实提供有关情况和材料。

（3）县级以上人民政府建设、卫生、安全生产监督管理等有关主管部门在各自职责范围内，对用人单位执行劳动合同制度的情况进行监督管理。

（4）劳动者合法权益受到侵害的，有权要求有关部门依法处理，或者依法申请仲裁、提起诉讼。

（5）工会依法维护劳动者的合法权益，对用人单位履行劳动合同、集体合同的情况进行监督。用人单位违反劳动法律、法规和劳动合同、集体合同的，工会有权提出意见或者要求纠正；劳动者申请仲裁、提起诉讼的，工会依法给予支持和帮助。

随堂题解

【例题8·单选题】 2022年6月1日，刘某到甲公司上班。2023年6月1日，甲公司尚未与刘某签订劳动合同，下列关于甲公司未与刘某签订书面劳动合同法律后果的表述中，正确的是（　　）。

A．视为双方自2023年6月1日起已经订立无固定期限劳动合同

B．甲公司应向刘某支付2022年6月1日至2023年5月31日期间的2倍工资

C．双方尚未建立劳动关系

D．视为2022年6月1日至2023年5月31日为试用期

【答案】A

【解析】选项A，自用工之日起满1年的，用人单位仍未与劳动者订立书面劳动合同，视为自用工之日起满1年的当日已经与劳动者订立无固定期限劳动合同；选项B，2倍工资的支付起算点为用工之日起满1个月的次日（2022年7月1日）；选项C，劳动关系自用工之日（2022年6月1日）起建立；选项D，试用期为劳动合同的可备条款，应当由合同双方依法进行约定。

【例题9·单选题】 根据劳动合同法律制度的规定，下列情形中，职工不能享受当年年休假的是（　　）。

A．已享受40天寒暑假的

B．累计工作满5年，当年请病假累计15天的

C．累计工作满20年，当年请病假累计1个月的

D．请事假累计10天且单位按照规定不扣工资的

【答案】A

【解析】选项A，职工依法享受寒暑假，其休假天数多于年休假天数，不能享受当年年休假；选项B，累计工作满1年不满10年的职工，请病假累计2个月以上的，不能享受当年年休假；选项C，累计工作满20年以上的职工，请病假累计4个月以上的，不能享受当年年休假；选项D，职工请事假累计20天以上且单位按照规定不扣工资的，不能享受当年年休假。

【例题10·单选题】 甲公司与张某签订劳动合同，未约定劳动合同期限，仅约定试用期8个月，下列关于该试用期的表述中，正确的是（　　）。

A．试用期约定有效

B．试用期超过6个月部分视为劳动合同期限

C．试用期不成立，8个月为劳动合同期限

D．试用期不成立，应视为试用期1个月，剩余期限为劳动合同期限

【答案】C

【解析】劳动合同仅约定试用期的，试用期不成立，该期限为劳动合同期限。

第五节　民法典（部分）

一、合同的基本概念

（1）合同是民事主体之间设立、变更、终止民事法律关系的协议。

（2）婚姻、收养、监护等有关身份关系的协议，适用有关该身份关系的法律规定；没有规定的，可以根据其性质参照适用本编规定。

（3）依法成立的合同，受法律保护。

依法成立的合同，仅对当事人具有法律约束力，但是法律另有规定的除外。

二、合同的分类

合同的种类：买卖合同，供用电、水、气、热力合同，赠与合同，借款合同，保证合同，租赁合同，融资租赁合同，保理合同，承揽合同，建设工程合同，运输合同，客运合同，货运合同，多式联运合同，技术合同，技术开发合同，技术转让合同和技术许可合同，技术咨询合同和技术服务合同，保管合同，仓储合同，委托合同，物业服务合同，行纪合同，中介合同，合伙合同等。

常见的实践合同有自然人之间的借贷合同、定金合同、保管合同。

三、合同订立程序

（1）当事人订立合同，可以采用书面形式、口头形式或者其他形式。

书面形式是指合同书、信件和数据电文（包括电报、电传、传真、电子数据交换和电子邮件）等可以有形地表现所载内容的形式。

（2）当事人订立合同，可以采取要约、承诺方式或者其他方式。

（3）要约是希望与他人订立合同的意思表示，该意思表示应当符合下列条件：①内容具体确定；②表明经受要约人承诺，要约人即受该意思表示约束。

（4）要约邀请是希望他人向自己发出要约的表示。拍卖公告、招标公告、招股说明书、债券募集办法、基金招募说明书、商业广告和宣传、寄送的价目表等为要约邀请。商业广告和宣传的内容符合要约条件的，构成要约。要约可以撤回。

（5）要约可以撤销，但是有下列情形之一的除外：①要约人以确定承诺期限或者其他形式明示要约不可撤销；②受要约人有理由认为要约是不可撤销的，并已经为履行合同做了合理准备工作。

（6）撤销要约的意思表示以对话方式做出的，该意思表示的内容应当在受要约人做出承诺之前为受要约人所知道；撤销要约的意思表示以非对话方式做出的，应当在受要约人做出承诺之前到达受要约人。

（7）承诺应当在要约确定的期限内到达要约人。

（8）要约没有确定承诺期限的，承诺应当依照下列规定到达：①要约以对话方式做出的，应当及时做出承诺；②要约以非对话方式做出的，承诺应当在合理期限内到达。

（9）要约以信件或者电报做出的，承诺期限自信件载明的日期或者电报交发之日开始计算。信件未载明日期的，自投寄该信件的邮戳日期开始计算。要约以电话、传真、电子邮件等快速通讯方式做出的，承诺期限自要约到达受要约人时开始计算。

（10）承诺生效时合同成立，但是法律另有规定或者当事人另有约定的除外。

（11）承诺不需要通知的，根据交易习惯或者要约的要求做出承诺的行为时生效。承诺可以撤回。

（12）受要约人超过承诺期限发出承诺，或者在承诺期限内发出承诺，按照通常情形不能及时到达要约人的，为新要约；但是，要约人及时通知受要约人该承诺有效的除外。

（13）受要约人在承诺期限内发出承诺，按照通常情形能够及时到达要约人，但是因其他原因致使承诺到达要约人时超过承诺期限的，除要约人及时通知受要约人因承诺超过期限不接受该承诺外，该承诺有效。

（14）承诺对要约的内容做出非实质性变更的，除要约人及时表示反对或者要约表明承诺不得对要约的内容做出任何变更外，该承诺有效，合同的内容以承诺的内容为准。

（15）承诺生效的地点为合同成立的地点。

（16）当事人约定在将来一定期限内订立合同的认购书、订购书、预订书等，构成预约合同。

当事人一方不履行预约合同约定的订立合同义务的，对方可以请求其承担预约合同的违约责任。

四、合同的效力

（1）依法成立的合同，自成立时生效，但是法律另有规定或者当事人另有约定的除外。

依照法律、行政法规的规定，合同应当办理批准等手续的，依照其规定。未办理批准等手续影响合同生效的，不影响合同中履行报批等义务条款以及相关条款的效力。应当办理申请批准等手续的当事人未履行义务的，对方可以请求其承担违反该义务的责任。

依照法律、行政法规的规定，合同的变更、转让、解除等情形应当办理批准等手续的，适用前款规定。

（2）无权代理人以被代理人的名义订立合同，被代理人已经开始履行合同义务或者接受相对人履行的，视为对合同的追认。

（3）法人的法定代表人或者非法人组织的负责人超越权限订立的合同，除相对人知道或者应当知道其超越权限外，该代表行为有效，订立的合同对法人或者非法人组织发生效力。

（4）当事人超越经营范围订立的合同的效力，应当依照本法第一编第六章第三节和本编的有关规定确定，不得仅以超越经营范围确认合同无效。

（5）合同不生效、无效、被撤销或者终止的，不影响合同中有关解决争议方法的条款的效力。

（6）合同中的下列免责条款无效：①造成对方人身损害的；②因故意或者重大过失造

成对方财产损失的。

五、合同的履行

（1）当事人应当按照约定全面履行自己的义务。

当事人应当遵循诚信原则，根据合同的性质、目的和交易习惯履行通知、协助、保密等义务。

当事人在履行合同过程中，应当避免浪费资源、污染环境和破坏生态。

（2）合同生效后，当事人就质量、价款或者报酬、履行地点等内容没有约定或者约定不明确的，可以协议补充；不能达成补充协议的，按照合同相关条款或者交易习惯确定。

（3）通过互联网等信息网络订立的电子合同的标的为交付商品并采用快递物流方式交付的，收货人的签收时间为交付时间。电子合同的标的为提供服务的，生成的电子凭证或者实物凭证中载明的时间为提供服务时间；前述凭证没有载明时间或者载明时间与实际提供服务时间不一致的，以实际提供服务的时间为准。

电子合同的标的物为采用在线传输方式交付的，合同标的物进入对方当事人指定的特定系统且能够检索识别的时间为交付时间。

电子合同当事人对交付商品或者提供服务的方式、时间另有约定的，按照其约定。

（4）以支付金钱为内容的债，除法律另有规定或者当事人另有约定外，债权人可以请求债务人以实际履行地的法定货币履行。

（5）标的有多项而债务人只需履行其中一项的，债务人享有选择权；但是，法律另有规定、当事人另有约定或者另有交易习惯的除外。

享有选择权的当事人在约定期限内或者履行期限届满未作选择，经催告后在合理期限内仍未选择的，选择权转移至对方。

（6）当事人行使选择权应当及时通知对方，通知到达对方时，标的确定。标的确定后不得变更，但是经对方同意的除外。

可选择的标的发生不能履行情形的，享有选择权的当事人不得选择不能履行的标的，但是该不能履行的情形是由对方造成的除外。

（7）债权人为二人以上，标的可分，按照份额各自享有债权的，为按份债权；债务人为二人以上，标的可分，按照份额各自负担债务的，为按份债务。

按份债权人或者按份债务人的份额难以确定的，视为份额相同。

（8）债权人为二人以上，部分或者全部债权人均可以请求债务人履行债务的，为连带债权；债务人为二人以上，债权人可以请求部分或者全部债务人履行全部债务的，为连带债务。

连带债权或者连带债务，由法律规定或者当事人约定。

（9）连带债务人之间的份额难以确定的，视为份额相同。

实际承担债务超过自己份额的连带债务人，有权就超出部分在其他连带债务人未履行的份额范围内向其追偿，并相应地享有债权人的权利，但是不得损害债权人的利益。其他连带债务人对债权人的抗辩，可以向该债务人主张。

被追偿的连带债务人不能履行其应分担份额的，其他连带债务人应当在相应范围内按比例分担。

（10）部分连带债务人履行、抵销债务或者提存标的物的，其他债务人对债权人的债务在相应范围内消灭；该债务人可以依据前条规定向其他债务人追偿。

（11）当事人约定由债务人向第三人履行债务，债务人未向第三人履行债务或者履行债务不符合约定的，应当向债权人承担违约责任。

法律规定或者当事人约定第三人可以直接请求债务人向其履行债务，第三人未在合理期限内明确拒绝，债务人未向第三人履行债务或者履行债务不符合约定的，第三人可以请求债务人承担违约责任；债务人对债权人的抗辩，可以向第三人主张。

（12）当事人约定由第三人向债权人履行债务，第三人不履行债务或者履行债务不符合约定的，债务人应当向债权人承担违约责任。

（13）债务人不履行债务，第三人对履行该债务具有合法利益的，第三人有权向债权人代为履行；但是，根据债务性质、按照当事人约定或者依照法律规定只能由债务人履行的除外。

债权人接受第三人履行后，其对债务人的债权转让给第三人，但是债务人和第三人另有约定的除外。

（14）当事人互负债务，没有先后履行顺序的，应当同时履行。一方在对方履行之前有权拒绝其履行请求。一方在对方履行债务不符合约定时，有权拒绝其相应的履行请求。

（15）当事人互负债务，有先后履行顺序，应当先履行债务一方未履行的，后履行一方有权拒绝其履行请求。先履行一方履行债务不符合约定的，后履行一方有权拒绝其相应的履行请求。

六、合同的保全

（1）因债务人怠于行使其债权或者与该债权有关的从权利，影响债权人的到期债权实现的，债权人可以向人民法院请求以自己的名义代位行使债务人对相对人的权利，但是该权利专属于债务人自身的除外。

代位权的行使范围以债权人的到期债权为限。债权人行使代位权的必要费用，由债务人负担。

相对人对债务人的抗辩，可以向债权人主张。

（2）债权人的债权到期前，债务人的债权或者与该债权有关的从权利存在诉讼时效期间即将届满或者未及时申报破产债权等情形，影响债权人的债权实现的，债权人可以代位向债务人的相对人请求其向债务人履行、向破产管理人申报或者做出其他必要的行为。

（3）人民法院认定代位权成立的，由债务人的相对人向债权人履行义务，债权人接受履行后，债权人与债务人、债务人与相对人之间相应的权利义务终止。债务人对相对人的债权或者与该债权有关的从权利被采取保全、执行措施，或者债务人破产的，依照相关法律的规定处理。

（4）债务人以放弃其债权、放弃债权担保、无偿转让财产等方式无偿处分财产权益，或者恶意延长其到期债权的履行期限，影响债权人的债权实现的，债权人可以请求人民法院撤销债务人的行为。

（5）撤销权的行使范围以债权人的债权为限。债权人行使撤销权的必要费用，由债务人负担。

七、合同的变更和转让

（1）当事人协商一致，可以变更合同。

（2）当事人对合同变更的内容约定不明确的，推定为未变更。

（3）债权人可以将债权的全部或者部分转让给第三人，但是有下列情形之一的除外：①根据债权性质不得转让；②按照当事人约定不得转让；③依照法律规定不得转让。

当事人约定非金钱债权不得转让的，不得对抗善意第三人。当事人约定金钱债权不得转让的，不得对抗第三人。

（4）债权人转让债权，未通知债务人的，该转让对债务人不发生效力。

债权转让的通知不得撤销，但是经受让人同意的除外。

（5）债权人转让债权的，受让人取得与债权有关的从权利，但是该从权利专属于债权人自身的除外。

受让人取得从权利不应该从权利未办理转移登记手续或者未转移占有而受到影响。

（6）债务人接到债权转让通知后，债务人对让与人的抗辩，可以向受让人主张。

（7）债务人将债务的全部或者部分转移给第三人的，应当经债权人同意。

债务人或者第三人可以催告债权人在合理期限内予以同意，债权人未作表示的，视为不同意。

（8）第三人与债务人约定加入债务并通知债权人，或者第三人向债权人表示愿意加入债务，债权人未在合理期限内明确拒绝的，债权人可以请求第三人在其愿意承担的债务范围内和债务人承担连带债务。

（9）债务人转移债务的，新债务人可以主张原债务人对债权人的抗辩；原债务人对债权人享有债权的，新债务人不得向债权人主张抵销。

（10）债务人转移债务的，新债务人应当承担与主债务有关的从债务，但是该从债务专属于原债务人自身的除外。

（11）当事人一方经对方同意，可以将自己在合同中的权利和义务一并转让给第三人。

八、合同的权利义务终止

（1）有下列情形之一的，债权债务终止：①债务已经履行；②债务相互抵销；③债务人依法将标的物提存；④债权人免除债务；⑤债权债务同归于一人；⑥法律规定或者当事人约定终止的其他情形。

合同解除的，该合同的权利义务关系终止。

（2）当事人协商一致，可以解除合同。

当事人可以约定一方解除合同的事由。解除合同的事由发生时，解除权人可以解除合同。有下列情形之一的，当事人可以解除合同：①因不可抗力致使不能实现合同目的；②在履行期限届满前，当事人一方明确表示或者以自己的行为表明不履行主要债务；③当事人一方迟延履行主要债务，经催告后在合理期限内仍未履行；④当事人一方迟延履行债务或者有其他违约行为致使不能实现合同目的；⑤法律规定的其他情形。

以持续履行的债务为内容的不定期合同，当事人可以随时解除合同，但是应当在合理期限之前通知对方。

九、合同的违约责任

（1）当事人一方不履行合同义务或者履行合同义务不符合约定的，应当承担继续履行、采取补救措施或者赔偿损失等违约责任。

（2）当事人一方明确表示或者以自己的行为表明不履行合同义务的，对方可以在履行期限届满前请求其承担违约责任。

（3）当事人一方未支付价款、报酬、租金、利息，或者不履行其他金钱债务的，对方可以请求其支付。

（4）当事人一方不履行非金钱债务或者履行非金钱债务不符合约定的，对方可以请求履行，但是有下列情形之一的除外：①法律上或者事实上不能履行；②债务的标的不适于强制履行或者履行费用过高；③债权人在合理期限内未请求履行。

有前款规定的除外情形之一，致使不能实现合同目的的，人民法院或者仲裁机构可以根据当事人的请求终止合同权利义务关系，但是不影响违约责任的承担。

（5）当事人一方不履行合同义务或者履行合同义务不符合约定的，在履行义务或者采取补救措施后，对方还有其他损失的，应当赔偿损失。

（6）当事人既约定违约金，又约定定金的，一方违约时，对方可以选择适用违约金或者定金条款。定金不足以弥补一方违约造成的损失的，对方可以请求赔偿超过定金数额的损失。

（7）债务人按照约定履行债务，债权人无正当理由拒绝受领的，债务人可以请求债权人赔偿增加的费用。

在债权人受领迟延期间，债务人无须支付利息。

（8）当事人一方因不可抗力不能履行合同的，根据不可抗力的影响，部分或者全部免除责任，但是法律另有规定的除外。因不可抗力不能履行合同的，应当及时通知对方，以减轻可能给对方造成的损失，并应当在合理期限内提供证明。

当事人迟延履行后发生不可抗力的，不免除其违约责任。

随堂题解

【例题11·多选题】根据合同编的规定，下列各项中，属于合同成立的情形有（　　）。

A．甲向乙发出要约，乙做出承诺，该承诺除对价格提出异议外，其余内容均与要约一致

B．甲、乙约定以书面形式订立合同，但在签订书面合同之前，甲已履行主要义务，乙接受了履行

随堂题解

C．甲、乙约定采用合同书形式订立一份合同，但在双方签章之前，甲履行了主要义务，乙接受了履行

D．甲于5月10日向乙发出要约，要约规定承诺期限截止到5月20日，乙于5月11日发出承诺信函，但是由于天气影响导致信件积压，直到5月22日该信件才到达甲，甲收到后并未表示不接受该承诺

【答案】BCD

【解析】选项A，受要约人对要约内容进行了实质性变更，应视为新要约，合同尚未成立；选项B，合同当事人约定采用书面形式订立合同，当事人未采用书面形式但一方已经履行主要义务并且对方接受的，该合同成立；选项C，合同当事人采用合同书形式订立合同，在签字或者盖章之前，当事人一方已经履行主要义务并且对方接受的，该合同成立；选项D，受要约人在承诺期限内发出承诺，按照通常情形能够及时到达要约人，但因其他原因承诺到达要约人时超过承诺期限的，除要约人及时通知受要约人因承诺超过期限不接受该承诺的以外，该承诺有效。

【例题12·多选题】根据合同编的规定，合同中的下列免责条款中，无效的有（   ）。

A．排除因故意造成对方人身伤害的责任
B．排除因重大过失造成对方人身伤害的责任
C．排除因故意造成对方财产损失的责任
D．排除因重大过失造成对方财产损失的责任

【答案】ABCD

【解析】合同中的下列免责条款无效：①造成对方人身伤害的；②因故意或者重大过失造成对方财产损失的。

第六章 税收风险及纳税信用管理

导读

本章主要介绍税收风险及纳税信用管理的知识,对税收风险的分类、管理和防范等做了详细讲解,对纳税信用信息采集、评价指标、评价结果及修复等内容做了介绍。本章简易思维导图如图 6-1 所示。

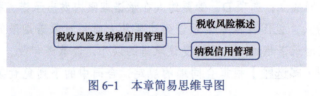

图 6-1 本章简易思维导图

第一节 税收风险概述

一、税收风险的分类

税收风险是指在征税过程中,由于制度方面的缺陷,政策、管理方面的失误,以及种种不可预知和控制的因素所引起的税源状况恶化、税收调节功能减弱、税收增长乏力,最终导致税收收入不能满足政府实现职能需要的一种可能性。

税收风险按照不同分类标准可以划分为以下几种类型:按照风险来源,可分为税务部门税收执法风险和企业税收管理风险;按照风险可测程度,可分为指标性税收风险和非指标性税收风险;按照风险等级评定,可分为一般税收风险和重大税收风险;从税务部门税收执法风险的形成分类,又可分为税源管理风险、税收征管风险和税收执法风险。

二、税收风险产生的原因

税收风险的产生有以下几种原因:①合同管理不当产生的涉税风险;②发票管理不当导致的涉税风险;③账务处理不当导致的涉税风险;④未按税法规定进行操作导致的涉税风险;⑤未及时掌握涉税政策变化导致的涉税风险等。

三、税收风险管理的意义

税收风险管理有利于提高税收管理的公平性。纳税人通常希望税收管理更加公平、透明、高效，所谓公平不是平均，除税收制度上的公平对待外，纳税人要求的公平还包括：当不同纳税人对税法采取不同态度时，税务机关应采取不同的应对措施，如对依法纳税的人和漠视税法的人进行甄别，并区别对待；对不履行纳税义务的纳税人采取强硬措施。纳税人除了要求税收政策上的透明外，还希望从税务机关得到高效、优质的服务和建议，还希望能有畅通的渠道解决其提出的问题以及在发生错误时能得到提醒和及时纠正。面对纳税人不断提出的新要求，税务机关必须在管理中引入新的适应纳税人要求的管理方法。税收风险管理通过风险识别、估测、评价，可以及时发现纳税人发生的错误，使其得到纠正；也可及时发现纳税过程中的各种问题，采取强有力的措施予以打击，提高管理的公平性。

税收风险管理可以使税收管理更有效率。税收管理中存在着由于纳税人不能或不愿依法准确纳税而致使税款流失的风险。税收风险管理是税务机关通过科学规范的风险识别、风险估测、风险评价等手段，对纳税人不依法准确纳税造成税款流失的风险进行确认，对确认的风险实施有效控制，并采取措施处理风险所致的后果。税收风险管理对当前风险的确认，有利于对不同风险程度的企业实施不同的管理措施，加强管理的针对性，提高工作效率；对潜在风险的发生，可以建立税收风险预警系统，加强税源监控，防止税款流失，同时税收风险预警系统对企业也有警戒提示作用，促使企业遵守税法。

税收风险管理有利于保证税收的安全、稳定，降低税收征管成本。对政府来说，它要求财政收入安全、稳定增长，并要求以最小的税收成本实现税收收入。而税收风险管理能够事先预测并控制由于纳税人不依法纳税而给财政收入带来的不稳定、不安全，保证税收收入的安全、稳定增长，降低税收征收成本。

四、税收风险的防范

税务风险防范主要有以下措施：

（1）树立风险防范意识。首先，企业自身应做到依法诚信纳税，建立健全内部会计核算系统，完整、真实和及时地对经济活动进行反映，准确计算税金，按时申报，足额缴纳税款，健康参与市场竞争。其次，在对外签订各种经济合同时，要严格审查对方当事人的纳税主体资格和纳税资信情况，防止对方当事人转嫁税务风险；对合同条款要认真推敲，防止产生涉税歧义和误解，尽量分散税务风险。

（2）提高企业涉税人员的业务素质。企业应采取各种行之有效的措施，利用多种渠道，帮助财务、业务等涉税人员加强税收法律、法规、各项税收业务政策的学习，了解、更新和掌握税务新知识，提高运用税法武器维护企业合法权益、规避企业税务风险的能力，为降低和防范企业税务风险奠定良好的基础。

（3）树立正确的纳税意识和税务筹划风险意识，在依法纳税的前提下开展税务筹划。在强调对企业税务筹划人员的培训外，也应对企业的高层管理人员进行培训，向企业高层管理人员传递正确的纳税理念，使之破除以往把税务事宜只看作是财务部门工作的陈旧观念，树立全员参与、全员控制的新思维，积极理解、支持税务工作。

（4）密切关注税收法规政策的变化，树立法治观念，避免筹划手段选择上的风险。税务筹划的规则决定了依法筹划是税务筹划工作的基础，严格遵守相关税收法规是进行筹划工作的前提。企业一定要熟悉税收法规的相关规定，掌握与自身生产经营密切相关的内容，选择既符合企业利益又遵循税法规定的筹划方案。

（5）评估税务筹划风险，定期进行纳税健康检查。评估税务筹划风险就是企业对具体经营行为涉及的纳税风险进行识别并明确责任人，这是企业税务筹划风险管理的核心内容。在这一过程中，企业要理清自己有哪些具体经营行为，哪些经营行为涉及纳税问题，这些岗位的相关责任人是谁，谁将对控制措施的实施负责等。此外，还应定期进行纳税健康检查，消除隐藏在过去经济活动中的税务风险，发现问题，及时纠正。

（6）坚持成本效益原则。税务筹划可以达到节税的目的，使企业获得一定的收益。但是，无论是由企业内部设立专门部门进行税务筹划，还是由企业聘请外部专门从事税务筹划工作的人员，都要耗费一定的人力、物力和财力，所以，税务筹划与其他管理决策一样，必须遵循成本效益原则。只有当税务筹划方案的收益大于支出时，该项税务筹划才是正确的、成功的。

（7）加强和中介组织的合作。税收问题先天具有的专业性、复杂性、实效性使得企业仅凭自己的力量往往很难应付，企业的税务筹划人员往往不能全面地掌握企业发生的所有业务涉及的税收政策，所以，寻找一个专注于税收政策研究与咨询的中介组织显得十分必要。中介组织还可以作为企业税收风险的外部监控人，代为承担企业内部审计部门的一部分职责，更好、更专业地监督、发现企业的税收风险并提供解决方案。

（8）做好税企协调。由于某些税收政策具有一定的弹性空间，税务机关在税收执法上拥有一定的自由裁量权，现实中企业进行的税务筹划的合法性还需要税务行政执法部门的确认。在这种情况下，企业特别需要加强与税务机关的联系和沟通，争取在税法的理解上与税务机关取得一致，特别在某些模糊和新生事物的税收处理方面，要能得到税务部门的认可。

五、个人所得税常见税收风险

（一）瞒报、虚报

根据《税收征收管理法》第六十四条规定，纳税人、扣缴义务人编造虚假计税依据的，由税务机关责令限期改正，并处五万元以下的罚款。

纳税人不进行纳税申报，不缴或者少缴应纳税款的，由税务机关追缴其不缴或者少缴的税款、滞纳金，并处不缴或者少缴的税款50%以上五倍以下的罚款。

（二）向员工发放的福利、补贴、津贴等

根据《个人所得税法》的规定，对于发给个人的福利，不论是现金还是实物，均应缴纳个人所得税；但对于集体享受的、不可分割的、非现金方式的福利，原则上不征收个人所得税。单位发放的取暖费、防暑降温费补贴和国家法定节假日加班取得2倍或3倍的加班工资应征收个人所得税。

（三）工资长期零申报

工资长期零申报分为两种情况：

1. 工资支出为"0"

如果企业属于初创公司，没有雇佣员工，自然也没有工资、薪金支出，无须缴纳社保，可以进行零申报。

如果由于季节性停工等原因导致企业确实无法发放工资的，符合企业实际情况可以进行零申报。但如果长期零申报工资（连续12个月），将成为税务征管稽查重点。比如，个人工资、薪金为0元，是有理由怀疑企业是否以其他方式为个人消费支出买单以规避个税。

2. 个人所得税应纳税所得额长期为"0"

当个人所得收入未达到个人所得税起征点的，也应据实申报，而不能因为应纳税所得额为0元就进行零申报。《个人所得税全员全额扣缴申报管理暂行办法》第二、三条规定，扣缴义务人必须依法履行个人所得税全员全额扣缴申报义务。所称个人所得税全员全额扣缴申报，是指扣缴义务人向个人支付应税所得时，不论其是否属于本单位人员、支付的应税所得是否达到纳税标准，扣缴义务人应当在代扣税款的次月内，向主管税务机关报送其支付应税所得个人的基本信息、支付所得项目和数额、扣缴税款数额以及其他相关涉税信息。

若长期进行个税零申报，会造成纳税数据与财务报告数据、社保缴纳数据不一致，不符合实际情况的纳税行为会引起税务机关的注意，成为评估核查的对象。

（四）隐匿收入

隐匿收入即企业没有按照实际发生收入情况入账，而是隐瞒了企业的收入，使得企业账面上的收入小于实际收入。隐匿收入属于偷税的范围，需要补税、罚款，数额较大的给予刑事处罚。根据《中华人民共和国刑法》第二百零一条规定，纳税人采取欺骗、隐瞒手段进行虚假纳税申报或者不申报，逃避缴纳税款数额较大并且占应纳税额10%以上的，处三年以下有期徒刑或者拘役，并处罚金；数额巨大并且占应纳税额30%以上的，处三年以上七年以下有期徒刑，并处罚金。

（五）自然人股东借款

自然人股东从企业借款，若是在该纳税年度终了后既不归还，又未用于企业生产经营的，其未归还的借款可视为企业对个人投资者的红利分配，依照"利息、股息、红利所得"项目计征个人所得税。因此存在20%个税风险。

《个人所得税管理办法》第三十五条规定，各级税务机关应强化对个体工商户、个人独资企业和合伙企业投资者以及独立从事劳务活动的个人的个人所得税征管。加强个人投资者从其投资企业借款的管理，对期限超过一年又未用于企业生产经营的借款，严格按照有关规定征税。

（六）提供虚假专项附加扣除

根据《国家税务总局关于发布〈个人所得税专项附加扣除操作办法（试行）〉的公告》（国家税务总局公告2018年第60号）第二十九条规定，纳税人存在报送虚假专项附加扣除信息、重复享受专项附加扣除、超范围或标准享受专项附加扣除、拒不提供留存备查资料以及税务总局规定的其他情形之一的，主管税务机关应当责令其改正；情形严重的，应当纳入有关信用信息系统，并按照国家有关规定实施联合惩戒；涉及违反税收征管法等法律法规的，税务机关依法进行处理。

（七）赠送礼品的税收风险

根据《财政部 税务总局关于个人取得有关收入适用个人所得税应税所得项目的公告》（财政部 税务总局公告2019年第74号）第三条规定，企业在业务宣传、广告等活动中，随机向本单位以外的个人赠送礼品（包括网络红包，下同），以及企业在年会、座谈会、庆典以及其他活动中向本单位以外的个人赠送礼品，个人取得的礼品收入，按照"偶然所得"项目计算缴纳个人所得税，但企业赠送的具有价格折扣或折让性质的消费券、代金券、抵用券、优惠券等礼品除外。

因此，随机向本单位以外的个人赠送礼品，个人是需要缴纳个人所得税的，企业负有代扣代缴个人所得税的义务。一些企业容易忽略该项所得的纳税申报，加之申报的难度较大，因此存在涉税风险。

由于企业赠送的具有价格折扣或折让性质的消费券、代金券、抵用券、优惠券等礼品不属于个人所得税征税范围，所以企业可以通过商户向个人发放折扣券等规避个人所得税。

随堂题解

【例题1·单选题】 税收风险管理贯穿于税收工作的全过程，是税务机关运用（　　），在全面分析纳税人税法遵从状况的基础上，针对纳税人不同类型不同等级的税收风险，合理配置税收管理资源。

A．风险管理理论和方法　　　　B．风险管理模型和方法
C．风险管理数据库　　　　　　D．风险管理模型

【答案】 A

【解析】 选项A正确。

【例题2·单选题】 税收风险按照风险来源，可分为（　　）和纳税人税收遵从风险。

A．税务干部风险　　　　　　　B．税务部门内部风险
C．国际税收风险　　　　　　　D．税务系统风险

【答案】 B

【解析】 按照风险来源，税收风险可分为税务部门内部风险和纳税人税收遵从风险。

【例题3·多选题】 开展税收风险管理的重要意义在于，可有效解决（　　）等突出问题。

A．纳税人遵从度不高　　　　　B．征管资源配置不合理
C．征管质量与效率不高　　　　D．堵塞征管漏洞

【答案】 ABC

【解析】 开展税收风险管理的重要意义在于，可有效解决纳税人遵从度不高、征管资源配置不合理、征管质量与效率不高等突出问题。选项D不正确。

第二节 纳税信用管理

根据《纳税信用管理办法（试行）》的规定，纳税信用管理，是指税务机关对纳税人的纳税信用信息开展的采集、评价、确定、发布和应用等活动。

纳税信用信息采集工作由国家税务总局和省税务机关组织实施，按月采集。

一、纳税信用信息采集

（一）纳税信用信息的分类

1. 纳税人信用历史信息

纳税人信用历史信息包括基本信息和评价年度之前的纳税信用记录，以及相关部门评定的优良信用记录和不良信用记录。

2. 税务内部信息

税务内部信息包括经常性指标信息和非经常性指标信息。经常性指标信息是指涉税申报信息、税（费）款缴纳信息、发票与税控器具信息、登记与账簿信息等纳税人在评价年度内经常产生的指标信息；非经常性指标信息是指税务检查信息等纳税人在评价年度内不经常产生的指标信息，包括纳税评估、税务审计、反避税调查信息和税务稽查信息。

3. 税务外部信息

外部信息包括外部参考信息和外部评价信息。外部参考信息包括评价年度相关部门评定的优良信用记录和不良信用记录；外部评价信息是指从相关部门取得的影响纳税人纳税信用评价的指标信息，如银行账户设置数量、股权转让变更登记或其他涉税变更登记、进口货物报关数量等重要的涉税信息。

（二）纳税人信用信息的采集渠道

纳税人信用历史信息中的基本信息由税务机关从税务管理系统中采集，税务管理系统中暂缺的信息由税务机关通过纳税人申报采集；评价年度之前的纳税信用记录，以及相关部门评定的优良信用记录和不良信用记录，从税收管理记录、国家统一信用信息平台等渠道中采集。

税务内部信息从税务管理系统中采集。

外部信息主要通过税务管理系统、国家统一信用信息平台、相关部门官方网站、新闻媒体或者媒介等渠道采集。通过新闻媒体或者媒介采集的信息应核实后使用。

二、纳税信用评价

（一）纳税信用评价指标

纳税信用评价采取年度评价指标得分和直接判级两种方式。年度评价指标得分采取扣分方式，纳税人评价年度内经常性指标和非经常性指标信息齐全的，从100分起评；非经常性指标缺失的，从90分起评。直接判级方式适用于有严重失信行为的纳税人。

纳税信用评价指标包括税务内部信息和外部评价信息。纳税信用评价周期为一个纳税年度。

（二）纳税信用级别和分值

纳税信用级别设A、B、M、C、D五级，具体评价规则见表6-1。

表6-1　纳税信用级别及评价规则

信用级别	评价规则
A级	年度评价指标得分90分以上的
B级	年度评价指标得分70分以上不满90分的
M级	未发生本年度直接判为D级的相关失信行为的下列企业：①新设立企业；②评价年度内无生产经营业务收入且年度评价指标得分70分以上的企业
C级	年度评价指标得分40分以上不满70分的
D级	年度评价指标得分不满40分或者直接判级确定的

注意，有下列情形之一的纳税人，本评价年度不能评为A级：①实际生产经营期不满3年的；②上一评价年度纳税信用评价结果为D级的；③非正常原因一个评价年度内增值税连续3个月或者累计6个月零申报、负申报的；④不能按照国家统一的会计制度规定设置账簿，并根据合法、有效凭证核算，向税务机关提供准确税务资料的。

有下列情形之一的纳税人，本评价年度直接判为D级：①存在逃避缴纳税款、逃避追缴欠税、骗取出口退税、虚开增值税专用发票等行为，经判决构成涉税犯罪的；②存在前项所列行为，未构成犯罪，但偷税（逃避缴纳税款）金额10万元以上且占各税种应纳税总额10%以上，或者存在逃避追缴欠税、骗取出口退税、虚开增值税专用发票等税收违法行为，已缴纳税款、滞纳金、罚款的；③在规定期限内未按税务机关处理结论缴纳或者足额缴纳税款、滞纳金和罚款的；④以暴力、威胁方法拒不缴纳税款或者拒绝、阻挠税务机关依法实施税务稽查执法行为的；⑤存在违反增值税发票管理规定或者违反其他发票管理规定的行为，导致其他单位或者个人未缴、少缴或者骗取税款的；⑥提供虚假申报材料享受税收优惠政策的；⑦骗取国家出口退税款，被停止出口退（免）税资格未到期的；⑧有非正常户记录或者由非正常户直接责任人员注册登记或者负责经营的；⑨由D级纳税人的直接责任人员注册登记或者负责经营的；⑩存在税务机关依法认定的其他严重失信情形的。

同时，纳税人有下列情形的，不影响其纳税信用评价：①由于税务机关原因或者不可抗力，造成纳税人未能及时履行纳税义务的；②非主观故意的计算公式运用错误以及明显的笔误造成未缴或者少缴税款的；③国家税务总局认定的其他不影响纳税信用评价的情形。

三、纳税信用评价结果的确定和发布

（一）纳税信用评估结果发布的时间和复核

税务机关每年4月确定上一年度纳税信用评价结果，并为纳税人提供自我查询服务。新设立企业在2018年4月1日以前已办理涉税事宜的，税务机关应在2018年4月30日前对其纳税信用进行评价；从2018年4月1日起，对首次在税务机关办理涉税事宜的新设立企业，税务机关应及时进行纳税信用评价。

纳税人对纳税信用评价结果有异议的，可以书面向做出评价的税务机关申请复评。做出评价的税务机关应按前述纳税信用评估规定进行复核。

纳税信用年度评价结果发布前，主管税务机关发现纳税人在评价年度存在动态调整情形的，应调整后再发布评价结果。

（二）纳税人纳税信用级别的调整

税务机关对纳税人的纳税信用级别实行动态调整。

因税务检查等发现纳税人以前评价年度需扣减信用评价指标得分或者直接判级的，税务机关应按前述纳税信用评估规定调整其以前年度纳税信用评价结果和记录。

纳税人因下列情形解除而向税务机关申请补充纳税信用评价或对当期未予评价有异议的，可填写"纳税信用补评申请表"申请补评，主管税务机关应自受理申请之日15个工作日内按前述纳税信用评估规定处理，并向纳税人反馈纳税信用评价信息或提供评价结果的自我查询服务：①因涉嫌税收违法被立案查处尚未结案的；②被审计、财政部门依法查处税收违法行为，税务机关正在依法处理，尚未办结的；③已申请税务行政复议、提起行政诉讼尚未结案的。

因税务检查等发现纳税人以前评价年度存在直接判为D级情形的，主管税务机关应调整其相应评价年度纳税信用级别为D级，并记录动态调整信息，该D级评价不保留至下一年度。对税务检查等发现纳税人以前评价年度存在需扣减纳税信用评价指标得分情形的，主管税务机关暂不调整其相应年度纳税信用评价结果和记录。

主管税务机关按月开展纳税信用级别动态调整工作，并为纳税人提供动态调整信息的自我查询服务。纳税人信用评价状态变化时，税务机关可采取适当方式通知、提醒纳税人。

（三）纳税信用评价结果的复评

纳税人对纳税信用评价结果有异议的，可在纳税信用评价结果确定的当年内，填写"纳税信用复评申请表"，向主管税务机关申请复评。主管税务机关受理申请之日起15个工作日内完成复评工作，并向纳税人反馈纳税信用复评信息或提供复评结果的自我查询服务。

四、纳税信用修复范围及标准

为推进税务领域"放管服"改革，优化税收营商环境，引导纳税人及时纠正违规失信行为、消除不良影响，国家税务总局发布《国家税务总局关于纳税信用评价与修复有关事项的公告》（国家税务总局公告2021年第31号）。

其中第一条规定，符合下列条件之一的纳税人，可向主管税务机关申请纳税信用修复：①破产企业或其管理人在重整或和解程序中，已依法缴纳税款、滞纳金、罚款，并纠正相关纳税信用失信行为的；②因确定为重大税收违法失信主体，纳税信用直接判为D级的纳税人，失信主体信息已按照国家税务总局相关规定不予公布或停止公布，申请前连续12个月没有新增纳税信用失信行为记录的；③由纳税信用D级纳税人的直接责任人员注册登记或者负责经营，纳税信用关联评价为D级的纳税人，申请前连续6个月没有新增纳税信用失信行为记录的；④因其他失信行为纳税信用直接判为D级的纳税人，已纠正纳税信用失信行为、履行税收法律责任，申请前连续12个月没有新增纳税信用失信行为记录的；⑤因上一年度纳税信用直接判为D级，本年度纳税信用保留为D级的纳税人，已纠正纳税信用失信行为、履行税收法律责任或失信主体信息已按照国家税务总局相关规定不予公布或停止公布，申请前连续12个月没有新增纳税信用失信行为记录的。

符合上述条件的纳税人，可填写"纳税信用修复申请表"，对当前的纳税信用评价结果向主管税务机关申请纳税信用修复。税务机关核实纳税人纳税信用状况，按照《纳税信用修复范围及标准》调整相应纳税信用评价指标状态，根据纳税信用评价相关规定，重新评价纳税人的纳税信用级别。申请破产重整企业纳税信用修复的，应同步提供人民法院批准的重整计划或认可的和解协议，其破产重整前发生的相关失信行为，可按照《纳税信用修复范围及标准》中破产重整企业适用的修复标准开展修复。

五、纳税信用评价结果的应用

税务机关按照守信激励、失信惩戒的原则，对不同信用级别的纳税人实施分类服务和管理（见表6-2）。

表6-2　对不同信用级别的纳税人分类服务和管理的内容

信用级别	管理原则	具体措施
A级	激励	①主动向社会公告年度A级纳税人名单 ②一般纳税人可单次领取3个月的增值税发票用量，需要调整增值税发票用量时即时办理 ③普通发票按需领用 ④连续3年被评为A级信用级别（简称3连A）的纳税人，除享受以上措施外，还可以由税务机关提供绿色通道或专门人员帮助办理涉税事项 ⑤税务机关与相关部门实施的联合激励措施，以及结合当地实际情况采取的其他激励措施
B级	正常管理	适时进行税收政策和管理规定的辅导，并视信用评价状态变化趋势选择性地提供A级所享有的激励措施
M级	辅导、激励	取消增值税专用发票认证，适时进行税收政策和管理规定的辅导措施对其进行激励
C级	从严管理	视信用评价状态变化趋势选择性地采取D级所面临的管理措施
D级	惩戒	①按照规定，公开D级纳税人及其直接责任人员名单，对直接责任人员注册登记或者负责经营的其他纳税人纳税信用直接判为D级 ②增值税专用发票领用按辅导期一般纳税人政策办理，普通发票的领用实行交（验）旧供新、严格限量供应 ③加强出口退税审核 ④加强纳税评估，严格审核其报送的各种资料 ⑤列入重点监控对象，提高监督检查频次，发现税收违法违规行为的，不得适用规定处罚幅度内的最低标准 ⑥将纳税信用评价结果通报相关部门，建议在经营、投融资、取得政府供应土地、进出口、出入境、注册新公司、工程招投标、政府采购、获得荣誉、安全许可、生产许可、从业任职资格、资质审核等方面予以限制或禁止 ⑦D级评价保留2年，第三年纳税信用不得评价为A级 ⑧税务机关与相关部门实施的联合惩戒措施，以及结合实际情况依法采取的其他严格管理措施

六、纳税信用建设

为强化个人所得税纳税信用协同共治，促进纳税人依法诚信纳税，国家相关部门发布了《国家发展改革委办公厅 国家税务总局办公厅关于加强个人所得税纳税信用建设的通知》（发改办财金规〔2019〕860号）。

文件指出，各地区、各部门要建立健全个人所得税纳税信用记录，完善守信激励与失信惩戒机制，加强个人信息安全和权益维护，有效引导纳税人诚信纳税，公平享受减税红利，推动税务领域信用体系建设迈上新台阶。开展个人所得税纳税信用建设，要坚持依法推进原则，严格依照法律法规建立健全个人所得税纳税信用机制；要坚持业务协同原则，充分发挥各业务主管部门在个人所得税纳税信用建设中的组织引导和示范推动作用，形成个人所得税纳税信用建设合力；要坚持权益保护原则，注重纳税人信息安全和隐私保护，健全信用修复机制，维护纳税人合法权益。

同时，还明确要求完善守信联合激励和失信联合惩戒机制。一方面，对个人所得税守信纳税人提供更多便利和机会。探索将个人所得税守信情况纳入自然人诚信积分体系管理机制。对个人所得税纳税信用记录持续优良的纳税人，相关部门应提供更多服务便利，依法实施绿色通道、容缺受理等激励措施；鼓励行政管理部门在颁发荣誉证书、嘉奖和表彰时将其作为参考因素予以考虑。另一方面，对个人所得税严重失信当事人实施联合惩戒。税务部门与有关部门合作，建立个人所得税严重失信当事人联合惩戒机制，对经税务部门依法认定，在个人所得税自行申报、专项附加扣除和享受优惠等过程中存在严重违法失信行为的纳税人和扣缴义务人，向全国信用信息共享平台推送相关信息并建立信用信息数据动态更新机制，依法依规实施联合惩戒。

随堂题解

【例题4·多选题】 以下关于纳税信用管理的规定正确的有（　　）。

A．纳税信用信息采集工作由省、自治区、直辖市税务机关组织实施，按年采集

B．纳税信用评价周期为一个纳税年度

C．纳税信用评价采取年度评价指标得分和直接判级方式

D．纳税信用等级A级的一般纳税人可单次领取3个月的增值税发票用量，需要调整增值税发票用量时即时办理

【答案】BCD

【解析】纳税信用信息采集工作由国家税务总局和省税务机关组织实施，按月采集。

【例题5·单选题】 下列关于纳税信用修复的表述中，符合税法规定的是（　　）。

A．非正常户失信行为一个纳税年度内可申请两次纳税信用修复

B．纳税人履行相应法律义务并由税务机关依法解除非正常户状态的，可在规定期限内向税务机关申请纳税信用修复

C．主管税务机关自受理纳税信用修复申请之日起30日内完成审核，并向纳税人反馈结果

D．纳税信用修复完成后，纳税人之前已适用的税收政策和管理服务措施要作追溯调整

【答案】B

【解析】选项A，非正常户失信行为纳税信用修复一个纳税年度内只能申请一次。选项C，主管税务机关自受理纳税信用修复申请之日起15个工作日内完成审核，并向纳税人反馈信用修复结果。选项D，纳税信用修复完成后，纳税人按照修复后的纳税信用级别适用相应的税收政策和管理服务措施，之前已适用的税收政策和管理服务措施不作追溯调整。

【例题6·单选题】对于因直接判级评为D级的纳税人，其纳税信用（　　）。

A．次年评价时加扣11分

B．D级评价保留半年、后续纳税信用不得直接评价为A级

C．D级评价保留一年、第二年纳税信用不得评价为A级

D．D级评价保留两年、第三年纳税信用不得评价为A级

【答案】D

【解析】对于因评价指标得分评为D级的纳税人，次年评价时加扣11分；对于因直接判级评为D级的纳税人，D级评价保留两年、第三年纳税信用不得评价为A级。